KB170648

# 결국 부자가 되는
# 사람들의 원칙

# 결국 부자가 되는
# 사람들의 원칙

대니얼 크로스비 지음 | 김광수 옮김

## 수익률을 극대화하는
## 월스트리트의 10가지 룰

반니

커트리너, 샬럿, 리엄, 롤러 그리고 세 명의 천사를 위하여

소중한 모두를 위하여

# 추천사

"더 나은 투자 결정을 위해 무엇을 할 수 있고 또 무엇을 해야 하는지를 예리하게 통찰해야 할 때면 나는 늘 대니얼 크로스비에게 의지한다. 나는 그의 저작물, 블로그나 트위터에 올라오는 모든 것을 살펴본다. 가끔 그는 우리에게 내재한 결함을 들추고 우리를 훨씬 나은 결과로 이끌어줄 가능성을 창조해낸다. 그리고 이는 우리에게 손해될 게 없다. 이 책은 건전한 (그리고 분별 있는) 투자 실무 분야에 또 하나의 지대한 공헌을 하고 있다.

**브라이언 포트노이** 투자 자문 회사 세이핑웰스 창업자, 《부를 설계하다》(청림출판, 2021) 저자

"주식을 사야 할 때 내다 팔거나 매일 요동치는 주가의 오르내림에 마음을 뺏기거나 언론 보도 때문에 심리적 공황 상태에 빠지는 등, 개인 투자자들에게 최악의 적은 대부분 바로 자기 자신이다. 대니얼 크로스비 박사는 이 책에서 투자자들이 궤도에서 벗어나지 않도록 쉽게 따라 할 수 있는 규칙들을 실행하는 방법을 해부하고 있다. 당신의 마음가짐이 투자 성과를 망치도록 내버려두어서는 안 된다. 오늘 당장 크로스비 박사의 책을 읽고 자신을 재무장해야 한다."

**루앤 로프턴** 금융 및 투자 자문 회사 모틀리풀 투자상담가

"대니얼 크로스비 박사는 오늘날의 투자 부문에서 가장 저명한 행동주의 심리학자의 한 사람이며 이 책은 투자자가 자기 자산을 어떻게 관리할 수 있는지를 보여주는 역작이다. 투자자들은 인간적 본능이 투자에 방해가 되는 상황에서도 몇 안 되는 규칙을 통해 투자를 성공으로 이끄는 기반을 손쉽게 구축할 수 있다. 당장 손에 넣어야 할 책이다!"

**애런 클라인** 리스칼라이즈 CEO

"금융 서비스 산업은 망가졌으며 너무도 오랫동안 인적 요인을 간과해왔다. 현명한 투자자와 자문가들은 감정과 의사 결정, 행동 양식이 대규모의 수익만큼이나 중요한 요소라는 사실을 잘 알고 있다. 대니얼 크로스비 박사는 이 책에서 바로 그 내용을 설명하고 있다."

**데이비드 겔러** GV 파이낸셜 CEO

"크로스비 박사는 인간인 우리의 흥미를 부추기는 것들이 혼돈의 시대의 자산 관리에도 악영향을 미칠 수 있다는 점을 전제하며, 성공의 기반과 함께 안전한 피난처를 제공한다. 인간의 행동 양식이 의사 결정에 어떤 영향을 미치는지 완곡하게 드러내는 이 책에는 유익함뿐 아니라 재미도 가득 담겨 있다."

**노린 D. 비먼** 브링커 캐피털 CEO

"크로스비 박사는 생생하고 매혹적인 현실 사례들을 활용하여, 인간의 타고난 행동 양식과 이것이 금융 시장에 미치는 역할에 대해 깊이 통찰한다. 재미로 가득한 이 책은 투자자와 금융 전문가 및 진정한 부를 추구하는 모든 이들을 위해 놀라울 정도로 현실적인 기반을 제공해준다."

**스베틀라나 거치 박사** 금융 그룹 UBS 행동주의 금융 전문가

"CNBC에서 벗어나 금융 요법에 몰입할 때다. '저가 매수, 고가 매도'가 투자의 첫 번째(그리고 유일한) 원칙이라고 생각하는 사람들이 많다. 이 단순하면서도 기만적인 문구는 비록 전부는 아니더라도 많은 투자자를 현혹하지만, 상당수는 이 간단한 주문마저도 제대로 해내지 못한다. 대니얼 크로스비는 이 책에서 놀라울 정도로 단순한 투자 결정마저 애를 먹는 이유를 설명하며, 성공 투자의 첫 번째 원칙으로 혼자만의 방식에서 벗어나야 한다는 점을 상기시켜준다."

**메러디스 A. 존스** 《월스트리트의 여성들: 여성 매니저들이 더 많은 수익을 올리는 이유(그리고 당신도 따라 할 수 있는 지침)Women of The Street: Why Female Money Managers Generate Higher Returns(And How You Can Do)》의 저자

# 어떻게 해야 부자가 될 수 있을까?

세상이 얼마나 큰지 생각해보자.

이제, 죄 없는 동물들이 얼마나 많이 사라지고 있는지 생각해보자.

이제, 한 종의 멸종 여부를 결정하는 일을 하는 생물학자를 생각해보자.

쉬운 일은 아니다. 그렇지 않은가?

오스트레일리아의 어느 생물학자 단체에서 놀라운 발견을 한 적이 있다. 지난 500년간 멸종되었다고 간주해온 포유류의 1/3 이상이 산 채로 다시 발견된 것이다.

이 사례는 인간이 뭔가에 대해 충분히 생각하지 않고 판단하는 하나의 예일 뿐이며, 앞으로도 과학계에서 우리가 알고 있는 많은 것이 이런 식으로 뒤바뀔 것이다. 바로 이게 과학을 위대하게 하고 과학을 작동하게 하며 과학과 종교를 구분하는 점이다. 과학은 수많은 규칙, 근거에 기초한 이론, 확률론적 관찰로 가득하다. 하지만 법칙, 즉 예외 없는 불변의 진리는 드물다. 완벽한 법칙은 대다수 영역에서 극히 일부만 존재할 뿐이다.

그렇지만 현존하는 이 극소수의 법칙들은 매우 특별한 역할을 한다. 이 법칙들은 새로운 진리를 발견하는 데 활용되는 일상적 이론과 규칙의 증조모 같은, 나이 많은 현자 같은, 그런 존재다. 과학에는 위계가 있다. 가장 근본적인 법칙들, 그 위에 자리하는 세부적인 규칙들, 또 그 위에 있는 이론, 관찰, 직감 등이 있다. 이 피라미드의 위로 올라갈수록 흥미로운 일이 벌어지며 발견과 기회의 삶터가 바로 이곳이다. 하지만 피라미드 꼭대기에 존재하는 모든 것은 반드시 바닥의 법칙들을 존중해야 한다.

'흔들림 없는 법칙에서 파생된 유연한 규칙' 관념은 모든 분야에서 통용된다. 존 리드는 《석시딩Succeeding》에서 이렇게 설명했다.

"한 분야를 처음 공부하기 시작할 때는 어마어마하게 많은 내용을 외워야 할 것처럼 보인다. 하지만 그럴 필요는 없다. 당신은 그 분야를 지배하는 핵심 원리를 규명하면 된다. 기억해야 할 것은 생각했던 수많은 내용이 사실은 이런 핵심 원리를 그저 다양하게 조합한 것에 지나지 않는다는 사실이다."

돈도 마찬가지다.

세계 경제가 얼마나 복잡한지 정확히 설명할 수는 없다. 세상에는 2억 개 이상의 사업체가 있다. 금융 자산만 300조 달러, 국내총생산 GDP은 80조 달러에 이른다. 국가의 수는 거의 200개에 육박하고 문화와 규범의 유형도 수천 가지다. 여기에 세계 인구가 70억 명인 점을 생각하면 대충 계산하더라도 매 순간 세계 경제계를 넘나드는 순수

세로토닌의 양만 2톤에 이르는 수준이다.

불황, 버블, GDP 성장률 같은 세계 경제의 요소를 정확히 예측하기는 불가능하다. 변수가 너무 많은 탓이다. 그중 몇 가지를 살펴보자.


- 이 글을 쓰는 시점을 기준으로 전 세계 상장 기업의 수는 63만 개 정도다.
- 뮤추얼 펀드와 ETF(상장 지수 펀드)는 전 세계에 있는 스타벅스 지점보다 네 배나 많다(11만 4,131 대 2만 9,324).
- 2010년에 개인 파산을 신청한 사례와 거의 같은 수(160만 명)의 사람이 학사 학위를 취득했다.
- 1980년에서 2014년 사이에 미국 주식의 40%는 적어도 70% 이상 가치가 하락했고 다시 회복하지 못했다.
- 미국인의 40%는 비상시에 400달러도 마련할 수 없다.
- 노동자의 78%는 하루하루 근근이 먹고산다.
- 미국인의 46.1%는 사망 시 자산이 1만 달러 미만이다.
- 1950년부터 2018년 사이에 S&P 500 지수는 151배나 성장했지만 주가가 상승한 날은 전체의 52%밖에 되지 않는다.


도무지 이해할 수 없는 일이다.

그런데도 우리는 금융 모델과 스프레드시트, 그래프, 각종 예측 등을 통해 필사적으로 이해하려고 애쓴다.

이런 노력이 문제 될 것은 없다. 하지만 우리가 금융의 세계를 이해하려 노력할 때 늘 명심해야 할 게 있다. 금융 부문의 이해할 수 없는 역동적 부분들이 사실은 불과 몇 가지도 안 되는 법칙에 좌우된다는 점이다.

다른 분야들처럼 금융 부문도 법칙이 그리 많지는 않다. 그러나 그 몇 가지가 매우 중요하다. 금융을 연구하면 할수록, 경제의 그 모든 이상하고 복잡한 부분들이 실제로는 몇 가지 핵심에 기초한 변이일 뿐이라는 사실을 깨닫게 된다.

"어떻게 해야 부자가 될 수 있을까?"

"내 돈을 어디에 투자해야 할까?"

대니얼 크로스비는 《결국 부자가 되는 사람들의 원칙》에서 이런 질문에 답하고 있다. 질문은 사람마다, 나라마다, 세대마다 다르지만 불과 몇 가지 법칙에 좌우되며, 대니얼 크로스비는 이 책에서 이러한 질문에 답하는 데 필요한 기본 원칙을 제시했다.

러시아의 소설가 표도르 도스토옙스키는 자연법칙에 대해 이런 글을 남겼다.

"자연은 당신의 허락을 구하지 않고 당신의 소망과 아무런 상관도 없으며, 당신이 자연의 법칙을 좋아하든 말든 자연을 있는 그대로 받아들여야 하고 결국은 자연이 내리는 결론을 따를 수밖에 없다."

금융을 포함한 모든 분야의 법칙도 이와 마찬가지다.

모건 하우절(컬레버레이티브펀드)

# 부자가 되고 싶다면
# 자신으로부터 자신을 구해라

품위 있는 독자 여러분, 이 책은 오로지 여러분을 더 부유하게 만들겠다는 일념으로 탄생했다. '부'란 만들어낼 수는 있어도 쉽게 손에 넣기는 어렵다. 더 많은 부를 축적하려면 더 많이 인내하는 연습을 해야 하고 자기만의 결함을 인정해야 하며, 몇 안 되는 단순한 규칙이 자신과 부를 모두 관리할 수 있는 최선의 희망이라는 사실도 인정해야 한다. 하지만 당신이 조급하고 오만하며 난해함을 추종하는 성향을 지닌 인류의 일원이라는 사실을 고려하면 이 모든 일은 이뤄지기보다 어그러질 가능성이 더 커 보인다. 그럼에도 이 책의 목적에는 변함이 없다.

나는 당신을 당신 자신으로부터 구해내고 싶고 그런 노력은 크게 두 부분으로 나뉜다.

- 1부 : 부를 형성하는 여정에서 자기 자신을 관리하는 데 꼭 필요한 규

칙들을 설명했다. 수백 년에 걸친 시장의 역사를 바탕으로 십계명을 제시했으며, 이 모두는 가장 중요한 것(행동)은 자신이 직접 통제한다는 시대 불변의 진리에 근거했다.

- 2부 : '규칙 기반 행동 투자(이후 RBI로 부르겠다)' 모델을 제시했다. 2부의 내용은 보편성에서 특수성으로, 위험 관리에서 수익 창출로 이동하는 깔때기꼴 구조로 개념화할 수 있다. 시작 부분에서는 행동 위험 behavioral risk의 세계를 제시하고, 곧바로 그 위험을 완화하는 RBI 모델을 다뤘다. 그리고 잠재적 적용 사례의 하나로서 RBI 모델에서 고려하는 다섯 가지 특수 요소에 대해 논의하면서 마무리했다.

본문에서 소개한 내용을 독자 여러분이 현실에서 적용할 수 있도록 각 장의 끝에는 '지금부터 실천하자!'라는 제목의 요약을 붙였다. 이 요약은 여러분이 지금껏 배운 내용을 활용하려면 무엇을 생각하고 묻고 행동해야 하는지, 투자 성과를 향상하기 위해 그 모두를 어떻게 실행해야 하는지 그 방향을 안내해줄 것이다.

투자자들의 세상을 좌우하는 규칙들은 삶의 다른 영역에 적용되는 지배적인 규칙들과 크게 다르다. 시장에서 성공하느냐 마느냐는 시장의 규칙들에 얼마나 효과적으로 대응하느냐에 달렸으며, 이는 결국 우리 자신에 대해 더 많이 알아야 한다는 의미다. 부디 이 책을 통해 재정적으로 더 넉넉해지는 동시에 자신에 대해 더 깊이 인식하게 되기를 소망한다.

# ❖ 차례 ❖

## 2부                                    행동주의 투자

# 더 나은 내일은
# 오늘의 고통을 견딜 때 온다

"증시 수익률을 높이는 모든 기법의 이면에는 심리학이 있는 듯하다."

벤 스타인&필 데무스,

《대안 투자 편람The Little Book of Alternative Investments》

## 기니충 퇴치의 비결

미국 남부는 독특한 식습관과 두드러진 억양, 대인 관계와 날씨 모두 활기차다는 평을 듣는 곳으로 자랑스러우면서도 문젯거리도 많은 지역이다. 나는 이 특이하면서도 아름다운 지역의 후손이자 앨라배마 토박이로서 남부의 수도와 다름없는 애틀랜타에서 살고 있다.

애틀랜타는 여러 가지로 유명하다. 두 명의 노벨 평화상 수상자(마틴 루서 킹 주니어와 지미 카터)의 고향이고 도시 전체에 두 번이나 큰 화재가 발생한 미국 유일의 도시이며 1996년 하계올림픽 개최지다. 하지만 무엇보다도 질병통제예방센터CDC와 카터센터 덕분에 애틀랜타는 역학 연구 부문의 세계적 중심지가 되었다.

50개 국가에서 1만 4,000여 명의 직원이 근무하는 CDC는 국내외의 전염병과 싸우는 최전선이다. 그리고 미국 대통령 지미 카터의 박애주의 유산인 카터센터는 '평화 수호, 질병 퇴치, 희망 구축'이라는 야심 찬 목표를 내걸고 있다.

두 단체 모두 부단히 활동하고 있지만 HIV/에이즈 감염병이나 조류 독감, 에볼라, 최근의 코로나-19(COVID-19) 등 주목할 만한 의료 사건이 아니면 대중의 관심을 얻기 어렵다. 특이한 이름으로 세간의 시선을 끄는 질병들이 헤드라인("널 지켜보고 있어, 광우병!")을 장식하다 보니 이들 단체의 가장 인상적인 프로그램 중 일부가 제대로 알려지지 않을 때도 있다. 그중 하나가 도널드 홉킨스 박사가 주도하는 기니충 퇴치 노력이다.

홉킨스 박사와 그의 연구팀이 카터센터에서 얼마나 중요한 일을 수행했는지 제대로 이해하려면 먼저 (조금 불쾌할 수도 있지만) 기니충으로 더 잘 알려진 기생충인 드라쿤쿨루스 메디넨시스Dracunculus medinensis가 세상에 끼친 해악부터 살펴봐야 한다. 기니충은 인간에게 해로우며 가장 긴 조직 기생충으로 90cm 이상까지 자랄 수 있다. 그뿐만 아니라 암컷 성체 한 마리가 무려 300만 개의 유충을 낳을 정도로 번식 능력도 탁월하다. 세계보건기구WHO에서도 "이 기생충은 숙주의 피하 조직으로 이동하며 특히 관절에 이르면 통증이 극심해진다. 기니충은 언젠가는 몸 밖으로 (대부분 발에서) 나오는데 이때는 극심한 고통이 수반되는 부종과 수포, 고열과 메스꺼움, 구토를 동반하는 종기를 일으킨다"라고 경고할 정도다. 참으로 무서운 벌레다!

설상가상으로, 극심한 고통을 줄이려고 하는 바로 그 행동이 도리어 기니충의 감염을 더 확산시킨다. 환자는 고통을 줄이기 위해 인근 수원지를 찾아가 벌레가 득실거리는 팔다리를 찬물에 담그면 바로 효과가 나타나 기분이 조금 나아진다. 감염 부위의 열이 내려가고 잠시 증상도 완화된다. 그러나 한 사람의 증상이 호전된 대신 다른 많은 사람이 대가를 치러야 한다. 기니충이 번식의 최적 장소인 물속으로 들어가기 때문이다. 짐작한 대로 물속에서 번식한 기생충들은 목마른 마을 사람들의 입으로 들어가고 감염된 마을 사람들은 다시 통증을 완화하기 위해 수원지를 찾는 악순환이 반복된다.

그러나 이 기생충이 사회에 끼치는 해악은 신체의 고통에 비할 바가 아니다(차마 내 입으로 말하고 싶지는 않다). 조셉 그레니는 공저《인플루엔서》(김영사, 2011)에서 그 부작용을 이렇게 기록했다.

"환자들은 몇 주 동안 농사를 지을 수 없다. 부모들이 감염되어 고통스러워하면 아이들이 집안일을 돕기 위해 학교를 쉬어야 할 수도 있다. 농작물을 키울 수 없고, 수확은 사라지고, 굶주림을 피할 수 없다. 문맹과 빈곤의 악순환은 다음 세대마저 소멸시킨다. 기니충으로 일어난 2차 감염은 종종 죽음으로 이어진다. 그 결과 지난 3,500여 년 동안 10여 개 국가에서는 기니충이 경제적, 사회적 진보를 가로막는 거대한 장애물 역할을 했다."[1]

홉킨스 박사와 연구팀은 1986년에 기니충과 전쟁을 선포했고, 그들이 얼마나 무서운 상대와 전투에 돌입했는지는 최근에 와서야 비로소 제대로 알려졌다. 그런데 그들의 전투 계획은 대다수의 예상을 벗어났다. 연구팀은 질병에 대한 약물 치료에 집중하기보다 질병을 확산시키는 사람의 행위를 바꾸는 데 주력했다. 이를 통해 많은 사람이 불가능하다고 생각한 결과를 만들어냈다. 확실한 치료법도 없던 질병을 거의 박멸한 것이다.

이처럼 불가능해 보이는 일에서 성공한 비결은 고도의 직관적 기법 덕분이었다. 연구팀은 감염되지 않은 마을을 조사하여 필수적인 행동 양식 몇 가지를 정리한 후에 그 내용을 널리 알렸다. 필수적으로 실행한 구체적인 행동은 다음과 같았다(당신이 개발도상국에 머무르고 있다면 꼭 유의해야 한다).

건강한 마을 사람들은 가족이나 친구, 이웃이 감염되었을 때 기꺼이 이 사실을 알리려 했다. 그리고 고통이 절정에 이른(이를테면 벌레가 피부를 뚫고 나오는) 감염자들은 공동 수원지에서 멀찌감치 떨어져 지냈다.

홉킨스 박사와 연구팀은 이 두 가지 필수 행동을 명문화하고 그 효과를 널리 전파하여 수많은 사람의 신체적, 정신적, 경제적 안녕에 이바지했다. 연구팀의 광범위한 연구에 비하면 그 해결책은 너무나 단순했다. 즉, 이 재앙을 없애기 위해 한 일 중에 특별히 획기적이라고 할 만한 어떠한 것도 없었다. 홉킨스 박사는 그저 몇몇 중요한 행동의 위력을 이해한 후 널리 일관되게 적용했을 뿐이다.

## 기니충이 투자자에게 주는 교훈

✦

부와 열대 기생충이 너무 동떨어진 내용이라 둘 사이에서 닮은꼴을 찾는 게 터무니없어 보일 수도 있다. 그러나 기니충 박멸에서 배울 수 있는 교훈은 생각보다 많다. 첫째, 투자자들은 치료법도 없고 앞으로도 있을 것 같지 않은 질병으로 고통받는 현실을 받아들여야 한다. 이 질병은 바로 우리 자신의 두려움과 탐욕이다. 부디 독자 여러분이 이 책을 거의 다 읽었을 무렵에는 '심리 상태'야말로 만족스러운 투자 수익의 가장 큰 걸림돌이라는 사실을 깨닫기를 바란다. 또한 덜 훈련된 다른 투자자들과 비교했을 때 이 심리 상태가 당신이 가진 가장 큰 경쟁력의 잠재적 원천이라는 사실도 확신하기를 바란다. 내가 확신하듯이 말이다.

둘째, 두려움과 탐욕이라는 질병을 박멸하는 유일한 방법은 '필수 행동 양식'을 엄격하게 준수해야 가능하다는 사실을 받아들여야 한다. 마을 사람들을 구원한 행동들이 그랬듯이 투자에서도 행동 양식은 매우 단순하고 직관적이지만 실행하기에는 너무나 고통스럽다. 기생충에 감염된 사람이 수원지에 가서는 안 된다는 사실을 이해하는 것이 어려울까? 그렇지 않다. 하지만 내 몸이 고통으로 타오르고 있는데도 그것을 지켜낼 수 있을까? 결코, 그렇지 않다.

마찬가지로 냉철한 지성으로 이 책을 읽으며 마주한 아이디어들에 대해 당신은 격하게 고개를 끄덕일 것이다. 그러나 그 효과는 시장 상황에 휩쓸리지 않고 그 아이디어들을 엄격하게 실행할 때만 나타난다. 물에 발을 담가서는 안 된다는 사실을 알면서도 결국에는 발을 담그고야 마는 무지한 마을 사람들처럼, 투자자들에게도 똑같은 상황이 벌어진다. 건강한 마을 사람들처럼 진정으로 노련한 투자자가 되는 길은 내일의 더 나은 약속을 위해 오늘의 고통을 견디는 방법을 배울 때 비로소 가능해진다.

# 편향을 극복하자

병적인 것에 마음을 뺏기는 것은 인간의 천성인 듯하다. 지크문트 프로이트는 인간의 정신이 어떻게 무너지는지를(힌트 : 당신 어머니) 간략히 설명하면서 정신 연구를 시작했고, 정신분석학 분야도 그 방향으로 한 세기가 넘도록 이어졌다. 그러다가 기존의 임상심리학 연구는 150년이 채 지나지 않아 오늘날 긍정심리학(무엇이 우리를 행복하고 확고하고 이례적인 존재로 만드는지를 연구하는 분야)이라는 연구 활동으로 거의 전부 상쇄되었다.

행동(주의) 금융 역시 처음에는 뭔가 이례적인 것에서 연구를 시작했지만 지금은 조금 더 해결책 중심의 개념으로 접근하고 있다. 앞서 이야기한 인간의 천성을 생각할 때 이런 흐름이 그리 놀랄 일은 아니다. 효율 위주에서 행동 위주 접근으로 전환하는 과정을 면밀히 검토하는 것이 지금 여기서 중요하지는 않지만, 이 모든 발상의 이면에 무엇이 있고 어떻게 하면 더 나은 사고로 이어질 수 있는지는 살펴볼 만한 가치가 충분하다.

지난 수십 년간 주류 경제 이론에서는 경제인Economic Man(경제 원리에 맞게 합리적으로 행동하는 사람 : 옮긴이) 개념을 합리적이고 실용적이며 자기 이익을 추구하는 존재로 봤다. 경제학자들은 (현실에 부합하지 않을 경우에) 단순한 가정을 토대로, 고상하지만 현실에 적용하기에는 제한적인 수리 모델을 정립했다. 모든 것은 더할 나위 없이 순조로웠다. 순조롭지 않기 전까지는. 경제인의 예지력에 대한 믿음에 고무된 '그 바닥의 대가들'은 증기 롤러 앞에 놓인 동전을 주우려 달려들었고, 얼마 지나지 않아 납작해졌다.

헤지 펀드의 폭발, 큰 손실에 직면한 수많은 광신도, 인간의 비합리성을 증명하는 숱한 근거 등에 밀려 이제 경제인은 '비합리적 인간 Irrational Man'에게 그 자리를 내주기 시작했다. 행동주의 신봉자들은 과거 대중의 통념을 지켜주기 위해 채택한 시장 효율성 개념의 열광적 신봉자들과 함께 투자자들의 허점을 하나씩 기록했다. 심리학자와 경제학자들은 훌륭한 금융 의사 결정에 방해가 될 수 있는 편견의 유형들을 목록으로 정리했는데, 내가 마지막으로 기억하는 숫자는 117이다. 즉, 의사 결정이 엉뚱하게 흘러갈 수 있는 방향이 무려 '백' 하고도 '열일곱 가지'나 된다는 뜻이다.

이 모든 상아탑식 연구의 문제는 그 어느 것도 투자자들에게 진정한 도움이 되지 않는다는 점이다. 임상심리학자에게 진단은 꼭 필요한 부분이지만 그것만으로 충분한 치료 계획을 세울 수는 없다. 환자에게 병명을 알려주고 나가는 문을 가리키는 정신과 의사가 시간당 200달러를 받을 가치가 있는지 모르지만, 아무튼 행동 금융이 그동안 투자 대중에게 전해온 것도 이와 다를 바 없다. 병리학의 홍수와 해결책의 결핍!

하지 말아야 할 것만 들었을 때 그것이 얼마나 의지가 없어야 하는지 직접 확인하는 방법이 있다.

"핑크색 코끼리를 생각하지 마시오!"

이 문장을 들었을 때 당신은 머릿속으로 무슨 생각을 했는가? 아마 하지 말라고 했는데도 핑크색 코끼리를 상상했을 것이다. 실망스러운 일이다. 달리 생각할 방법이 수도 없이 많은데도 오직 하나, 하지 말라는 요구에 불복했다. 하지만 아직 포기하기는 이르다. 하나 더 시도해보자.

"무엇을 하든, 큰 도시에서 두 채의 높은 건물을 연결하는 높다란 밧줄 위로 파라솔을 들고 발끝으로 우아하게 걷는 보라색의 커다란 코끼리를 상상하지 마시오."

또 상상해버렸나? 그런가?

방금 당신은 하면 안 된다는 사실을 알면서도 상상하고 되새기기까지 했다. 이는 인간의 자연스러운 성향이다. 어떤 사람이 다이어트를 하면서 살찌기 쉬운 식품 목록을 길게 작성해놓았다고 생각해보자. 어쩌면 이 사람은 먹고 싶은 유혹을 느낄 때마다 "절대 쿠키를 먹지 않을 거야. 절대 쿠키를 먹지 않을 거야. 절대 쿠키를 먹지 않을 거야"라는 주문을 반복할지도 모른다.

그런데 이런 자학적 반추에서 얻는 것은 무엇일까? 그 사람은 하루 종일 쿠키를 생각했기 때문에 쿠키랑 비슷한 것만 봐도 진절머리가 나기 쉽다. 이 연구는 불쾌한 대상을 뇌리에 각인시키며 자기 부정적 메시지를 반복하기보다 뭔가 바람직한 대상을 설정하여 행동을 재조정하는 게 훨씬 효과적이라는 사실을 명확하게 보여준다.

불행히도 지금까지 투자자들은 "대신 이렇게 해봐!"라는 건설적인 내용보다는 "이렇게 하면 안 돼!"와 같은 호들갑스러운 메시지에 익숙했다. 따라서 이 책의 목표는 균형을 새롭게 설정하고 당신의 행동과 자신 모두를 관리하는 구체적인 제안을 하는 것이다.

## "그냥 아니라고 말해"가 아니라······

◆

자신을 부끄럽게 여기고 성격이 소극적인 사람은 현명한 행동을 하기 어려울 뿐 아니라 가끔은 진취성을 아예 상실해버릴 때도 있다. 기업 트레이닝과 리더십 계발 부문의 혁신 기업인 바이탈스마츠의 리더들은 《인플루엔서》에 바로 이런 이야기를 담았다. 이야기의 주인공은 태국 국왕 라마 9세로, 그는 60번째 생일을 맞아 역사적으로 통 큰 결심을 한다. 그의 선물이라고 할까? 3만 명 이상의 수감자에게 사면령을 내린 것이다.

그해가 1988년으로, 그 무렵까지 태국의 HIV/에이즈 바이러스는 대부분 교정 시설을 통해 통제되고 있었다. 그런데 성매매가 번성한 나라에서 3만 명 이상의 수감자가 풀려나자 상황이 급변했다. 이후 1년이 못 돼서 특정 지역의 성매매 종사자 중 1/3 이상이 HIV 양성 진단을 받았다. 안타깝지만 충분히 예측 가능했던 대로 상황이 이어졌다. 결혼한 남자들이 매춘부에게 병이 전염되어 지역 사회와 의심 없는 아내들에게 다시 옮긴 것이다. 100만 명 이상의 태국인이 이미 에이즈에 걸렸고 인구의 거의 1%가 성매매 업종에 종사하는 현실을 고려하면 미래의 감염률 추정치는 생각만으로도 끔찍했다.

이에 대응하기 위해 태국 정부는 위와트 박사가 이끄는 TF팀을 구성했다. 위와트 박사는 겁을 주는 방식으로 꽤 효과를 거두었고 "무시무시한 전염병이 다가오고 있다!"와 같은 극적이고 무서운 표어도 만들었다. 그러나 몇 년 뒤에 진척 상황을 점검해보니 '겁주기' 캠페인이 실제로는 부정적 효과를 낸 것으로 나타났다. 상황이 점점 더 심각해지자 TF팀은 새로운 방침을 수립하기로 했다.

위와트 박사와 TF팀은 먼저 문제의 근원부터 정확히 집어냈다. 새로운 HIV 감염 사례 전체의 97%가 매춘부와 관련 있었다. 이 정보는 위와트 박사에게 근본적인 원인에 초점을 맞추도록 일깨워주었다. 즉, 태국의 성매매 종사자들에게 콘돔을 사용하도록 설득하는 것이었다. 한때 두려움이 자리했던 곳을 이제는 교육이 대신했다. 모호한 위협 전술은 예방책, 즉 콘돔을 제공하고 사용하도록 권장하며 이후 폐기 처분하는 유용한 정보로 대체되었다. 그리하여 1990년대 말까지 태국인 500만 명이 에이즈에 감염될 거라고 추정했지만 실제로는 그렇지 않았다. 위와트 박사가 공포 분위기 조성에서 결과에 기초한 정보로 선회한 덕분이었다. 핑크색 코끼리든 태국의 매춘부든 무엇을 이야기하든 결과는 마찬가지다. 즉, 수치심과 두려움은 현명한 행동의 동기로 적합하지 않으며 자칫 역설적 반응을 유발할 수도 있다.

점화 효과priming effect(시간상으로 먼저 제시된 자극이 이어진 자극의 인식과 해석에 영향을 미치는 현상 : 옮긴이)가 행동에 영향을 미치는 또 다른 근거로, 댄 애리얼리는 《상식 밖의 경제》(청림출판, 2008)에서 여성들과 수학 시험 성적의 관계를 소개했다. 그는 수험자들이 자신을 아시아인(수학에 능하다는 고정관념이 있다)으로 여기는지 아니면 그냥 여자(수학을 못한다는 편견이 있다)라고 생각하는지에 따라 성적이 달라진다고 했다. 짐작했겠지만, 자신이 그냥 여자가 아니라 아시아인이라고 생각하게 했을 때 성적이 더 우수했다.

비슷한 경우로, 마이어 스태트먼은《투자자들이 진정으로 원하는 것

What Investors Really Want》에서 사회경제적 수준과 지출 행동에 대한 연구 사례를 실었다. 실험 참가자들에게 자신이 가난하다고 생각하도록 자극하자, 그들은 바깥세상에서 부의 상징으로 여기는, 즉 시선을 사로잡는 사치품에 지출하는 경향이 높아졌다. 두 사례에서 실험 참가자들의 행동은 그들이 속한 영역을 어떻게 상기시키느냐에 따라 행동에 영향을 받았다. 즉, 자신이 속한 영역에 대해 들은 대로 그에 맞춰 행동했다.

이런 정신적 점화 효과를 투자의 세계에서 따라 하는 것은 이미 알려진 대로 매우 위험하다. 행동 금융은 투자자들을 힘들게 하는 행동의 결함을 강조하면서도 건설적인 대안적 기법을 제시하지 않기 때문에 투자자들을 이런 편견의 늪에 빠뜨리고 상황을 악화시키는 행동을 부추겼다.

투자자들은 효율을 추구하는 시장 군단의 생각처럼 이기적이고 실리만 좇는 게으름뱅이가 아니며, 요즘의 표현처럼 호머 심슨 같은 바보는 더더욱 아니다.

투자자들에게 필요한 것은 그들이 무엇을 잘못하고 있는지를 설명하는 긴 목록이 아니라 자신들의 장단점을 현실적으로 이해하고 장점을 강화하는 동시에 단점을 최소화하기 위한 구체적인 자문이다. 현명한 어느 태국 의사처럼, 나는 당신이 이 책의 내용에 겁을 먹고 더 자세히 읽어보기를 바라며, 또한 이 책이 투자자의 착오 행동investor misbehavior이라는 무시무시한 전염병을 피하는 건설적인 방향을 제시해줄 수 있기를 바란다.

미셸 드 몽테뉴는 이보다 훨씬 고상하게 표현했다.

"하늘의 금고에 대한 사색에 빠져 늘 눈을 위로만 올려다보는 철학자 탈레스를 바라보며, 구름 속의 것들로 즐거운 상상을 하기 전에 발앞에 뭐가 있는지부터 봐야 한다고 훈계하던 밀레토스의 하녀에게 감사해야 할 것 같다. 실제로 하녀는 하늘보다 자신을 먼저 돌아봐야 한다는 훌륭한 조언을 했다."

행동 금융은 '하늘의 금고'에 대해 사색하느라 많은 시간을 보냈고 때로는 그 발끝에 자리한 훨씬 현실적인 생각조차 깨닫지 못하는 뼈저린 아픔도 겪었다. 나는 이 책에서 당신을 설득할 만한 충분한 이론과 일화, 연구 내용을 소개하는 것이 목표이지만, 그보다 궁극적인 목적은 당신을 더 나은 투자자로 만드는 데 있다.

그러니 읽어나가되 그냥 읽기만 해서는 안 된다. 앞으로 이 책에서 배울 원칙들은 당신의 실험 의지가 어느 정도인지에 따라 쑥 그만큼 유익할 것이다. 행동 투자자의 여정에는 약간의 지혜와 그보다 훨씬 많은 용기와 배짱이 필요하다.

# 행동주의 자기 관리 규칙

# 1

# 턱시도를 입은 원숭이의 역설

턱시도를 입은 원숭이를 본 적이 있는가? 나도 그런 원숭이를 보고 싶지만 사실 그럴 일이 없다고 치자. 그리고 이 책을 잠시 내려놓고 주로 이용하는 검색 엔진에서 이 이상한 행색의 원숭이가 진짜로 있는지 한번 빨리 찾아보자.

찾았다고? 좋다!

아마도 당신은 턱시도를 입은 원숭이의 상상치도 못한 화려한 모습에 여러 가지 혼란스러운 반응을 보일 것이다. 처음에는 그저 웃거나 미소를 지을 수도 있지만 한참을 바라보다가 약간 불쾌한 느낌을 받을 수도 있다. 턱시도를 입은 원숭이(앞으로 '턱시도 원숭이'로 부르기로 한다)가 우스꽝스러운 것은 아마도 야생동물이 커머번드(블랙타이를 착용할 때 복부에 감는 띠 : 옮긴이)를 착용하는 게 어울리지 않는다고 생각하기 때문일 것이다.

잠옷을 입은 영장류가 이상하게 보이듯이 당신이 주식에 투자할 때도 이처럼 오락가락할 때가 있다. 그 슬픈 역설은 이렇다.

첫째, 살아남으려면 위험 자산에 투자해야 한다.
둘째, 위험 자산에 투자하기에는 당신의 심리 상태가 허약하다.

먼저, 늙어서 고양이 사료보다 나은 음식을 먹으려면 반드시 위험 자산에 투자해야 하는 이유부터 살펴보자. 이 책을 쓰는 시점을 기준으로 미국의 중간 임금은 4만 9,000달러다.[2]

그런데 조금 쉽게 이해하기 위해 당신이 평균보다 두 배로 똑똑하고 일도 잘해서 연봉 10만 달러의 안정적인 급여를 받는다고 가정해보자. 한 걸음 더 나아가, 당신이 부채 관리의 대가인 데이브 램지의 신봉자이며, 매년 성실하게 수입 총액의 10%를 돼지저금통에 저축하여 그 내용물이 당신의 은퇴 첫날까지 절대 햇빛을 보지 않게 한다고 가정하자. 25세에 저축을 시작하여 65세에 은퇴한다고 가정하면 자제력을 발휘하며 성실하게 노력한 대가로 당신은 40만 달러의 목돈을 얻을 수 있다.

40만 달러면 상당히 큰 금액처럼 보이지만 은퇴 후 30년은 너끈히 살 수 있는 사람에게 그다지 큰 도움은 되지 않는다. 1년으로 계산하면 1만 3,333달러로, 급격한 인플레이션으로 40년 동안의 구매력이 얼마나 잠식당할지는 차치하고 오늘날의 기준으로도 빈곤선에 가까운 수준이다.

시간을 지금으로부터 45년 전으로 되돌려 1975년의 9만 달러 정도면 현재의 화폐 가치로 40만 달러의 구매력과 맞먹는다. 이런 식으로 간략히 따져보면, 현재의 기준으로 40만 달러가 꽤 큰돈 같지만 40년 후에 지금과 비슷한 구매력을 유지하려면 대략 150만 달러가 필요하다는 계산이 나온다.

또 하나 기억할 게 있다. 최근 미국의 부부들이 은퇴 이후에 지불하는 의료비는 월별 보험료보다 훨씬 많은 25만 달러에 육박한다. 앞으로 40년 동안의 인플레이션이 완만하리라고 가정하더라도, 고소득 상시 저축 모델에서조차 의료비 하나로만 저축을 훨씬 능가할 것으로 추정된다.

앞에서 제시한 가정을 더 복잡하게 하여 평균 노동자들의 현실을 더 극명하게 반영할 수도 있지만(대부분 대학 졸업 직후부터 10만 달러를 벌지 못한다. 대부분 경력이 쌓이면서 급여도 점차 높아진다. 대부분 소득의 10%를 저축하지 못한다 등) 기본적인 계산은 같다. 소모적이고 잠식적인 인플레이션의 힘을 능가하는 수익을 가져다줄 위험 자산의 도움을 조금이라도 받지 않고서는 결코 65세까지 목표한 필수 저축액에 도달할 수 없다.

경제학자 버턴 말킬은 이에 대해 "아주 작은 인플레이션에라도 대처하려면 실질 구매력을 유지하는 투자 전략을 세워야 한다. 그렇지 않으면 우리의 생활 수준은 점차 후퇴할 뿐이다"라고 간단하게 설명했다.

그런데 '위험 자산에 투자하기에는 당시의 심리 상태가 허약하다'는 내용을 생각하면 우리가 투자자에서 뛰어난 부분이 있기는 한 걸까?

루이스 캐럴의 《이상한 나라의 앨리스》는 '비상식 문학literary nonsense'의 대표적 사례다. 비상식적인 이야기에서 예상할 수 있듯이,

앨리스는 위아래가 뒤집히고 그른 것이 옳은 것으로 둔갑하며 "어느 길로 가든 그다지 중요치 않은" 이상한 세상에 와 있는 자신을 깨닫는다. 이 이야기의 기묘한 순환성은 앨리스가 체셔 고양이와 대화하는 장면에서 잘 드러난다.

"하지만 난 미치광이들 속에 끼고 싶지 않아."
앨리스가 힘주어 말했다.
"아, 그건 어쩔 수 없어. 여기 있는 우리는 전부 미쳤거든. 나도 미쳤고. 너도 미쳤고."
고양이가 말했다.
"내가 미쳤단 걸 어떻게 알아?"
앨리스가 물었다.
"그래야 하니까. 그렇지 않으면 여기 오지 않았을 거야."
고양이가 말했다.

체셔 고양이의 세계에 있는 앨리스처럼 투자자들도 일상생활의 많은 법칙을 거스르는 세상에서 살아가는 자신을 발견하게 된다. 투자자의 세계에서는 미래가 현재보다 더 확실하고, 적게 일하는 것이 많이 일하는 것을 이기며, 집단 지식이 한 명의 개인 참여자보다도 못하다. 이제 이 뒤죽박죽 세상의 실제 모습에 대해 더 자세히 살펴보자.

## 미래가 현재보다 확실하다?

5분 뒤에 무엇을 할 거냐고 내가 묻는다고 하자. 아마 당신은 매우 확신에 차서 이 질문에 대답할 것이다. 그리고 그 대답은 질문을 받았을 때 당신이 하던 일과 조금은 비슷할 것이다.

이제 방향을 조금 바꿔서 내가 당신에게 5주 뒤에 무엇을 하고 있을 거냐고 물었다고 상상해보자. 딱 꼬집어 말하기는 어렵겠지만, 어쩌면 그 시점에 할 일과 관련된 실마리가 당신의 달력에 들어 있을 수도 있다. 이제 5개월, 5년, 50년 뒤에 할 일을 예상하라는 질문을 받았다고 하자. 이건 뭐 말도 안 되지 않는가? 당연하다. 우리의 잡다한 일상은 먼 미래보다 현재가 훨씬 알기 쉽기 때문이다.

투자를 어렵게 만드는 것은 그 정반대가 진실이기 때문이다. 오늘 어떤 일이 일어날지는 전혀 알 수 없고 다음 주에 일어날 일은 아주 조금, 1년 후의 잠재적 수익은 제법 눈치를 챈다. 하지만 우리는 지금으로부터 25년 이후는 훨씬 정확하게 추정치를 만들 수 있다. 〔표 1〕에서 보듯이, 보유 기간에 따른 주식의 장기 실적을 살펴보자.

단기간의 수익률은 거의 알 수 없다. 표에서 보듯이 1년 수익률은 54% 이익에서 43% 손실까지 변동 폭이 너무 넓다. 반면에 장기 투자 지평investment horizon(투자 시작 시점부터 투자금 회수 시점까지의 기간 : 옮긴이)에 해당하는 25년 수익률은 변동 폭이 더 좁아지면서 미래도 더 확실해진다. 이 장기 투자에서는 수익률이 연간 최고 15%의 이익에서 최악의 경우 6% 수준까지 변동 폭이 좁아졌다.

장기적으로 볼 때 수익률 변동 폭은 그리 우려할 수준이 아니다.

표 1 1926~1997년의 주식 수익률 변동 폭[3]

| 보유 기간 | 최고 수익률(%) | 최저 수익률(%) |
|---|---|---|
| 1년 | +53.9 | -43.3 |
| 5년 | +23.9 | -12.5 |
| 10년 | +20.1 | -0.9 |
| 15년 | +18.2 | +0.6 |
| 20년 | +16.9 | +3.1 |
| 25년 | +14.7 | +5.9 |

즉, 주식에 투자하려면 장기간 보유하는 것이 유리하다는 의미다. 하지만 사람들이 이 사실을 받아들이려면 전혀 실현되지 않을 것 같은 일, 즉 현실에 대한 근본적인 사고 전환이 필요하다. 다음은 저명한 통계학자 네이트 실버의 《신호와 소음》(더퀘스트, 2014)에 나오는 한 대목이다.

"1950년에는 미국 기업의 보통주를 되팔기까지 평균 보유 기간이 6년 정도였다. 주식은 곧 장기 투자라는 발상과 부합한다. 그러나 2000년대에 접어들어서는 거래 회전율이 거의 12배나 증가했다. 6년을 보유하는 게 아니라 동일한 주식을 6개월 정도면 되팔았다. 이런 추세가 누그러질 기미는 거의 보이지 않는다. 주식 시장의 거래량 규모는 4~5년마다 두 배로 팽창해왔다."[4]

직관적으로 생각하면 당연히 내일보다 지금을 더 잘 알 것 같지만 '월스트리트 비자로 월드Wall Street Bizarro World(슈퍼맨 시리즈에 등장하는 지구와 정반대인 네모난 모양의 거꾸로 된 세상 : 옮긴이)'의 견해는 이와 다르다. 네이트 실버가 지적한 대로, 잦은 데이터 접속 능력과 기술의 탈중개화 효과로 사람들의 단기주의short-termism 경향이 더욱 강화되고 있다.

다시 말하면, 이런 경향을 거부할 수 있는 사람에게 기회가 주어진다는 뜻이다. 실제로 대중이 조급해질수록 노련한 투자자들만 혜택을 누린다. 벤 칼슨은 《상식 부자A Wealth of Common Sense》에서 이렇게 말했다.

"금융업계에서 어떠한 형태의 혁신이 이루어지든, 금융 시장에서 '위대한 균형자(모두를 평등하게 만드는 존재 : 옮긴이)'는 항상 인내라는 사실을 개인들은 알아야 한다. 장기간의 시간 지평에서 옳은 행동으로 지속해서 이익을 창출할 방법은 없다. 전문 투자자들과 비교해서 개인들이 지닌 최고 장점 중의 하나는 인내하는 능력이다."[5]

## 생각하는 것보다 적게 하라!

"아무것도 하지 않는 것의 중요성을 얕보지 마라."

곰돌이 푸

"나태함은 백악의 근원이기는커녕 오히려 진정한 유일 선이다."

소렌 키르케고르

책을 적게 읽어서 더 많은 지식을 얻고, 여행을 적게 해서 세상에 대해 더 많이 알고, 운동을 적게 해서 더 건강한 몸을 얻을 수 있는, 그런 세상을 상상해보자. 적게 하고 더 많은 것을 얻는 세상은 분명 우리의 일상 경험과는 매우 동떨어지지만 '월스트리트 비자로 월드'의 운영 방식과는 정확히 일치한다. 우리가 이 '거꾸로 세상'의 방식을 익히기 위해(꼭 그래야 한다) 배워야 할 일차적 과제 중의 하나가 '생각하는 것보다 적게 하기!'다.

　중요한 상황에 직면했을 때 과도한 시도를 추구하는 경향을 일컫는 심리학 용어로 행동 편향action bias(아무것도 하지 않는 것보다는 무엇이라도 하는 것이 낫다고 생각하는 성향 : 옮긴이)이 있다. 행동 편향에 대한 가장 흥미로운 연구 사례 중에 거친 스포츠 세계, 특히 축구 분야의 사례가 있다. 한 연구팀이 페널티킥을 막아야 하는 축구 골키퍼들의 행동을 관찰했다. 311번의 페널티킥을 조사했더니 골키퍼들이 왼쪽이나 오른쪽으로 몸을 날린 경우가 전체의 94%에 달했다. 하지만 페널티킥의 방향 자체는 거의 균등하게 오른쪽과 왼쪽, 중앙으로 각각 1/3씩 날아갔다. 골키퍼가 그냥 중앙에 가만히 서 있었더라면 공을 막아낼 확률이 60%였다고 연구팀은 결론지었다. 당연히 좌우로 몸을 날린 경우보다 훨씬 높은 수치다.

　'상대적 나태함'이 가장 안정적인 전략인 상황에서 왜 골키퍼들은 이처럼 과도한 선택을 할까? 우리가 골키퍼(특히 날아오는 공을 막지 못하면 사형을 당하는 나라의 사람들)의 마음속으로 들어간다면 대답은 자명해진다. 경기의 승패에 국가의 위상이 걸린 상황이라면 누구든 영웅적 행동의 주인공이 되고 싶을 것이다. 그런 마당에 가능성 따위가 뭐란 말인가! 골키퍼는 스포츠에서 흔히 하는 말로 "운동장에서 쓰러질 때까지" 모든 것을 쏟아붓고 싶어 한다. 그런데 가운데 가만히 서 있다면 극단적인 무사안일을 보여주는 충격적인 장면이 아닐 수 없다. 마찬가지로 힘들게 형성한 자산을 보존하고 더 늘려야 하는 임무를 가진 투자자들은 가만히 있는 것이 최선의 행동 양식이라는 연구 결과가 있더라도 투자에서 시기적으로 어려운 상황에서 좀처럼 가만히 앉아 있지를 못한다.

도입부에서 소개한 기니충 연구자들과 매우 흡사하게, 미국의 투자 회사인 피델리티Fidelity의 한 연구팀도 매우 뛰어난 투자자들의 공통된 행동 양식을 찾기 위해 투자 실적이 우수한 계정의 투자 행태를 조사했다. 그런데 그 결과를 보고 사람들은 아연실색했다. 연구팀이 우수 계정의 소유주들에게 연락했더니 그들은 계정이 있다는 사실조차 잊을 정도로 무관심했다. 노련한 투자자들의 난해한 행동 양식의 결과가 겨우 이거라니! 투자자에게 최고의 축복은 건망증인가 보다.

또 하나의 펀드 거물인 뱅가드Vanguard에서도 아무런 변동이 없는 계정과 수시로 달라지는 계정의 투자 실적을 조사했다. 짐작했듯이, 여기서도 '변동 없음' 상황의 계정들이 어설픈 투자자들의 계정 실적을 가볍게 뛰어넘었다. 또한 마이어 스태트먼이 인용한 스웨덴의 연구 사례에서도, 가장 빈번하게 주식을 매매하는 사람들이 거래 수수료와 잘못된 타이밍 등의 이유로 매년 계정 가치의 4%를 잃는 것으로 드러났다. 이런 결과는 전 세계에서 일관되게 나타났다. 세계 19대 증권거래소들을 통틀어보면, 변동이 빈번한 투자자들은 매수에 치중하지만 보유 중심의 투자자들은 매년 1.5%의 초과 수익률을 보였다.[6]

행동 편향의 치명적인 결과를 연구한 가장 유명한 사례를 보면 성별도 거래 행동에 영향을 미친다는 사실을 알 수 있다. 행동 금융의 양대 창시자인 테런스 오딘과 브래드 바버는 어느 대형 디스카운트 증권사(종합 증권사보다 중개 수수료를 적게 받고 거래를 성사시켜주는 증권 회사 : 옮긴이)의 개인 계정들을 살펴보다가 놀라운 사실을 발견했다.

조사 대상자 중에서 남성의 거래 빈도가 여성보다 45% 높았고, 특히 독신 남성은 놀랍게도 독신 여성보다 67%나 많이 거래했다. 바버와 오딘은 이런 잦은 거래의 원인을 과도한 자신감에서 찾았지만 심리적 근원이 어디에 있든 수익성은 일관되게 하락했다. 이런 과잉 행동의 결과, 조사 대상 남성의 평균 수익률은 여성 평균보다 연 1.4% 낮았다. 게다가 더 큰 문제는 독신 남성은 독신 여성보다 수익률이 2.3%나 낮았는데 이 수치를 투자 기간 전체에 적용하면 차이가 엄청났다.

여성들의 실적이 상대적으로 우수한 경향은 개인 투자자(소매 투자자)들만의 현상이 아니다. 여성 헤지 펀드 매니저들 역시 일관되고 견고하게 남성 매니저들의 실적을 능가했다. 그 바탕에는 앞서 논의한 인내심이 가장 크게 작용했다. 미국의 투자 회사 모틀리풀의 루앤 로프턴이 기고한 글의 한 대목을 보자.

"……여성 매니저들이 관리한 펀드들은 개시일 이후로 평균 9.06%의 수익률을 올린 데 비해 다른 헤지 펀드들의 가중 지수 평균 수익률은 5.82%에 불과했다. 또 하나의 사례를 보면 이처럼 우수한 실적도 그리 인상적으로 느껴지지 않는다. 이 회사는 2008년의 금융 공황 상황에서 여성들이 운용한 펀드들의 실적이 나머지 헤지 펀드 세계보다 훨씬 덜 타격을 입었다는 사실을 발견했다. 다른 펀드들은 손실액이 19.03%였지만 여성 매니저들의 펀드는 평균 9.61%의 손실을 기록했다."[7]

소년들은 대체로 왕성한 활동력을 지닌 남자로 성장하겠지만, 그러한 행동 편향이 막대한 금전적 대가를 치르게 할 거라고 예측한 사람은 거의 없었다.

## 광란의 군중에게서 멀찌감치 떨어지기

"한 개인일 때는 누구나 웬만큼 분별 있고 합리적이다.
하지만 군중의 일원이 되는 순간 멍청이가 되고 만다."

프리드리히 폰 실러

나는 거의 매주 한 번씩 회의 때문에 출장을 가는데, 회의 자리에 너무 푹 익은 닭고기가 단골 메뉴로 나오는가 하면 자산 관리인들에게 행동 금융의 기초 지식에 대해 설명해달라는 요청도 자주 받는다. 출장을 자주 다니는 사람은 잘 알겠지만 낯선 도시를 방문할 때는 어디서 먹고 자고 또는 쇼를 관람할지 결정하기가 까다로울 때가 많다. 고급 호텔에는 대부분 고객을 돕는 전담 안내원이 있지만 그 안내원의 조언은 한 개인의 생각이라는 한계가 있다.

나보다 미각이 덜 예민한 안내원에게 엉뚱한 곳을 안내받은 적이 한두 번이 아니다(분명 내 식성의 문제는 아니었다). 그런 이유로 나는 많은 이용자의 후기(크라우드소싱 리뷰)가 지닌 위력에 일찌감치 눈을

떴다. 옐프, 어반스푼, 로튼토마토 같은 앱들은 많은 사람이 인정하고 추천하는 식당과 영화를 식사 손님과 영화 관람객에게 소개하는 종합 리뷰를 제공해준다. 나는 안내원 개인의 기호나 지역 신문의 뉴스 평론에는 동의하지 못할 때가 있어도 많은 사람이 인정한 영화나 음악에는 실망한 적이 한 번도 없다. 중요한 것은 (음식과 영화처럼) 군중 속에 지혜가 있다는 사실이다.

'군중 사고crowd thinking'의 위력은 맛있는 슈니첼을 고르거나 별로 인기 없는 영화를 볼지 말지 결정할 때만 필요한 게 아니다. 가장 성공적인 정치 체제를 구축하는 기반이 바로 군중의 사고다. 윈스턴 처칠은 "민주주의에 대한 최고의 반론은 평균적인 유권자와 5분만 대화하면 드러난다"라는 유명한 말을 남겼는데, 이 말이 선거 기간에는 여러 가지 맥락으로 들릴 수 있다. 그렇다면 민주주의가 오랜 기간에 걸쳐 그토록 성공적인(아니면 적어도 완전히 실패하지는 않은) 모델로 입증된 이유는 무엇일까? 다시 처칠의 말을 빌리자면 민주주의는 왜 "그때그때 시도된 다른 모든 방식을 제외하면, 최악의 정부 형태(결국은 민주주의가 최선이란 의미 : 옮긴이)"일까?

그 해답은 일반적으로 군중이 부분들의 합보다는 더 현명하고 윤리적이며 관대하고 호의적이라는 데서 찾을 수 있다. 소수의 독재 정치나 군주제와 같은 다른 정치 체제는 몇 가지 안 되는 장단점으로 죽고 사는데, 이는 민주주의보다 위험 보상 비율이 훨씬 높다는 의미다. 평균적인 유권자는 그다지 인상적이지 않을지 몰라도, 평균들의 평균은 동네에서 최고인 경우가 많다.

군중의 지혜가 난해한 의사 결정 문제를 해결해주고 우리에게 아주 괜찮은 정보를 제시해준다면 당연히 투자자들에게도 뭔가를 선사할 수 있지 않을까? 그렇지 않다. 다시 말하지만, '월스트리트 비자로 월드'의 규칙들은 전통적 논리를 근본부터 뒤집을 뿐 아니라 우리에게 완전히 다른 가정들로 움직이도록 요구한다. 새로운 가정들, 즉 군중의 지혜보다 규칙 기반의 개인 행동을 중시하는 가정들 말이다.

투자할 때의 결정과 요리할 때의 결정 사이에 질적인 차이가 존재하는 이유는 무엇일까? 저명한 행동주의 경제학자인 리처드 탈러는 어떤 분야에서든 합리적 의사 결정을 어렵게 만드는 네 가지 속성을 규명했다.

1. 이익은 지금 보지만 나중에 비용이 발생한다.
2. 의사 결정이 드물게 이루어진다.
3. 피드백이 즉각적이지 않다.
4. 언어가 명확하지 않다.

명확한 언어("오늘 저녁의 특별 메뉴는 기름에 튀겨 치즈를 듬뿍 얹었어요.")와 즉각적인 피드백("세상에! 정말 맛있어요.")이 동반되는 멋진 음식을 선택하는 일은 주기적으로(보통 하루 세 번이지만 내 경우에는 더 많이) 일어나며 그 비용은 즉시 알거나("27달러입니다!") 나중에 알게("세 덩이만 먹고 그만 먹을걸.") 될 수도 있다.

반면에 투자 결정은 탈러의 모든 조건을 위반한다. 의도적으로 난해하게 만든 언어('시장 중립'이 도대체 무슨 말이야?)와 엄청나게 지연되는 피드백 루프feedback loop를 띠며(영리한 사람이라도 몇십 년?), 결정이 매우 드물게 이루어지고(유산 고마워요, 메이블 이모!), 결정으로 얻게 될 이득을 상상하기조차 어려울 정도로 늦게야 손에 넣을 수도 있다(지금 40세인 내가 80세가 되어서야 이 돈을 쓰는 상황을 상상이나 할 수 있을까?). 음식을 선택하는 문제라면 군중에게서 탁월한 조언을 얻을 수도 있다. 이런 경우는 빈번하게 이뤄지며 그 결정의 결과도 즉각적으로 알 수 있다. 반면에 해당 투자 결정의 현명함이나 어리석음은 몇 년 동안 명확하게 드러나지 않을 수도 있다. 조급한 군중이 현명한 조언을 하기는 쉽지 않다는 뜻이다.

탈러 교수의 연구에서 예상할 수 있듯이, 군중은 주식 시장에 언제 들어가고 언제 나와야 할지를 모두 잘못 판단한다. 그래서 짧은 쾌락과 기나긴 고통(강세장)의 시점에 주식 시장에 들어가서 짧은 고통과 긴 쾌락(약세장)의 시점에 빠져나온다. 벤 칼슨은 《상식 부자》에서 1984년부터 2012년까지의 자금 흐름을 조사한 연방준비제도FED의 자료를 인용했다. 새삼스러울 것도 없이 "그들은 투자자 대다수가 큰 이익이 지나간 후에 시장에 돈을 쏟아붓고 지속적인 손실 이후에 돈을 찾았다는 사실을 확인했다. 고가에 매수하여 저가에 판매하는 전략적 붕괴였다." 다시 한번 말하지만, '월스트리트 비자로 월드'의 규칙보다 일상의 통념을 준수하는 것은 값싼 감정적 위안을 위해 기나긴 빈곤을 받아들이겠다는 의미다.

재러드 다이아몬드는 《문명의 붕괴》(김영사, 2005)에서 오늘날 많은 투자자가 '월스트리트 비자로 월드'에서 시도하는 것과 동일한 방식, 즉 양립할 수 없는 체제에서 자신들이 선호하는 생활 양식을 꿋꿋하게 고집한 사람들의 사례를 소개했다.[8] 다이아몬드는 노르웨이와 아이슬란드의 고향을 떠나 그린란드에 정착한, 한때 강력한 세력을 떨쳤던 고대 스칸디나비아인의 이야기를 들려주었다.

검손과는 담을 쌓았던 바이킹들은 마구잡이로 숲을 파괴하고 땅을 일구고 집을 지었으며 가축 방목지를 강탈하고 얼마 안 남은 천연자원을 고갈시키는 등 개척 활동을 저돌적으로 밀고 나갔다. 설상가상으로, 이 스칸디나비아인들은 농업과 건설에서 토착 이누이트족의 방식이 원시적이라며 경멸했고 자기네 유럽인의 방식이 훨씬 세련되었다면서 원주민의 지혜를 무시했다. 이처럼 원주민의 먹고 입는 방식을 무시한 유럽인들은 이 알려지지 않은 풍요의 땅에서 자만심의 희생양이 되어 사라져갔다.

그린란드의 유럽인들처럼 당신은 이해하기 어려운 기괴한 관습으로 뒤덮인 땅 위에 서 있는 자신을 필연적으로 발견하게 된다. 이 땅에서는 적은 것이 더 많고, 현재보다 미래가 더 예측하기 쉬우며, 주변인의 지혜는 가차 없이 무시해야 한다.

이 땅은 일관성과 인내심, 자기 부정 등 인간 집단에는 어느 것 하나 만만치 않은 것만 요구하는 외로운 곳이다. 그러나 안락한 삶을 영위하고 노력한 결과를 창출해내려면 반드시 길들여야 하는 땅이기도 하다. 법칙들은 몇 되지도 않고 배우기도 쉽지만 실제로 적용하려고 하면 꽤 부담스러울 것이다. 쉽지는 않겠지만 확실히 그만한 가치가 있다. 그리고 그 모두는 당신의 손안에 있다.

이제 앞으로 한 걸음씩 나아가며 이 땅의 법칙들을 하나씩 배워나가자.

# 2

# 가장 중요한 것은 당신이 통제한다

"투자자의 일차적 문제이자 최악의 적은 바로 자기 자신이다."

벤저민 그레이엄

과학자들이 근원적 진리를 입증하기 훨씬 이전부터 철학자와 신학자, 저술가들은 인간성에 대한 냉철한 관찰을 기록해왔다. 나는 이런 내용을 여러 차례 이야기한 바 있다. 구약성서에 이와 관련된 이야기가 하나 전하는데, 나는 이 이야기를 '요단강 문제'라고 이름 붙였다. 너무 단순해서 제대로 눈에 띄지 않지만 해결책은 오히려 쉬운 난해한 문제들을 상징한다.

요단강이라는 이름을 붙인 이 이야기는 나아만 장군에 대한 내용이다. 나아만 장군은 시리아 군대의 장군으로 부유한 지역 사회의 지도자였다. 그는 모든 면에서 실력자였고 지역 사회의 존경을 받던 인물이었다. 그런데 딱 한 가지 (매우 심각한) 문제가 있었다. 나아만은 나병 환자였다. 그때 하녀 하나가 주인의 가장 큰 고통을 없애주기 위해 사마리아의 성자를 만나 상의해보라고 제안했다. 이 성자는 이미 나아만과 비슷한 고통에 시달리던 사람들에게 기적을 행한 것으로 정평이 나 있었다.

손해를 볼 게 없었던 나아만은 말과 마차를 이끌고 성자 엘리사의 집으로 가서 알현을 요청했다. 엘리사는 직접 나오지 않고 대신에 간단한 메시지를 하인을 통해 보냈다.

"요단강에 가서 몸을 일곱 번 씻으시오. 그러면 그대의 살이 그대에게 되돌아와서 깨끗해질 것이오."

여기서 우리의 위대한 주인공은 두 가지 때문에 불쾌했다. 무엇보다 엘리사는 직접 나와서 얼굴을 마주하고 이야기하는 기본적인 예의조차 갖추지 않았다. 게다가 더 황당한 것은 그리 깨끗해 보이지도 않는 강(구글에서 '요단강'을 검색하면 흙탕물 같은 사진이 여럿 등장한다)에 들어가 정신 나간 사람처럼 보일 법한 행동을 하라는 것이다. 나아만은 요단강보다 훨씬 가깝고 깨끗한 강 세 곳의 이름을 들먹이며 잔뜩 화를 냈다.

나아만이 격분하자, 하인들이 용기를 내어 주인에게 성자의 말을 그저 따르도록 설득했다.

"아버지시여, 선지자가 당신에게 명하여 무언가 다른 큰일을 행하라 하였더라도 그렇게 하지 않았겠습니까? 하물며 당신에게 말하기를 몸을 씻으면 깨끗해질 거라 하였는데 못할 까닭이 있습니까?"

그리하여 나아만은 겸손한 태도로 그 단순해 보이는 일을 그대로 행했고 병을 깨끗이 씻어냈다.

오늘날의 투자자들은 너무 단순해서 눈에 정확히 보이지 않는 이 '요단강 문제'에 시달리는 자신을 발견하곤 한다. 이것이 바로 당신의 문제다.

투자 수익을 창출하는 요인을 고려할 때 투자자들은 가장 중요한 바로 그것, 즉 '자신의 행동'만 쏙 빼고 나머지 모든 것에 환상을 품는 경향이 있다. 어떤 이들은 테슬라(애플, 또는 모든 급등주)의 기업 공개 당일에 주식을 샀더라면 삶이 어떻게 변했을지 상상한다. 또 어떤 이들은 대침체기로 접어들기 전에 빠져나올 시점을 정확히 알았더라면 어땠을까를 생각한다. 그중에서도 가장 흔한 공상은, 버크셔 해서웨이의 유력 투자자가 되어 중서부의 서민적인 투자 대가의 도움을 받으면서 막대한 부를 쌓는 꿈일 것이다.

펀드 선택이나 시장 타이밍보다 투자자의 행동이 부의 창출을 예측하는 데 더 효과적이다. 이러한 엄연한 진실에도 쉽게 당황하지 않고 정기적으로 출자하면서 장기적인 시야를 유지하는 현명한 행동 양식을 꿈꾸는 사람은 많지 않다.

그리고 그것이 투자자들이 꾸는 꿈의 본질은 아닐지라도, 건전한 행동은 성공 투자의 필수 조건이자 재앙적 투자의 주범이다. 투자 전문가 게리 안토나치는 투자자의 행동 양식을 연구한 달바DALBAR(미국의 리서치 회사 : 옮긴이)의 연구 자료를 활용하여, 이른바 '행동 격차 behavior gap(합리적 결정으로 얻은 투자 수익률과 감성에 기초한 결정으로 얻은 실제 수익률 사이의 격차 : 옮긴이)'의 또 다른 표현이라 할 수 있는, 달러 대비 기간 조정 수익 사이의 커다란 격차에 주목했다.

"2013년까지 30여 년간 S&P500의 연평균 총수익률은 11.1%인데 반해 보통주 뮤추얼 펀드 투자자의 수익률은 3.69%에 불과했다. 이처럼 저조한 수익률 중 약 1.4%는 뮤추얼 펀드 수수료 때문이었다. 그리고 나머지 격차인 약 6% 중 상당 부분은 타이밍이 잘못된 투자 결정 때문으로 조사되었다."[9]

　행동 격차란 평균적 투자자들이 시장 상황에 감성적으로 대응한 결과로 얻은 손실을 측정한 것이다. 방법론적 토대를 문제 삼아 달바의 연구 사례에 동의하지 않는 사람도 있겠지만 행동 격차가 존재한다는 사실을 부인할 사람은 없다. 〔그림 1〕의 추정치에서 보듯이, 격차의 규모에는 약간의 차이가 있지만(추정치의 변동 폭은 연 1.17%에서 4.33% 사이다) 수익률 저해 효과에 대해서는 대체로 동의한다.

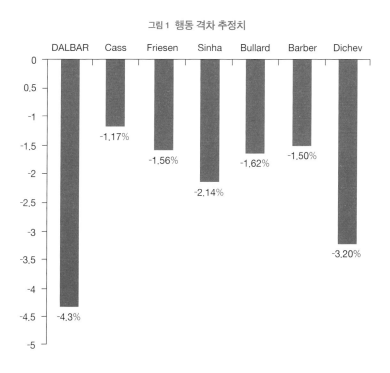

그림 1 행동 격차 추정치

뮤추얼 펀드 회사에서 매년 4%의 수익률을 올리는 상품을 개발했다고 한다면 투자자들이 그 상품에 가입하기 위해 문전성시를 이룰 것이다. 하지만 안타깝게도 행동 격차에도 요단강 문제는 존재한다. 즉, 현명한 결정 덕분에 4%의 수익을 얻는데 굳이 문제 해결에 나설 이유가 없다.

하지만 좋다. 당신이 행동 격차를 최소화하자는 나의 호소에도 아랑곳없이 여전히 최선의 펀드를 고르는 데만 혈안이 되어 있다고 가정하자. (주식형 뮤추얼 펀드가 8,000개도 넘지만) 운 좋게도 당신이 최선의 펀드를 선택할 수 있으리라고 가정하고, 지난 2000년에서 2010년 사이에 가장 높이 날아오른 펀드에 투자했다고 하자.

그 10년간 최고의 수익률을 올린 주식형 펀드는 CGM 포커스 CGMFX로, 투자자들에게 연 18.2%의 수익률을 안겼고 이것은 가장 근소한 차이의 경쟁 펀드보다도 연 3% 높은 수치였다. 이런 펀드를 선택했으니 나쁘지 않다! 다만 문제가 하나 있다면 CGM 포커스에 투자한 사람들이 투자한 기간에 투자금의 10%를 잃었다는 사실이다. 수익률만을 좇는 경향과 맞물린 펀드의 변덕스러운 속성을 생각할 때, 펀드는 수익의 대부분이 이미 실현된 후에 투자자들이 산더미처럼 몰려들었다가 손실의 시간 동안 빠져나가는 일을 반복한다. 수익 극대화는 가치 있는 목표이고 이 책의 지향점이기도 하지만 자제력이 뒷받침되지 않으면 모두가 허사다.

이런 타이밍 문제의 또 다른 근거로, 주가가 역사상 최고치를 경신한 1999년에 미국인들은 급여의 거의 9%를 401(k) 퇴직 연금에 넣었다. 그로부터 3년 뒤 주가는 33% 정도 내려갔지만 401(k) 기여금은

1부 행동주의 자기 관리 규칙

거의 1/4 정도로 떨어졌다.[10] 넓은 시장을 평가하는 일은 그리 어려울 게 없지만 이 평가를 바탕으로 적절한 대응 방법을 세우는 일은 훨씬 어렵다.

행동을 관리하는 것이 성공 투자자가 되는 초석이라는 사실은 더 말할 필요가 없다. 잘못된 행동이라는 암을 제거하는 데는 아무리 뛰어난 투자 기술로도 (그만한 기술도 드물지만) 충분치 않다.

다음에 소개하는 9가지의 자기 관리 규칙을 통해 당신은 현명한 행동이 무엇인지 배우고 4%의 행동 격차 프리미엄도 얻게 되겠지만, 그 모두가 당신의 능력 안에 있다는 사실을 깨닫고 이해할 때 비로소 가능하다는 점을 명심해야 한다. 훌륭한 투자 행동이 어려운 것은 투자자들이 그 중요성을 알더라도, 당연하다고 생각되는 것이 반드시 최선의 행동 양식은 아니기 때문이다. 자기 관리 규칙은 이 전쟁에도 도움을 줄 것이다.

홀로 살아가는 우리 자신을 관리할 통찰력이나 명확한 비전을 가

---

### 지금부터 실천하자!

#생각하라 "시장에서 어떤 일이 벌어지든 나의 선택이 가장 중요하다."

#질문하라 "수익을 무작정 좇기보다는 저축과 비용 절감과 인내심 유지 측면에서 내가 더 할 수 있는 일이 있는가?"

#실행하라 급여 인상과 더불어 당신의 투자 계정에도 장기적이고 주기적으로 기여금을 늘리는 과정을 자동화하라.

진 사람은 드물다. 현명한 행동이 투자 수익을 낳는 최선의 예측 장치라면, 도움을 구하겠다는 의지는 현명한 행동을 낳는 최선의 예측 장치다.

# 3

## 혼자 할 수는 없다

"누구도 홀로 태어나지는 않는다."

마르쿠스 툴리우스 키케로

7달러의 거래와 수수료 압박의 시대에 일부 사람들은 전통적인 자문 관계를 지난 시대의 유물로 치부해버린다. 얼마 전만 해도 주식 중개 인과 자산 관리인들은 금융 데이터의 수호자이며 주식 격언의 파수꾼 들이었다. 그러나 오늘의 투자자들에게는 스마트폰과 불과 30년 전만 해도 월스트리트의 전유물이던 무료 온라인 위탁 계정만 있으면 된다. 이런 시대라면 "내 자산 관리인은 실제로 수수료를 벌고 있나 요?"라는 질문을 해볼 법도 하다. 조사에 따르면 이 질문에 대한 대답 은 당연히 "예!"였다. 물론 당신이 짐작하는 그런 방식들과는 거리가 있었지만.

수수료에 민감하기로 소문난 뱅가드의 인사들이 〈자문가의 알파

Advisor's Alpha〉라는 획기적인 논문에서 투자자들이 유능한 자산 관리인의 도움으로 얻는 부가 가치를 연 3% 정도로 추정했다.[11] 논문에서는 3%라는 소액의 부가 가치마저 자연스럽고 유기적인 방식으로 얻는 게 아니라고 단언한다. 오히려 자산 관리인과 일하면서 얻게 될 이점은 '일정하지 않을' 것이며 그마저도 심한 두려움과 탐욕의 시기에 집중될 거라고 했다. 이처럼 자문가의 가치가 불균등하게 분배되는 현상은 우리가 곧 다루게 될 두 번째 진실을 암시한다. 자산 관리인을 활용하는 최선의 방법은 자산 관리인으로서가 아니라 행동 코치로서다.

'자문가 효과'의 또 다른 근거는 모닝스타의 백서《알파, 베타 그리고 이제는…… 감마Alpha, Beta, and Now……Gamma》에서 찾을 수 있다.[12] '감마Gamma'는 모닝스타에서 '투자자가 더 나은 재정 결정을 통해 얻는 추가 수입'이라는 의미로 만든 약칭이다. 모닝스타는 자산 관리인과 협력하여 얻는 일차적 이득을 의사 결정의 향상으로 꼽았다. 감마를 계량화하려고 시도한 모닝스타는 더 나은 재정적 선택을 위해 조언(자문)을 받은 투자자들의 초과 실적outperformance을 계산했는데 연 1.82%가 나왔다. 다시 말하면 자산 관리인은 수수료 수입 이상의 역할을 해야 하며, 고객의 투자 성과를 개선하기 위해 일차적으로 할 일은 더 나은 의사 결정을 하도록 유도하는 데 있다.

에이온 휴이트와 관리 계정 제공 회사인 파이낸셜엔진스에서 시행한 조사도 전문가의 도움이 투자자 이익을 크게 늘려준다는 전제를 뒷받침해준다. 2006년부터 2008년까지 진행된 1차 연구에서는 타깃데이트 펀드TDF(자산운용사가 투자자의 생애 주기에 따라 주식과 채권의 비중을 조정해주는 금융 상품 : 옮긴이)나 관리 계정을 통해 온라인으로 자문을 받은 투자자들과 그 모두를 혼자서 진행한 사람들의 실적을 대조했다. 이 기간에 자문을 받은 사람들의 실적이 그렇지 않은 사람들보다 수수료 공제 후 연 1.86% 앞선 것으로 조사되었다.

그들은 이 조사의 후속으로, 변동성의 시기에 도움이 어떤 영향을 미치는지 살펴보기 위해 2009년과 2010년의 특정 날짜를 선정하여 도움을 받은 집단과 그렇지 않은 집단을 대상으로 비슷한 분석을 했다. 그랬더니 의사 결정을 도운 효과가 변동성의 시기에 더 컸고 실적역시 도움을 받은 집단이 수수료 공제 후 연 2.92% 높았다.

앞서 뱅가드에서 언급한 것처럼, 자문의 이점은 합리적인 의사 결정이 가장 어려운 시기에도 불균등하게 경험하게 된다.

이제 우리는 재정적 도움을 받으면 매년 2~3% 정도의 부가 수익을 올릴 수 있다는 사실을 확인했다. 이 수치가 언뜻 작게 느껴질 수도 있지만 가치주의 마법에 익숙한 사람들은 이 정도의 초과 실적이 지닌 위력을 잘 알고 있다. 재정 자문이 분명히 효과가 있다면 장기적으로 현명한 자문을 따를 때의 효과 역시 상당 수준으로 실현되어야 한다. 실제로 다음의 연구 사례가 바로 이를 시사한다.

캐나다의 투자펀드협회는 2012년의 〈자문 가치 보고서Value of Advice Report〉에서, 재정 자문 서비스를 유료로 이용한 투자자들이 그렇지 않은 투자자들보다 장기 투자 계획을 고수할 가능성이 1.5배 이상 높게 나타났다고 보고했다. 재정 자문을 받은 집과 경제적 성장이 오랫동안 멈춰 있는 집 사이에 부의 불평등이 생기는 이유는 이처럼 투자 계획에 얼마나 몰두하느냐에 달렸다. 4~6년 동안 자문을 받은 투자자들은 자문을 통해 얻은 수익률이 자문을 전혀 받지 않은 투자자들보다 1.58배 더 높았다. 7~14년간 자문을 받은 경우는 그렇지 않은 경우보다 거의 두 배인 1.99배였고, 15년 이상일 경우는 2.73배의 압도적인 수치를 보였다. 현명한 재정 자문을 얻으려면 단기적으로 비용이 들지만 전체 투자 기간을 볼 때 벌어들인 수익의 증가 규모가 정말 놀라운 수준이다.

이쯤 되면 훌륭한 투자 상담을 받을 때 그 누적 효과가 금전적으로 괄목할 만한 정도라는 데 더는 의심할 필요가 없을 듯하다. 하지만 우리가 고려할 게 꼭 돈만은 아니다. 금융 전문가와 함께하며 얻게 되는 삶의 질적 이점도 고민할 필요가 있다.

잔디 깎기, 집 청소하기, 방 벽 칠하기 등 스스로 완벽하게 할 수 있는 일인데도 도와줄 사람을 외부에서 고용하는 사람들이 많다. 당신도 고용한 사람 못지않게 잔디를 잘 깎을 수 있지만, 그 일을 위임한 덕분에 마음이 평화로워지고 남은 시간을 사랑하는 사람들과 보낼 수 있다. 이 연구에서는 자산 관리인과 함께하면 금전적 보상 외에도 자신감과 안정감 같은 결코 가볍지 않은 가치도 얻을 수 있다고 했다.

캐나다의 〈자문 가치 보고서〉는 유료로 재정 자문을 받는 사람들이 높은 자신감을 보였고, 안전한 은퇴에 대한 확신과 비상시를 대비한 높은 수준의 자금 보유 측면에서도 우수했다고 보고했다. 금융계획기준위원회FPSC에서 시행한 또 하나의 조사에서는 유료로 재정 자문을 받는 투자자들의 61%가 "나는 마음이 평화롭다"는 표현에 긍정적으로 답했지만 '무계획' 투자자들은 36%밖에 되지 않았다. 계획이 있는 투자자들은 과반수(54%)가 비상시에 대비가 되어 있다고 느꼈지만 계획이 없는 사람들은 22%에 머물렀다. 마지막으로 계획이 있는 투자자의 51%는 은퇴에도 준비되어 있다고 느끼는 반면, 자문을 받지 못하는 사람들은 놀랍게도 18%에 지나지 않았다.[13]

훌륭한 재정 자문을 받으면 부와 자신감을 모두 얻는다. 이 연구는 현명한 재정 자문을 받으면 당신이 금전적 목적지에 도달하는 데 필요한 조건들을 갖출 수 있고 동시에 당신 여정의 질적 수준도 높일 수 있다는 사실을 명백히 보여준다.

## 당신의 자산 관리인을 향한 10가지 질문

자산 관리인과 함께하는 것이 당신 자신에게서 당신을 구해내는 데 도움이 된다는 사실을 확인했다. 그러나 모든 조언자가 똑같지는 않다. 최고와 일하고 싶다면 당신의 자산 관리인이 될 사람에게 다음의 10가지를 질문해보자.

- 당신은 수탁인이 맞습니까?
  수탁인은 자신보다 고객의 이익을 우선해야 하는 법적 요건을 따라야 한다.
- 내 안의 최악의 적에게서 나를 보호하기 위해 당신은 무엇을 해줄 수 있습니까?
  잊지 말자. 자산 관리인에게 기대하는 최상의 부가 가치는 행동 코칭 이라는 사실을!

- 수수료는 어떻게 부과되며 얼마입니까?

  수수료는 생각보다 협상의 여지가 훨씬 크다. 고액의 계정일수록 더욱 그렇다.

- 당신만의 '특화된 영역'이 있습니까?

  자문가 중에는 소기업 소유주나 '생애 전환기 여성', 가치 중심의 투자를 선호하는 사람 등에 특화된 사람이 있다.

- 어떤 서비스를 해줄 수 있습니까?

  투자 계획이나 투자 자문에 한정하여 서비스를 제공하는 재정 자문가가 있는가 하면 그보다 훨씬 넓은 영역까지 다루는 사람도 있다. 서비스는 당신의 요구에 항상 부합해야 한다는 사실을 명심하라.

- 어떤 자격증을 보유하고 있습니까?

  경력 기간, 관련 인증서, 대학원 교육 등 여러 조건을 적절히 조합하여 당신에게 적합한 사람을 선택하자.

- 투자 철학은 무엇입니까?

  분명하고 간결하게 투자 철학을 설명한다면 평소에 이 부분에 대해 깊이 고민했다는 징후이다. 고객을 붙잡기 위해 장사꾼 같은 말을 늘어놓는다면 달아나야 한다는 신호다.

- 우리가 앞으로 얼마나 자주 상담하게 될까요?

  상담은 당신의 요구와 선호도에 따라 진행해야 한다. 매년 1~4회 정도를 예상하면 될 것이다.

- 고객들에게 어떤 특별한 경험을 제공하고 있습니까?

  자문 서비스를 받으려면 상당한 비용을 지불하므로 그에 걸맞은 대접을 받아야 한다.

- 계약 갱신은 어떻게 합니까?

  당신에게 장기간을 고려해보라고 말한다면 그 사람 역시 그렇게 해야
  한다.

## 가장 기대하지 않는 것을 눈여겨보라

✦

규칙 1에서는 요단강 문제, 즉 너무 단순해서 간과하기 쉬운 소박한
해결책의 문제에 대해 간략히 설명하면서 시작했다. 나아만은 성자의
제안을 비웃었다. 자신이 가진 문제의 중대함과 난해함에 비해 해결
책이 너무 수수하게 보였기 때문이다. 비슷한 경우로 요즘 사람들은
신체에 문제가 생겼을 때 식단 조절과 운동, 명상 등 간단하지만 효과
적인 행동 요법을 무시한 채 (약물 같은) 난해한 처방에만 몰두하는 경
향이 있다.

　단순함을 무시하고 난해함을 좇는 이런 경향은 투자 부문에서도
오래도록 유지되었고, 고객과 자문가들 모두 금융 전문가가 부여하는
최고의 가치를 간과하기에 이르렀다. 그래서 다시 한번 우리는 전문
적인 재정 자문을 받는 사람들을 위해 초과 실적의 원천을 규명하는
연구에 몰두할 것이다.

　뱅가드의 '자문가의 알파' 연구는 자문가가 수행하는 일반적 활동
들이 낳는 부가 가치를 베이시스 포인트bps(금융 시장에서 실적을 산정하
는 단위로 1/100%를 의미 : 옮긴이) 단위로 계량화하는 놀라운 성과를 낳
았고, 당신도 그 결과를 보면 무척 놀랄 것이다.

몇 가지 예를 소개하면 다음과 같다.

- 자산 균형 재조정(포트폴리오 자산의 비중을 재조정하는 과정 : 옮긴이) :
  35bps
- 자산 배분 : 0~75bps
- 행동 코칭 : 150bps

흥미롭게도 행동 코칭('손잡기'라고 하자)은 자산 관리와 직접적으로 관련된 어떠한 행위보다도 많은 부가 가치를 창조한다. 뱅가드의 연평균 부가 가치 추정치를 3%라고 가정할 때, 그중 절반은 행동 코칭 덕분이거나 두려움과 탐욕의 시기에 고객의 어리석은 의사 결정을 적절히 차단한 결과다! 조금 더 분명하게 말하면 자문가는 당신의 돈을 관리할 때보다 감성을 관리할 때 더 많은 가치를 창출한다는 뜻이다.

모닝스타의 '감마' 연구도 자문가가 부여하는 진실한 가치가 무엇인지, 투자자들이 전문가를 선택할 때 무엇을 추구해야 하는지를 보여주는 실례이다. 부가 가치의 진정한 원천은 다음과 같다.

- 자산 배분
- 회수 전략
- 절세
- 상품 배분
- 목표 기반 자문

감마의 원천 중에서도 일부(자산 배분 등)는 혼자서도 쉽게 익힐 수 있지만 나머지 일부는 외부 전문가의 손을 거쳐야 하는 특별한 영역이다. 그리고 누구나 마음만 먹으면 자신에게 적절한 관리 요법을 찾을 수 있듯이, 자산군asset class의 조합이 매우 다양한 환경에서 투자 지침을 찾는 것도 그리 어려운 일은 아니다.

그러나 미국이 지금처럼 세계에서 가장 뚱뚱한 선진국이 되고 심각한 은퇴 위기 상황을 목전에 두고 있는 것은, 결코 합리적인 행동으로 이끌 지식이 부족해서가 아니다. 적절한 지식은 중요한 출발점이지만 계획에 집중하도록 지도하는 개인 코칭이야말로 훨씬 중요하다.

## 그래서…… 자산 관리인들이 정말로 부가 가치를 창출하는가?

이 연구는 자산 관리인들이 삶의 방법과 질적 측면 모두에서 유익한 존재라는 사실을 강력하게 보여준다. 하지만 부가 가치의 창출은 적절한 자산 관리 파트너를 선택할 때 그에게서 무엇을 기대해야 하는지 알아야만 가능하다. 사람들은 지나치게 난해하고 현학적인 마케팅에 쉽게 현혹되고, 그리하여 비밀스러운 지식에 기초한 대담한 주장을 하는 리더에게 끌리는 경향이 있다. 부를 크게 키울 수 있는 파트너는 깊이 있는 지식과 깊이 있는 교감 사이의 균형을 유지할 수 있는 사람이다. 두려움이 엄습할 때 귀담아들을 말을 해주고 우리 자신에게서 우리를 구원해줄 수 있는 사람이다. 그리고 어려운 문제에도 손쉬운 해결책을 제시할 수 있는 사람, 나아만이라면 인정할 바로 그런 사람이다.

---

### 지금부터 실천하자!

#생각하라 "살아가면서 내가 다섯 가지 큰 실수를 하지 않도록 지지해주는 자산 관리인은 수수료 이상의 가치를 지닌 존재다."

#질문하라 "자산 관리인의 일차적 가치가 나의 행동을 지도하는 것이라면, 그 사람과 맺은 잠재적 관계에서 내가 살펴봐야 할 것은 무엇인가?"

#실행하라 행동 코칭을 가장 우선으로 생각하는 자산 관리인에게 도움을 구하라.

# 4

# 문제는 곧 기회다

"극도로 비관적인 시기가 매수의 적기고,
극도로 낙관적인 시기가 매도의 적기다."

존 템플턴

"우리를 죽이는 게 아니라면 더욱 강하게 만든다."

니체의 명언이다. 잘 알려진 내용은 아니지만 니체는 이 말을 한 직후에 매독에 걸려 신경 쇠약에 빠졌고, 엎친 데 덮친 격으로 정신 질환과 뇌졸중, 신체 마비 등으로 결국 사망하고 말았다.[14]

금융 시장에서처럼 우리 삶에서도, 남들이 두려움에 사로잡혔을 때 큰돈을 벌 수 있다며 떠벌리기는 쉽지만 실행은 별개의 문제다. 그게 어려운 가장 큰 이유는 인간이 부정적인 사건을 처리하고 집착하는 특별한 방식 때문이다.

간단한 사고 실험을 한번 해보자. 당신은 멋진 하루를 보내고 있다. 어떻게 하면 이 하루를 더 멋지게 보낼 수 있을지 30초에서 60초

동안 생각하여 기록하자. 다 적었으면 이제 하루를 망칠 수 있는 일들을 생각해보자. 그리고 30초에서 60초 동안 그 일들을 목록으로 정리하자. 이제 두 목록을 비교해보자. 어느 것이 더 긴가? 어느 것이 더 명확한가? 어느 것이 더 현실적인가?

보통 사람들이라면 하루를 즐겁게 만드는 일보다 파괴적인 일의 목록을 작성하는 편이 훨씬 쉽다. 인간은 미래를 위협하는 일에 대한 일종의 방어 기제로서 최악을 상상하고 부정적인 일들을 기억하는 타고난 성향을 지니고 있다. 최악을 상상하는 이런 성향은 무엇이 됐든 뭔가를 파는 사람들, 특히 금융 뉴스 보도 책임자라면 누구보다 잘 알고 있다. 닉 머레이(금융 전문가이자 저술가 겸 강연자 : 옮긴이)는 "세상 어딘가에서는 여전히 종말론이 활개를 치고 있다. 그렇지 않은 몇몇 곳에서는 언론이 그 비슷한 얘기를 만들어서 종말의 전조처럼 하루 24시간 일주일 내내 퍼트린다"라고 말했다.

현명한 투자자라면 위기를 조장하는 모리배들이 퍼트리는 공포심에 대응하기 위해 꼭 알아야 할 세 가지가 있다. 시장의 조정과 약세장은 투자 생애에서 늘 있는 일이며, 이 둘은 장기적으로 매수 기회를 나타내며 그 이점을 최대한 누리려면 체계적인 프로세스가 필요하다.

조정은 주가가 10% 하락할 때, 약세장은 하락률이 20%일 때를 말한다. 둘 다 지극히 임의적인 정의이지만 사람들의 큰 관심을 받는 데다가 다른 투자자들의 행동에도 영향을 끼치므로 충분히 고려할 만한 가치가 있다.

1900년부터 2013년까지 미국 주식 시장은 123번의 조정을 경험했다. 평균 1년에 한 번씩 조정을 겪었다는 뜻이다! 약세장의 상징이라할 수 있는 큰 폭의 손실은 이보다 덜 빈번한 평균 3.5년에 한 번이었다. 언론에서는 10~20%의 시장 손실을 마치 세상의 종말처럼 떠들어대지만, 손실은 봄이 오면 꽃이 피듯이 주기적으로 회복되고 장기적으로 막대한 부를 조성하는 시장의 경향 또한 부정하지는 못한다.

100년도 더 되는 시간 동안 연평균 두 자릿수의 수익률 이면의 두 자릿수 백분율의 손실을 모두 예상한 사람이 과연 있을까? 이제 내가 이르는 대로 따라 해보자.

"약세장은 경제 사이클의 자연스러운 일부이며 내 투자 인생에서 열 번에서 열두 번은 예상해야 한다."

〔표 2〕에서는 1929년 이후로 미국 약세장의 날짜와 월 단위 지속 기간, 정점에서 저점까지 변동 폭을 보여준다.

약세장과 조정은 어느 정도 규칙적이고 강력하게 다가오지만 수익 파괴력은 금전적 요소 못지않게 행동적 요소로도 발생한다. 《현명한 투자자는 이것이 다르다》(한국에프피협회, 2013)의 저자 칼 리처즈는 2002년 10월을 예로 들며, "투자자들이 주식형 뮤추얼 펀드에서 투자한 금액보다 더 많은 수익을 뽑아낸 연속 5개월 중 다섯 번째 달이며, 이처럼 연승이 지속된 것은 처음이다"라고 했다. 그런데 그로부터 향후 5년 동안 주가가 거의 두 배로 오른 것을 생각하면 그 약세장의 바닥이 어디였는지 짐작할 수 있겠는가? 당연히 2002년 10월이다.

이런 행동 착오 경향은 비단 개인 투자자들에게만 해당하지 않는다. 버턴 말킬의 《랜덤워크 투자 수업》(골든어페어, 2020)의 한 대목을 보자.

"(매우 높은 현금 할당으로 정평이 난) 뮤추얼 펀드 매니저가 볼 때 경고 시점은 증시의 저점과 거의 완벽하게 일치한다. 뮤추얼 펀드의 현금

포지션의 정점은 1970년과 1974년, 1982년 그리고 증시 대공황 직
후인 1987년 말의 시장 저점과 일치했다."

약세장의 자산 파괴 효과는 우리가 두려움에 대처하는 방식에 따
라 크게 확대될 수 있다. 현명하게 대처하기가 어려운 근본적인 이유

표 2  1929년 이후 미국 약세장

| 조정기 | 사건 | 시장 정점 | 정점 대비 저점(%) | 지속 기간 (개월) |
|---|---|---|---|---|
| 1929년 대공황 | 과도한 레버리지 비이성적 과열 | 1929년 9월 | -86 | 33 |
| 1937년 중앙은행 양적 완화 축소 | 성급한 정책 시장 압박 | 1937년 3월 | -60 | 63 |
| 2차 세계대전 후 증시 급락 | 전후 동원 해제 : 경기 침체의 공포 | 1946년 5월 | -30 | 37 |
| 1962년 증시 급락 | 주가 폭락 : 쿠바 미사일 위기 | 1961년 12월 | -28 | 7 |
| 1970년 기술주 급락 | 경기 과열 : 민간 소요 | 1968년 11월 | -36 | 18 |
| 스태그플레이션 | OPEC 대미 원유 수출 금지 | 1973년 1월 | -48 | 21 |
| 볼커 연준의장 양적 완화 축소 | 인플레이션 겨냥 | 1980년 11월 | -27 | 21 |
| 1987년 증시 급락 | 프로그램 매매 : 시장 과열 | 1987년 8월 | -34 | 3 |
| 기술주 버블 | 과도한 밸류에이션 : 닷컴 열풍 붕괴 | 2000년 3월 | -49 | 31 |
| 세계 금융 위기 | 레버리지/주택 구입 : 리먼 브라더스 파산 | 2007년 10월 | -57 | 17 |
| 평균 | | | -45 | 25 |

1부 행동주의 자기 관리 규칙

는 우리가 주관적으로 경험하는 약세장과 실제 모습이 정반대이기 때문이다. 즉, 시장은 실제로 가장 안전할 때 가장 두렵게 느껴진다. 워런 버핏의 멘토는 "보유주식들이 시장에서 부당한 대접을 받는다는 생각에 부화뇌동하거나 지나치게 우려하다가는 자신의 근원적 장점을 근원적 단점으로 엉뚱하게 바꿔버리게 된다"라고 지적했다.[15] 지나친 걱정을 관리할 수 있는 유일한 희망은 투자에 대한 체계적인 접근 방식과 그것을 끝까지 유지하려는 의지다.

보통의 성인은 미래를 고민하는 데 18시간 중 평균 1시간을 사용한다. 바꿔 말하면 내일 있을 일을 깨어 있는 시간 중 평균 2시간을 할애해 생각한다는 뜻이다. 불행히도 평화로운 마음과 달리 걱정은 한 번 달라붙으면 잘 떨어지지 않는 성질이 있어서(생각조차 싫은 하루가 수시로 떠오르지 않는가?), 이 2시간 중 대부분은 내일 하루 동안 별일 없을지에 초점을 맞춘다. 이 모든 걱정 때문에 시장의 혼란이 큰 수익의 전조가 될 수 있는 시점을 인지하는 데 실패한다.

한 예로 실업률이 높은 시기가 증시의 초과 수익으로 이어지는 경향이 있다는 상식과 반대되는 상황을 생각해보자.[16] 그리고 "시장이 '양호'에서 '우수'한 상황으로 흘러갈 때는 일반적으로 최선의 성과를 낳지 못한다. 그보다는 '최악'에서 '예전처럼 최악은 아닌' 상황으로 흐를 때 실제로 최선의 실적을 보여준다"라는 벤 칼슨의 발견에도 주목하자. 버턴 말킬과 찰리 엘리스는 공저 《지혜롭게 투자한다는 것》(부키, 2021)에서 시장의 등락을 통해 얻은 확고한 방법론을 언급하며, 이것은 지역과 상관없이 모든 부모(과거의 10대들)가 공감해야 한다고 말했다.

"투자는 10대 자녀를 키우는 것과 비슷하다. 즉, 10대가 훌륭한 성인으로 성장하는 과정에서 일어나는 '흥미로운 일' 같은 것 말이다. 경험 많은 부모는 일상의 사소하면서도 극적인 사건보다 장기적인 것에 집중하는 법을 안다."

내 팔을 내가 간지럽히면 왜 간지럽지 않은지 궁금한 적이 있는가? 그 이유는 간지럽히는 행동을 하기 전에 이미 뇌가 인지하고 있기 때문이다. "어이, 내가 내 팔을 간지럽혀야 해!" 그래서 실제로 팔을 간지럽히려 할 때 다른 팔이 다가오는 것을 몸이 이미 알기 때문에, 같은 팔을 다른 사람이 간지럽힐 때보다 효과가 훨씬 줄어든다.

시장의 변동성에 대해 합리적인 가정을 세우는 것도 이와 유사한 효과가 있다. 즉, 예측이 충격을 완화한다는 의미다. 하늘이 무너진다는 세간의 떠벌림에 현혹되는 사람은 재정적 및 행동적 손실이라는 양날의 검에 상처를 입는다. 그러나 '주가 조정'의 최악은 자연스러운 과정이고 최선은 기회라는 사실을 깨닫는다면 당신은 남들이 공황에 빠져 있을 때 수익 창출을 선점할 수 있을 것이다.

---

### 지금부터 실천하자!

#생각하라 "약세장, 경기 침체, 특히 불확실성은 넉넉한 수익성을 위해 지불하는 심리적 대가다."

#질문하라 "다른 사람들을 공황에 빠트리는 일이 내게는 기회라고?"

#실행하라 건실하지만 주가가 지나치게 높은 꿈의 주식들을 발굴하여 목록으로 정리해두자. 시장의 변동성이 확대되어 주가가 훨씬 매력적으로 바뀌면 매수하자.

# 5

## 흥분된다면 좋지 않은 징조다

> "투자가 즐거운 일이라면, 투자해서 당신이 재미있다면,
> 아마도 당신이 돈을 벌기는 어려울 것이다.
> 바람직한 투자는 지루한 법이다."
>
> 조지 소로스

위험 평가risk assessment를 주제로 세미나를 진행하다가 종종 참석자들에게 'dahy(다히)'라고 소리 나는 단어를 써보라고 할 때가 있다. 당신도 잠깐 시간을 내어 적어보자. 너무 골똘히 생각할 필요는 없다.

영어로 이렇게 들리는 단어는 대표적으로 두 가지가 있다. 'dye (염료, 색깔)'와 'die(죽다)'다. 둘 중에 당신 머리에 먼저 떠오른 단어는 아마도 지금 당신의 기분과 깊이 관련될지도 모른다. 기분의 색깔은 회상한 기억과 직결되므로, 좋은 하루를 보내는 사람은 상대적으로 덜 불안정한 단어를 연상하지만 힘든 하루를 보내는 사람의 뇌에서는 치명적인 것들이 떠오를 수 있다.

그러나 기분이 사고에 미치는 영향은 단순한 회상에 국한되지 않는다. 감정은 과거를 기억하고 미래를 생각하는 방식에도 영향을 준다. 하루가 즐겁지 못한 사람들('die'라고 적은 사람들)에게 어린 시절이 어땠느냐고 물어보면 살이 쪄서 통통했다거나 여드름이 많았다거나 축구팀 주전으로 뽑히지 못했다는 식의 이야기를 늘어놓을 것이다. 반대로 기분이 훨씬 좋은 날에 다시 물어보면 휴양지 섬에서 보낸 여름이나 동네 가게에서 먹은 맛있는 아이스크림을 떠올릴지도 모른다.

뇌를 컴퓨터에, 그중에서도 정보를 보관했다가 있는 그대로 불러내는 편견 없는 저장 장치에 비유할 때가 종종 있다. 그러나 실제로 우리의 뇌는 슈퍼컴퓨터보다 '비어 고글beer goggles(술기운에 상대방이 더 매력적으로 보이는 착각 : 옮긴이)'에 훨씬 가깝다. 아무리 지성적인 투자자라도 순간의 감정이 현실 감각을 왜곡하지 않도록 유의해야 한다는 뜻이다. 기관 투자자인 벤 칼슨은 딱 잘라 말한다.

"살다 보면 감정적 대응이 필요한 경우도 많다. 결혼이나 아이의 출생 같은 상황에서는 감정을 담아 표현해야 한다. 하지만 감정은 훌륭한 투자 결정을 하는 데 적이다. 다시 한번 강조한다. 감정은 훌륭한 투자 결정을 하는 데 적이다."[17]

사회심리학자 제니퍼 러너와 동료 연구원들이 진행한 연구는, 감정이 투자자의 위험 평가와 지불 의사에 영향을 미친다는 발상을 수치화하는 데 도움을 준다.[18] 러너와 연구진은 연구 참여자들을 '슬픔'과 '무감정' 상태의 두 집단으로 구분했다. '슬픔' 집단에는 영화 〈챔프〉에서 아이의 멘토가 죽는 장면을 담은 짧은 영상을 보여주었다. 영화를 본 다음에는 이 죽음이 자신들에게 정서적으로 어떤 영향을 미쳤는지 한 단락으로 글을 쓰게 하여 상실감을 더 크게 느끼도록 했다. 반면에 '무감정' 집단에는 짧은 물고기 영상을 보여주고 일상의 활동에 대해 쓰도록 했다. 실험 참가자들이 영상을 모두 본 뒤에는 두 번째로, 지금까지와 관련 없는 연구를 시행할 거라고 설명했다. 그리고 일부 실험 참가자에게는 형광펜을 판매한다고 할 때 어느 정도의 가격이 적정한지 물었고, 나머지 실험 참가자들에게는 구입 가격이 어느 정도면 적당할지 물었다.

이 연구의 결과는 우리의 예상대로였다. 즉, 감정은 물건을 사고파는 가격을 결정하는 데 지대한 영향을 미쳤다. 슬픈 상태의 구매자들은 무감정 상태일 때보다 30% 이상을 더 내고서라도 형광펜을 구매하겠다고 응답했다. 쇼핑 치료(우울할 때 쇼핑으로 기분을 전환하는 것 : 옮긴이) 구매가 경솔한 행동으로 비칠 수 있듯이, 그들의 슬픔도 이와 비슷한 방식으로 과다 지불을 유도했다. 슬픔 집단의 판매자들 역시 감정의 상흔을 여실히 드러냈다. 판매 가격도 무감정 집단보다 33% 정도 적었다.

펜 하나를 구매하면서 과다 지불이 크게 문제가 될 일은 아니지만, 대상이 펜이 아니라 개인의 자산이라면 결과는 크게 달라진다. 감정적인 투자자는 흥분 상태에서 주식을 너무 비싸게 매수하고 절망적인 상태에서 너무 싸게 매도할 수 있다. 금융 전문 저술가 월터 배젓은 행동 금융 개념이 도래하기 훨씬 전에 이미 "모든 사람은 가장 행복할 때 가장 잘 속는다"라는 글을 남겼다.[19]

## 영향을 받으면……

감정이 위험 인식에 미치는 방식을 더 상세히 살펴보기 위해 이제 상 냥한 행동경제학자 댄 애리얼리의 연구로 눈을 돌려보자. 댄 애리얼 리는《상식 밖의 경제학》에서 자신과 동료 연구진이 진행한, 약간은 자극적인 사례를 소개했다. 연구진은 학생 집단을 대상으로 '특이한' 성행위에 참여하는 성향, 바람피우기, 안전한 성관계 실천, 파트너 존 중 등 성적 선호도와 관련된 19가지 질문을 던졌다.

먼저 감정적으로나 성적으로 동요하지 않는 '냉철한' 상태의 학생 들에게 질문을 했다. 예상대로 냉철한 상태의 학생들은 파트너의 바 람을 존중하고 기존의 관계에 비추어 안전하고 합의된 성관계를 옹호 하는 경향을 보였다.

다음으로 애리얼리와 연구진은 참여자들을 성적, 감정적으로 자극 할 목적으로 포르노그래피 이미지를 이용하여 감정을 건드렸다. 성적 인 자극을 받자 19가지 질문에 대한 참여자들의 반응이 급격히 바뀌 었다. 바람을 피울 수도 있다는 대답이 136%, 특이한 성행위에 참여 할 수 있다는 대답은 72%, 안전하지 않은 성관계를 할 수도 있다는 대답은 25%씩 각각 증가했다. 애리얼리는 "예방, 보호, 보수주의, 도 덕성 등은 레이더 화면에서 완전히 사라졌다. 참여자들은 흥분이 자 신들을 얼마나 바꿔놓는지 예상하지 못했다"라고 결론을 내렸다.[20]

이 실험의 선정적 속성을 감안하면 그 영향이 성적 자극에 한정된 다고 생각할 수도 있지만 이는 큰 착각이다. 애리얼리가 각주에서 언 급한 대로, "……다른 감정 상태(분노, 배고픔, 흥분, 질투 등)에서도 이와 비슷한 방식으로 작용하여 남들에게 우리가 낯설게 비칠 수 있다."[21]

연구에 참여한 학생들은 모든 규칙을 잘 알았다. 늘 콘돔을 사용해야 하고, 바람을 피워서는 안 되고……. 그러나 흥분의 순간에는 그 모든 규칙을 신경 쓰지 않았다. 마찬가지로 우리는 훌륭한 투자의 규칙을 대부분 잘 알고 있지만 두려움이나 탐욕의 순간이 닥치면 그 모두가 그저 쓸모없게 되고 만다. 심리학자이자 주식 거래 코치인 브렛 스틴바거도 이 점에 대해 명쾌하게 설명했다.

"……감정이 거래에 미치는 순효과는 규칙 제어의 붕괴로 드러난다. ……감정에 휩싸인 상황에서 그들(투자자들)의 관심은 지나치게 자기중심적으로 변하므로 더는 규칙에 연연하지 않는다. 게다가 가끔은, 감정에 사로잡힌 채로 규칙을 의심하는 정도가 아니라 아예 잊어버렸다."[22]

아무리 똑똑하더라도 감정적인 투자자는 자신과 자신의 규칙에 대해 이방인일 뿐이다.

## 감정을 관리하는 10가지 짧은 조언들

감정은 시간, 위험, 가격 등 모든 것에 대한 우리의 인식에 영향을 미친다. 감정의 개입을 억제하는 실용적 조언을 소개하면 다음과 같다.

1. 활발한 운동
2. 문제의 재정의

3. 카페인과 알코올 섭취 제한

4. 친구와 대화

5. 즉시 반응하지 않기

6. 관심사 전환

7. 감정에 이름 붙이기

8. 생각과 느낌을 적기

9. 절망적 사고에 맞서기

10. 가능한 모든 측면을 통제하기

## 이야기 시간

주식에 끌리는 이유는 여러 가지다. 개인적으로 사용하는 제품이나 회사와 관련되거나, 모임에서 동료가 추천하는 주식을 엿들었거나, 아니면 차세대 거대 시장에 한 발 먼저 진입하고 싶어서일 수도 있다. 흥분한 이유가 무엇이든, "……결국 그녀는 큰 부자가 되었고 그 후로 행복하게 살았습니다……"로 끝나는 화려한 스토리로 포장되었을 가능성이 크다. 스토리는 이성을 우회하고 뇌를 건너뛰며 곧장 심장으로 향한다. 이런 이유에서 스토리 또한 행동 투자자의 적이다.

1980년대에 유행한 금속 장식이 달린 낡은 장갑 한 켤레를 얼마에 살지 생각해보자. 단언컨대 많은 돈을 지불할 사람은 없을 것이다. 그런데 마이클 잭슨이 이 장갑을 실제로 낀 적이 있다는 말을 들었다고 하자. 이제는 얼마를 지불하겠는가? 스토리는 우리가 대상에 가치를 매기는 방식을 완전히 뒤집을 수 있다. 1980년대에 팝 음악의 장신구로 쓰인 물건이야 그리 위험할 게 있겠냐마는 주식을 매수하는 경우라면 이야기가 달라진다.

저술가 롭 워커와 조슈아 글렌은 서사의 위력을 누구보다 잘 알고 있으며, '중요 객체 프로젝트The Significant Objects Project'라는 일종의 사회 실험을 창안했다. '서사는 중요하지 않은 것을 중요하게 만든다'라는 가정을 시험하기 위해 설계되었다. 워커와 글렌은 중고 시장에서나 거래될 만한 품질의 물건 100가지를 구입한 후 동료 작가들과 함께 그 물건들과 관련된 스토리를 지어내어 덧붙였다. 모두 합해야 130달러도 채 되지 않던 물건들에 허구의 스토리를 덧붙이자 총액 3,600달러 이상에 온라인에서 팔렸다. 특히 중고 오븐 장갑은 무려 52달러에 팔렸다. 스토리의 힘이었다.

기업 공개IPO 투자 때보다 서사의 위력이 완벽하게 실현되는 경우도 드물다. 기업 공개는 참신하고 성장성 높은 부문에서 주로 진행하며, 기업들도 활황 시장에서 주식을 공개하는 것이 일반적이다. 서사의 위력에 감정, 상실의 두려움까지 복합적으로 더해져 기업 공개 행사는 기관 투자자와 개인 투자자 모두에게 대단히 매력적으로 다가온다. 그렇다면 이 모든 흥분이 투자 대중에게는 어떤 역할을 해왔을까? 마리아 콜리아티, 스테파노 팔레아리, 실비오 비스마라는 공동 저서 《IPO 시세 : 공모가에 숨겨진 성장률IPO Pricing》에서 미국의 IPO 평균이 공모 이후 첫 3년간 시장 벤치마크market benchmark(시장 비교 대상)보다 연 21%나 낮다고 했다.[23] 이처럼 막대한 실적 부진에도 앞으로 IPO를 향한 수요가 시들해지리라고 추측할 만한 근거는 없다.

결국은 스토리가 함께할 테니 말이다.

감정적 투자가 일으키는 문제는 헤아릴 수 없이 많지만 그중에서도 가장 근본적인 피해는 시간 지평을 단절시키는 데서 비롯된다. 계획을 향한 장기적 헌신은 냉철한 머리의 영역이지만 감정은 "지금 그걸 원해요"라고 단언한다. 프린스턴대학교의 심리학자 네 명이 시행한 연구 사례가 있다. 연구진은 실험에 참여한 학생들에게 '지금 즉시 제공하는 15달러 아마존 상품권'과 '2주 후에 제공할 20달러 상품권' 중 하나를 선택하게 한 후 그들의 뇌를 스캐닝했다. 결과는 다음과 같았다.

"…… '지금 당장 15달러 상품권!'을 선택할 수 있다는 사실 때문에 학생들 뇌의 대뇌 피질(감정 활동을 일차적으로 책임지며 기억 형성을 담당하는, 대뇌를 둘러싼 부분)에 일반적이지 않은 자극이 일어났다. 연구진은, 학생들이 무언가에 감정적으로 흥분될수록 당장은 덜 만족스럽더라도 즉각적인 대안을 선택할 가능성도 커진다는 사실을 발견했다."[24]

실제로 흥분한 투자자는 조급해지고 조급해지면 파국으로 이어진다.

---

### 지금부터 실천하자!

#생각하라 "감정은 나를 상식의 문외한으로 만든다."
#질문하라 "이 결정은 두려움이나 탐욕에서 비롯된 것이 아닌가?"
#실행하라 실험도 해보고 시행착오도 경험하기 위해 장기 투자와 별도로 소액의 투자 계정(전체 자산의 3% 정도)을 만들자.

---

1부 행동주의 자기 관리 규칙

살아가는 모든 영역에서 감정은 중요한 역할을 하며 또 세심하게 고려해야 할 필요도 있다. 감정은 애착을 강화하고, 이 세상에 좋은 일을 하도록 북돋우며, 삶의 가장 풍요로운 순간으로 이끌기도 한다. 그러나 투자 결정에서만큼은 감정을 철저히 배제해야 한다는 사실은 현실과 월스트리트 비자로 월드 사이의 큰 차이를 의미하는 하나의 예이다. 그러니 웃고 울고 사랑하고 화를 내도 좋다. 여기서만 아니면.

# 6

# 당신은 특별하지 않다

> "당신은 특별하지 않아. 당신은 아름답거나 특별한 눈송이가 아니야.
> 당신은 다른 모든 것과 마찬가지로 언젠가는 썩는 유기물일 뿐이야."
>
> 척 팔라닉의 소설 《파이트 클럽》에서

"나는 사랑에 빠진 환자들과 일하는 것을 좋아하지 않는다. 어쩌면 질투심 때문일 수도 있다. 나 역시 황홀경을 간절히 바라니까. 또 어쩌면 사랑과 심리 치료가 근본적으로 양립할 수 없기 때문일지도 모른다. 훌륭한 심리치료사는 어둠과 싸우며 광명을 찾는 반면, 낭만적인 사랑은 신비감으로 지탱하지만 정신을 차리고 보면 한순간에 무너진다. 나는 사랑의 처형자가 되고 싶지 않다."

스탠퍼드대학교 교수이며, 지난 50년간 출간된 심리학 명저 중에서 겨우 몇 권의 저자일 뿐이라고 겸연쩍게 말하는 정신과 의사 어빈 얄롬 박사의 말이다. 얄롬 박사의 이 표현은 주로 치료 상황에서 낭만적인 사랑에 대해 이야기하고 있지만 내게는 자본주의 시장에 적용하더라도 전혀 달라질 게 없다. 즉, 훌륭한 치료가 개인에게 광명을 찾아주듯이, 훌륭한 투자는 "규칙이 내게는 적용되지 않아"와 같은 막연한 아집에 기대어 가능성에 기반한 접근을 간과하게 만드는 개인의 독특성을 극복하도록 돕는 일이다.

평범한 투자자들은 규칙과 체제에 대체로 순응한다. 그래서 가능할 법한 일을 하고 그 대가를 받아들인다. 그러나 보통보다 나아야 한다는 결핍에 사로잡힌 투자자는 아전인수 격으로 규칙을 호도하고 그 오만함의 대가를 톡톡히 치른다. 얄롬이 환자의 진정한 성찰을 촉진하는 '사랑의 처형자'였던 것처럼, 투자자는 뛰어난 투자 성과를 창출하기 위해 자존심을 무자비하게 처형해야 한다. 투자자이자 저술가인 제임스 오쇼너시는 "성공 투자의 열쇠는 행동 편향을 억제하는 데 우리가 남들과 별로 다를 게 없다는 점을 인정하는 것이다"라고 했다.[25]

자존심을 대하는 우리의 성향은 자신을 지나치게 뛰어나다고 믿는 과신 편향과 성공은 내 덕분이고 불운은 남 탓이라는 기본적 귀인 오류를 포함하는, 이미 널리 입증된 인지 오류의 몇몇 대목에 기인한다. 투자 전문가 제임스 몬티어는 95%의 사람들이 자신의 유머 감각이 평균 수준보다 뛰어나다고 생각한다는 조사 결과를 소개했다.[26] 탐 피터스와 로버트 워터먼은 《초우량기업의 조건》(더난출판, 2005)에서 대인 관계 능력이 평균보다 낮다고 생각하는 응답자는 100% 전부였고 운동 능력이 평균보다 낮다고 응답한 비율도 94%였다는 한 조사 결과를 소개했다.[27]

전 세계 학생들의 수학 실력을 비교할 때 미국 고등학생들의 수준은 딱 중간에 해당한다. 그러나 같은 학생들에게 자신의 수학 실력에

얼마나 자신이 있는지를 물으면 거의 전 세계 선두권이었다. CNBC
의 유명 방송인 조시 브라운도 이 연구 결과에 대해 "그저 자신감을
가지려고 하는 말일 수도 있지만, 평범한 수학 실력에 과도한 자신감
까지 더해지는 바람에 오늘날 투자 부문에서 많은 것이 잘못되고 있
다"라고 했다.[28] 자신은 예외라는 믿음 때문에 잠재적 위험을 인식하
지 못하고 지나치게 편중된 주식 포지션을 구성하며 개인의 능력 범
위에서도 벗어나게 된다. 평범함을 인정하는 것이 성공 투자의 요건
이라는 점은 월스트리트 비자로 월드에서는 이미 상식이다.

남자들이 자신의 체격에 대해 우쭐대는 것 정도야 무슨 문제가 되
겠느냐마는 초보 투자자와 전문 투자자 모두에게서 이런 과신은 매우
위험할 수 있다. 다음은 마이어 스태트먼의《투자자들이 진정으로 원
하는 것》에 나오는 한 대목이다.

"2000년 2월 증시가 정점을 찍을 때, 갤럽이 시행한 조사에서 개인
투자자들은 향후 12개월 동안의 증시 수익률이 13.3%에 이를 것으
로 예측했다. 그런데 자신들의 포트폴리오에서 창출될 수익률은 평균
15.5%로 추정했다. ……미국 개인투자자협회 회원들은 자신의 수익
률을 실제 수익률보다 평균 3.4% 과대평가했고, 개인의 수익률도 투
자자 평균치보다 5.1%나 높게 예측했다."

스태트먼의 말처럼 투자자의 과신은 절대적 기준과 상대적 기준
모두에 존재한다. 기억하듯이 2000년대 초는 어떠한 합리적 지표로
평가하더라도 미국의 증시 역사에서 주가가 가장 비쌌던 시절이다.
이미 천문학적인 평가가 진행된 상태에서 역사적 평균치의 1.5배 수
익률을 기대하는 것 자체가 과신의 정의다. 또한 이 과정에서 자신이

모든 동료를 물리치겠다는 기대는 금상첨화까지 얻겠다는 의미다.

앞서 언급한 몬티어의 기본적 귀인 오류에 따르면, 우리는 좋은 상황적 단서가 생겼을 때 우리 자신에 대한 평가에는 곧바로 적용하지만 다른 사람들의 비슷한 평가에는 상대적으로 천천히 적용한다. 반면에 타인들의 실패는 더 분명하고 근본적인 것으로 바라본다. 이 상황을 아침 출근길에 비유하자면, 다른 사람들에게 "운전을 대체 어디서 배운 거야!"라고 소리치면서도 정작 자신의 나쁜 운전 습관에는 아직 커피를 마저 마시지 못한 탓이라고 위안한다. 당신이 누군가를 불친절하게 대할 때는 일진이 사나워서라고 치부한다. 그러나 남이 당신에게 불친절하면 본래부터 틀려먹은 인간이라서, 그게 본성이라서 그렇다고 생각한다.

이처럼 성공은 내 탓이요 실패는 남 탓이라고 여기는 성향은 모든 성공 투자의 경험을 자신의 능력 덕분이라고 바라보게 만들며, 그 때문에 역사 감각뿐 아니라 그로부터 배움을 얻을 기회조차 상실한다. 주가가 오르면 자신의 천재성에 고개를 끄덕인다. 반대로 주가가 내리면 바깥세상을 비난한다. 어떤 경우든 배움은 없다. 전설의 투자자 제레미 그랜담은 투자자들이 대침체기 이후 무엇을 배울지 묻는 질문에 "단기적으로는 많겠지요. 중기적으로는 거의 없습니다. 장기적으로는 전혀 없고요. 역사가 이야기해주고 있습니다"라고 답했다.[29] 우리 자신으로부터 우리를 구원하고 역사에서 교훈을 얻도록 하는 자기 성찰의 최대 적은 바로 오만이다.

## 하락장을 대수롭지 않게 여기다

워런 버핏의 첫 번째 투자 원칙은 "돈을 잃지 말라"고, 두 번째 원칙은 "첫 번째 원칙을 잊지 말라"다. 현명한 투자자들은 시간의 교훈을 통해 단순한 진리를 깨달았다. 공격은 화려해 보이지만 결국 우승은 수비가 만든다는 것! 이렇게 생각하면, 기본적 귀인 오류의 가장 큰 위험은 우리가 바라던 상승장에서 우리를 오만하게 만들어서가 아니라 하락장에서 경솔하게 만든다는 데 있다. 자신은 예외라는 믿음은 부정적인 가능성을 대수롭지 않게 여기도록 만든다. 투자 결정에서는 재앙을 부르는 가장 확실한 방법이다.

쿡칼리지에서 수행한 연구 사례가 있다. 실험 참가자들에게 몇 가지 긍정적 사건(복권 당첨, 백년해로 등)과 부정적 사건(암 사망, 이혼 등)을 제시하며 이들이 자신들의 삶에 영향을 미칠 가능성을 평가하도록 했다. 결과는 놀라웠다. 실험 참가자들은 긍정적 사건이 일어날 가능성을 15% 과대평가했고 부정적 사건은 20% 과소평가했다. 비슷한 연구 사례로 헤더 렌치와 피터 디토의 연구가 있다. 두 사람은 실험 참가자들에게 인생에서 겪게 되는 긍정적 및 부정적 사건을 여섯 가지씩 소개하면서, 이 사건들이 일반 대중에게서 발생하는 확률까지 알려주었다. 그러자 참여자들은 여섯 가지의 긍정적 사건 중 평균 4.7가지만 자신에게 일어날 것 같다고 응답했지만 부정적 사건은 2.4가지에 불과했다. 실제 확률과 완전히 동떨어진 수치였다.

이 사례들을 통해 긍정적인 것은 자신에게 돌리고 위험한 것은 외부를 탓하려는 경향을 다시금 확인할 수 있다. 나도 복권에 당첨될 수 있어. 그 여자는 암으로 죽을지도 몰라. 우리는 영원히 행복하게 살거야. 그 사람들은 이혼할지도 몰라. 주식을 선정할 때 남들은 규칙을 따를지 몰라도 나는 직감으로 알 수 있어……. 살다 보면 안 좋은 일도 생긴다는 것은 누구나 안다. 그러나 지금 행복하게 사는 사람들에게 안 좋은 일은 그저 일반론에 지나지 않는다.

'나는 특별하다'는 인식이 위험 관리에서 어떤 의미인지는 명확하다. 자신은 '특별한 눈송이(남들과는 다른 특별한 존재 : 옮긴이)'라는 생각으로 의사 결정에 뛰어들었다가는 잠재적 위험을 간과하기 십상이다. 쉽게 말해 주가가 오를 가능성은 '모두 나에게' 있고 돈을 잃는 것은 다른 얼간이들의 타고난 권리라면 내가 어리석은 짓을 할 것은 자명하다. 늘 그렇듯이, 나보다 표현을 잘하는 사람(J. K. 갈브레이스)은 항상 있다. "바보들은, 오래전부터 그렇게 말해왔듯이, 머지않아 가진 돈에서 멀어지게 마련이다. 안타깝지만, 그들은 전반적으로 낙관적 분위기에 젖고 자기들만의 돈벌이 감각에 빠져든다. 그렇게 수 세기가 흘러왔고, 그렇게 앞으로도 수 세기가 흘러갈 것이다."[30]

고대 로마에서 개선장군들이 거리에서 행진하며 군중의 환호를 받던 모습은, 오늘날 회의 석상이나 24시 비즈니스 네트워크를 통해 유명 투자 매니저들에게 환호를 보내는 모습과 매우 흡사하다. 그러나 로마의 개선장군이 오늘날의 월스트리트 전사보다 나은 게 하나 있었다. 오만과 최신 편향(최근의 사건과 정보를 더 중시하는 편향 : 옮긴이)의 파멸 효과를 극복하기 위해 행동 개입이 있었다. 장군이 탄 호화로운 마차 뒷자리에는 오직 하나의 임무를 지닌 노예가 타고 있었다. 노예의 임무는 마치 가을이 오기 전의 뜨거움처럼 장군의 지나친 자만심을 경계할 목적으로 죽음을 상기시키는 일을 했다. 노예는 "죽음을 기억하세요. 언젠가 장군도 죽게 됩니다"라고 나직이 속삭였다. 비록 장군에게는 일생에서 최고의 날일지라도, 로마인들은 미래에 언젠가는 불운한 마지막을 맞이하게 된다고 정복자를 일깨웠다.

재정적 성공을 거두었을 때 박수를 받고 생색을 내고 싶은 것은 인지상정이다. 그러나 환호를 받을 때도 로마인들처럼 현명해야 하고, 우리는 불완전하고 유한한 존재라는 냉엄한 현실을 끊임없이 자각해야 한다. 노예는 "뒤를 돌아보세요! 장군도 인간이라는 사실을 기억하세요! Respice Post te! Hominem te esse memento!"라고 덧붙인다.

---

### 지금부터 실천하자!

#생각하라 "나는 현인이 아니며, 다른 시장 참여자들보다 자기 조절 능력이 뛰어나지도 않다."

#질문하라 "이것이 그렇게 훌륭한 기회라면 다른 사람들은 왜 거들떠보지도 않았는가?"

#실행하라 내가 특별하다는 생각을 버리고 자산 관리인의 조언과 당신이 정리해둔 재무 계획을 충실히 이행하라.

1부 행동주의 자기 관리 규칙

# 7

## 당신의 삶이 최고의 벤치마크다

### 거울아, 거울아

◆

하품~

하아~품~

하아아~~~품~~~

당신도 이 글을 보고 하품이 나는가? 나는 하품이란 단어를 세 번 쓰고 나서 그 충동과 맞선다. 무슨 말이냐고? 혼란스럽게 들리는 이 상황에 대한 해답은 과학자들의 표현으로 '거울 신경mirror neurons', 즉 특정 행동을 수행하거나 동일한 행동을 관찰하는 경우 모두에서 활성

화되는 신경 세포에서 찾을 수 있다.[31]

거울 신경은 이탈리아 파르마대학교의 따분하고 간간이 뭔가를 놓치기도 하는 연구실에서 처음 발견되었다. 이곳에서 과학자들은 원숭이의 뇌가 운동 행동을 어떤 식으로 구성하는지 파악하기 위해 짧은꼬리원숭이의 뇌를 연구하고 있었다. 마틴 린드스트롬의 설명대로, 과학자들은 뇌의 작용에 대한 기존의 가정을 뒤엎는 사실들을 아주 빨리 찾아냈다. "원숭이들이 견과류를 집으려 할 때뿐 아니라 다른 원숭이들이 견과류에 다가서는 모습을 볼 때도 전운동 신경 세포가 활성화되었다." 원숭이가 특정 행동을 수행하거나 또는 같은 행동을 단순히 관찰만 하는데도 뇌에 미치는 영향은 동일했다.

찌는 듯한 오후에 연구팀의 일원인 대학원생이 아이스크림을 들고 연구실에 들어섰을 때도 생소한 모습이 목격되었다. 아직 감지 장치를 달고 있던 원숭이 하나가 차가운 간식을 탐욕스럽게 응시하고 있었다. 학생이 아이스크림을 핥기 위해 입에 가까이 가져가자 원숭이의 전운동 영역이 스크린에서 빛을 냈다. "원숭이가 팔을 움직이거나 아이스크림을 핥은 것도 아닌데, 심지어 아무것도 들고 있지도 않았다. 그런데도 학생이 아이스크림을 자신의 입 근처로 가져가는 모습을 보는 것만으로도 원숭이의 뇌는 학생과 동일한 행동을 의식적으로 따라 했다."[32]

1부 행동주의 자기 관리 규칙

# 하나의 파티

슬픈 영화를 보며 눈물짓고, 누군가 역겨운 음식을 먹는 모습을 보며 속이 거북함을 느끼고, 호숫가 통나무집에서 아무것도 모른 채 희희 낙락하는 대학생들을 향해 쇠사슬을 들고 비틀거리며 다가가는 정신 이상자를 보며 눈을 감아버리는 이유도 거울 신경 때문이다. 거울 신경은 '언박싱unboxing' 비디오의 존재 이유이기도 하다. 새로운 게임이나 값비싼 장난감을 다른 누군가가 개봉하는 모습만 봐도 마치 내가 직접 하는 듯한 재미를 느낀다. 실제로 적용해보고 싶은가? 그러면 당신 아이의 다음 생일 파티 때 다른 아이가 선물을 개봉하는 영상을 보여주면서, 이렇게 하면 네가 직접 선물을 뜯는 것과 다를 게 없다고 크로스비 박사가 그랬다고 말하자!

한 번도 본 적 없는, 친구의 아버지가 돌아가셨을 때 친구와 함께 눈물 흘리듯이 사회적 모방은 분명 선한 영향을 미칠 수 있다. 그렇다면 이 힘을 이용하여 우리의 행동을 조작할 수도 있지 않을까? 지겹도록 들은 웃음 트랙(녹음된 관객 웃음소리 : 옮긴이)을 생각해보자. 이 책을 읽는 수많은 독자를 대상으로 여론 조사를 한다면 "나는 시트콤의 웃음 트랙을 좋아한다"는 질문에 그렇다고 응답할 사람은 한 명도 없을 것이다. 웃음 트랙은 식상하고 불쾌하고 거슬리는 데다 웃음 자체가 진실하지 못한 경우도 흔하다.

웃음 트랙이 이렇게 비호감인데 왜 할리우드 고위직 인사들은 웃음 트랙을 계속 고집할까? 이 인사들은 우리가 잘 모르는 사실을 알고 있다. 아무리 짜증스러운 웃음이라도 시청자들에게 사회적으로 중요한 신호를 줄 수 있다는 사실이다. 웃음 트랙이 시청자들을 더 오래 더 크게 웃게 하고 시청 경험을 더 긍정적으로 만든다는 사실은 연구를 통해 여러 차례 입증되었다.[33] 사실 웃음 트랙은 지저분한 농담에 대한 평가를 높이는 데 가장 효과적이다! 아무튼 우리는 테이프에만 존재하는 타인의 행동을 보는 것만으로도 그 행동을 실행하도록 프로그래밍되어 있다.

사회적 모방은 어디에나 존재한다. 구걸하는 사람들은 전날 번 돈까지 동전통에 그대로 담아둘 때가 있다. 그 돈을 통해 적선이 훌륭한 행동이며 다른 사람들도 이렇게 좋은 일을 많이 했다는 메시지를 전달하기 위해서다. 통이 비어 있어야 1달러를 얻기가 더 쉬울 것 같지만, 실제로는 통에 3달러 넣어두었을 때보다 적선을 받을 가능성이 더 낮다.

어린이들의 두려움을 낮추는 가장 가성비 뛰어난 방법의 하나는 불안을 유발하는 행동을 하는 아이들을 관찰하게 하는 것이다. 한 연구에서는 강아지 공포증이 있는 어린이들의 67%가 다른 친구들이 애완견과 노는 장면을 보는 것만으로도 일주일 안에 공포증을 '치유'했다고 한다.[34] 자살과 같은 심각한 문제도 사회적 모방의 영향을 받는다. 캘리포니아대학교 샌디에이고캠퍼스의 데이비드 필립스 박사는, "자살 소식이 언론의 일면을 장식할 때마다 두 달 사이에 평균 58명이 보통 때보다 더 많이 자살한 것으로 조사되었다"고 했다.[35] 웃고 울고, 살고 죽고, 이 모든 경우에서 주변 사람들의 행동이 지닌 전염력은 우리의 예상을 뛰어넘는다.

거울 신경과 뇌의 다른 메커니즘들은 인간관계와 공동체 형성에 필수 자원인 공감이라는 소중한 선물을 촉진한다. 우리가 경험한 기쁨과 슬픔이 정확히 일치하지는 않더라도, 타인의 감정을 대리 경험하면서 안정과 지지, 심지어 의기양양한 마음까지 공유할 수 있다.

그런데 여기서 점점 부각되는 주제가 하나 있다. 공동체를 이루고 서로의 짐을 나눠서 지도록 하는 바로 그 메커니즘이 우리를 가난한 투자자로 만들 뿐 아니라 우리 자신의 요구보다 남들을 쫓아가게 만든다는 사실이다. 제이슨 츠바이크는 "……투자는 타인의 게임에서 그 사람을 물리치는 것이 아니다. 투자는 당신의 게임에서 당신을 통제하는 것이다"라고 말했다.[36]

# 점수 기록

어떤 노력을 할 때든, 성과를 측정하기 위해 벤치마크(시장 비교 대상)를 세우는 것은 당연하다. 운동 경기에서 점수판이 없으면 훌륭한 여가활동이 될지는 몰라도 지켜보기는 무척이나 지루할 것이다. 이처럼 점수판이 필요할 때가 있듯이, 투자를 할 때도 개인적으로 의미 있고 게임 규칙과도 일관된 방식으로 점수를 기록해야 한다.

대다수 투자자에게 점수 기록이란 자신의 수익률을 주식 시장의 벤치마크와, 일반적으로는 S&P 500 지수와 비교하는 프로크루스테스 오류(절대적 기준을 정하여 획일적으로 맞춘다는 의미 : 옮긴이)를 범한다는 의미다. 그리스 신화에 등장하는 프로크루스테스는 여관 주인으로 그의 여관에는 침대의 크기가 하나밖에 없었다. 그는 여행자와 침대의 적합도를 검증하기 위해 침대보다 키가 크면 사지를 자르고 키가 작으면 몸을 늘려서 침대 길이에 맞췄다. 투자자들도 자신의 요구에 맞게 맞춤화한 무언가가 아니라 개인과 동떨어진 시장 지수에 비교하려 하다가는 자기만의 위험 선호도와 가치 기준, 수익 예상치 등을 왜곡할 수 있다.

개인화된 점수 기록은 자기만의 요구에 따라 성과를 측정한다는 직관적인 매력 외에도 우리를 더 나은 투자자로 만든다는 심리적 이점의 근원으로 작용한다. 시장 지수보다 개인의 요구에 따른 성과를 측정하여 시장 변동성의 시기에도 투자를 유지하고, 유보 행동을 북돋우며, 장기적 초점을 유지할 수 있도록 돕는다.

'개인별 요구에 따른 벤치마크'라는 의미를 지닌 업계 용어에 '목표 기반 투자goals-based-investing'가 있다. 자산운용사마다 기법이 다양하지만, 개인별 요구 수익률이 결정된 뒤에 이 개인별 목표에 걸맞게 다양한 주식으로 투자가 진행된다는 점은 대체로 공통적이다. SEI 인베스트먼트SEI Investemnts는 목표 기반 플랫폼을 구축한 최초의 자산운용사의 하나로서 요행히도(적어도 나 같은 연구자들에게는 그랬다) 2008년 금융 위기 직전에 이와 같은 체계를 마련했다. 이처럼 시의적절한 타이밍 덕분에 우리는 목표 기반 기법이 자산 관리에 미친 행동주의적 영향을, 수익률을 시장 전반과 비교하는 전통적 방식과 비교 관찰할 수 있다. 내가 브링커 캐피털 창업주 척 위저와 함께 쓴 《퍼스널 벤치마크Personal Benchmark》에서 기록한 대로 연구자들은 두 군중 사이에서 다음과 같은 차이점을 발견했다.

단일의 전통적 투자 포트폴리오를 구성한 투자자 중에서

- 즉각 현금화할 필요가 없는 고액 순자산 고객을 포함하여, 50%는 포트폴리오(또는 적어도 주식 포트폴리오) 전부를 청산하기로 했다.
- 10%는 주식 배정에 큰 변화를 주었고 25% 이상을 축소했다.

목표 기반 투자 전략을 수립한 투자자 중에서

- 75%는 아무 변화도 없었다.
- 20%는 즉시 필요한 투자 규모를 늘리기로 하면서도, 전액 투자된 장기 자산은 그대로 두기로 했다.

SEI의 멜리사 레이어가 내린 결론처럼, 이 사례에서 발견한 핵심은 "목표 기반 투자자들은 공황에 빠져 잘못된 정보를 바탕으로 포트폴리오를 변경하는 경우가 드물었다"는 점이다.[37] 전통적 포트폴리오를 운용하는 사람들에게 2008년은 정말로 끔찍한 해였다. 그들은 장기적 요구와 단기적 요구의 차이를 고려하지 않은 채로 총자산의 거의 절반이 날아가는 상황을 지켜봐야만 했다. SEI 투자자들의 60%가 기존의 포지션에서 손을 떼거나 많이 축소한 점도 충분히 이해가 간다.

반면에 목표 기반 투자자들은 위기 때문에 상황이 어려워지더라도 목표 중의 일부만큼은 전혀 영향을 받지 않으리라는 사실을 깨닫는다. 목표 기반 기법의 대부분은 단기적 '안전' 버킷bucket을 포함하므로 폭풍우를 헤쳐나가는 데 필요한 마음의 여유도 가질 수 있다. 목표 기반 투자의 영향력을 확대하기 위해서는 필요한 만큼 단순해야 한다. 구성 주식들을 목적에 따라 구분하고 명칭을 붙이는 단순한 활동만으로도 변동성에 좌우되지 않고 가장 중요한 것들을 지키는 데 필요한 안목을 얻을 수 있다.

개인적 벤치마크는 단기 성과주의를 극복하는 데 유익할 뿐 아니라 심리학자들이 말하는 '심리 회계mental accounting'의 힘도 이끌어낸다. 프레이밍framing(심리적 범주화)의 한 형태인 심리 회계는 우리가 질문(또는 계정)을 구조화하는 방식에 따라 대응 방식에도 많은 영향을 미친다는 의미를 담고 있다. 한 예로 'Don't Ask Don't Tell(묻지도 말하지도 마라. 성소수자의 미군 복무를 허용하자는 취지였으나 오히려 강제 전역에도 악용되다가 폐지되었다. : 옮긴이)' 법안에 대한 〈뉴욕타임스〉와 CBS 공동 여론 조사에서 동일한 질문을 두 가지 방식으로 다르게 구성했더니 결과도 크게 달랐다.[38] '남성 및 여성 성소수자들'이 군에서 공개적으로 복무할 수 있도록 해야 하느냐는 첫 번째 질문에 민주당 지지자들의 79%가 긍정적으로 응답했다. 반면에 '군에서 공개적으로 복무하는 성소수자들'에게 찬성하는지를 묻는 두 번째 질문에는 민주당 지지자들의 43%만이 지지 의사를 보였다.

이와 비슷하게, 사람들은 리베이트(환불이나 할인 등)로 불리는 돈은 절약하면서도 보너스(상여금 등)로 명명된 돈은 지출하는 경향이 있다는 점도 여러 연구에서 입증되었다. 행동경제학 기법에 능했던 버락 오바마와 고문들은 대침체기(여기서는 2009년을 말한다. : 옮긴이) 이후에 시작된 부양책을 일종의 보너스처럼 프레이밍하여 수급자들이 비축하기보다는 대화면 TV 등을 구입하도록 유도했다. 결국 돈을 어떤 방식으로 명명하느냐에 따라 그 돈을 지출하고 저축하는 모든 과정이 좌우된다는 뜻이며, 바로 이것이 목표 기반 투자에서 최대한 활용하는 부분이다.

경제학자 조지 로웬스타인의 말을 곱씹어보자.

"여러 계정에 돈을 집어넣는 모습을 상상할 때는 보통 계좌 한 귀퉁이에 특별한 쓰임새를 적어두곤 한다. 그리 논리적으로 보이지는 않지만 귀퉁이 표시가 퇴직 적금 계정 등에서 극적인 역할을 한다. 아마르 치마와 딜립 소만 교수의 연구에서는, 저축 계좌 겉면 귀퉁이에 자녀의 얼굴을 새겨넣자 저소득층 부모의 저축률이 거의 두 배로 향상되었다고 한다."[39]

에이브러햄 마슬로우는 인간에게 욕구 단계가 존재하며 주거, 음식, 안전의 욕구를 성공적으로 충족시키면서 점차 고차원적 욕구로 나아간다고 했다. 비슷한 경우로, 당장의 안전 욕구를 충족시키기 위해 프레이밍된 자산 버킷이 확보되었을 때 유산 남기기 같은 고차원적인 재정 목표에 최선을 다해 집중할 수 있다. 이 개념은 [그림 2]에서 확인할 수 있다.

투자를 할 때도 반드시 충족해야 할 특별한 욕구에 따라 이름을 붙인다면 예상 수익률과 합리적 행동 모두에서 훨씬 도움이 될 것이다.

그림 2 재정적 욕구 단계의 예

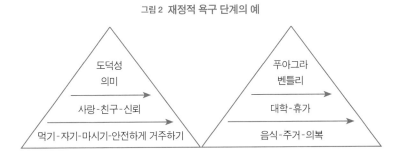

더 나아가 의도적 프레이밍 절차는 내일을 위해 오늘의 돈을 따로 예비해둬야 하는, 어떻게 보면 고통스러운 행동일 수도 있지만 이를 자연스럽게 유도할 수 있다. 돈에 이름을 붙여서 이런 큰 힘이 발휘되리라고 누가 상상이나 했겠는가?

## 인간의 광기

그동안 내가 해온 일 중에서 가장 뿌듯한 사례를 꼽으라면, 브링커 캐피털의 척 위저와 협력하여 목표 기반 투자 플랫폼인 '퍼스널 벤치마크Personal Benchmark'를 구축한 일이다. 개인적 기법의 오랜 옹호자인 척은 자신이 여러 해 동안 목도한 사례들을 과학적으로 이해하기 위해 나에게 함께할 것을 제안했다. 그가 목도한 사례의 핵심은, 이른바 최고의 투자자들은 더 넓은 시장을 무시하고 자신이 원하는 삶을 영위하는 데 필요한 수익 창출에 집중한다는 점이다. 개인적 벤치마킹은 직관적으로 이루어지기 쉽다는 통념에도 우리는 인간에게 깊이 내재한 행동주의의 흐름을 거슬러 올라갈 필요가 있다. 인간인 우리는 일반적으로 우리 스스로 잘하는 것보다 남보다 나은 존재가 되는 데 관심이 더 많다.

'양동이 속의 게' 심리(내가 못 가지면 타인도 못 가져야 한다는 경쟁 심리 : 옮긴이)는 마이어 스태트먼이 진행한 연구의 핵심이다. 연구에서 스태트먼은 사람들이 평균 급여가 25만 달러인 지역에서 10만 달러를 버는 것보다 평균 급여가 2만 5,000달러인 지역에서 5만 달러를 버는 것을 선호한다는 사실을 발견했다. 그런데 내가 브링커와 함께 진행한 연구에서는, 이런 유형의 상대적 탐욕보다 더 막강한 동력은 고객의 가치관과 신념, 꿈에 집중하는 데 있다는 사실이 밝혀졌다. 고객의 가치관까지 파악하려면 자산 관리인과 고객 사이에 평소보다 깊은 대화가 이루어져야 하며, 그 효과는 행동적으로나 금전적으로나 매우 유익하고 의미 있는 여정으로 귀결된다.

아이작 뉴턴의 이야기는 개인적 벤치마크보다 비교에 치중하는 사람들에게 훌륭한 경고성 사례다. 사후에 천재성이 발견된 위대한 사상가들과 달리 뉴턴은 당대에 찬사를 받았고 그 유명세 덕분에 금전적 전리품도 손에 넣었다. 이미 상당히 부를 축적했지만 더 늘리고 싶었던 뉴턴은 영국에서 국가 채무를 줄이기 위해 민관 협력 사업의 하나로 설립한 합자 회사인 남해회사South Sea Company에 투자했다.

원대한 꿈을 안은 영국 정부는 남아메리카와 무역할 수 있는 배타적 권리를 남해회사에 부여했지만, 남아메리카 대륙의 실질적 통제권이 스페인에 있다는 사실을 제대로 반영하지 못했다. 이 '독점권'이 무의미함을 알지 못했던 투기꾼들은 너도나도 달려들어 남해회사의 주가를 끌어올렸고 뉴턴도 한몫을 잡았다. 원금과 이자를 들고 빠져나올 때까지는 그랬다. 그런데 뉴턴이 일찌감치 물러선 이후에도 주가는 계속해서 치솟았고 그의 (그리 똑똑하지 못했던) 동료들의 상당수는 여전히 주식을 손에 쥐고 있었다.

경제적으로 이미 넉넉했는데도 동료나 이웃들의 자산이 자신을 능가하고 있다는 사실을 용납할 수 없었던 뉴턴은 다시 주식에 돈을 쏟아부었고, 그 직후 주가는 발행 가격 수준까지 폭락했다. 너무도 인간적이었던 천재 과학자 아이작 뉴턴은 이후 "나는 천체의 움직임은 계산할 수 있지만 인간의 광기는 그러지 못한다"라고 말했다.

점수를 기록하는 것은 자연스럽지만, 여기에도 적절한 방법과 부적절한 방법이 있다. 우리의 외부 세계를 벤치마킹하면 편협한 경쟁심을 부추길 뿐 우리의 진정한 가치나 욕구에 대한 성찰은 어려워진다. 반대로 우리가 가장 소중하게 여기는 가치를 투자 프로세스에 주입하면 우리가 원하는 수익률을 스스로 획득하고, 우리의 시야를 장기적 투자 목표에 정렬시키며, 단기적으로 안전을 강화할 수 있다.

《퍼스널 벤치마크》의 한 대목을 꼼꼼히 읽어보자.

"……투자 프로세스는 그 원대한 목적에서 멀어질수록 곤란한 상황에 빠진다. 아무리 작아 보이는 투자 결정이라도 적절한 렌즈를 통해 바라볼 때 그 본연의 생명력과 역동성을 갖게 된다. 투자 결정이 아침에 일어나야 하는 이유가 아닐 수도 있지만, 무엇이 됐든 당신을 일어나게 하는 것은 분명 당신의 의사 결정 방식에 가장 중요한 무언가일 수 있다."

---

### 지금부터 실천하자!

#생각하라 "경제에 대한 걱정은 줄이고, 당신의 경제를 더 많이 걱정하자."
#질문하라 "이 소식이 나와 내가 처한 특별한 상황에 중요한가?"
#실행하라 마음속 깊이 내재한 야망과 장기적인 재무 목표에 따라 당신의 자산(육체적이든 정신적이든)을 쏟아부어라.

　　　　　　　　　　　　　　　　1부 행동주의 자기 관리 규칙

# 8

# 예보는 예보관에게

"지식이 있는 사람은 예측하지 않는다.
예측하는 사람은 지식이 없다."

노자

## 최악이야. 지니. 언제나.

고고학자인 당신은 마법을 지녔다고 소문난 종족이 살았던 먼 옛날의 대지 위에 서 있다. 그 종족의 신비주의 유물을 발굴하기 위해 여기까지 왔지만, 원래 회의론자인 당신은 초자연적인 것에 대한 이 불가사의한 집착을 반박하려 한다.

고대의 흔적을 조심스레 살피던 중에 램프 하나를 발견한다. 1990년대 디즈니 영화의 광팬인 당신은 곧바로 그 램프를 문질러보기로 한다. 그랬더니 지니가 깜짝 등장한다. 그런데 이 지니는 '당신이 무엇을 원하든 세 가지 소원'을 들어주는 게 아니라 '사전 탑재된 두 가지 선택권'만 들어줄 수 있다고 말한다. 이게 당신의 운인가 보다. 제기랄! 당신의 회의론적 세계관은 박살이 났고 그렇게 얻은 지니도 영 상태가 별로다. 그래도 소원은 소원인지라 당신은 그 두 가지 선택권에 대해 물어보기로 한다.

그러자 지니는 당신에게 매년 3만 달러씩 평생을 주거나 매일 30분씩 산책할 수 있는 충분한 자유 시간을 줄 수 있다고 말한다. 특이한 선택은 분명한데 당신이라면 어느 것이 더 많은 행복을 가져다줄 거라고 생각하는가?

당신이 보통 사람들과 같다면 (그리고 나와 같은 사람이라면) 돈을 선택할 것이다. 평생 동안 매년 3만 달러가 미치는 영향은 두말할 나위도 없다. 그러나 연구에 따르면 우리의 뇌는 돈이 우리를 더 행복하게 만든다고 말하지만 규칙적인 운동은 행복과 삶의 질을 향상시키는 데 훨씬 더 큰 역할을 한다고 한다.[10]

이렇게 간단한 것을 어떻게 잘못 예측할 수 있을까? 사실 우리는 돈과 규칙적 산책 사이에서 오락가락한다. 무엇이 행복에 더 많은 영향을 미치는지 잘 알 수 있도록 애초부터 그렇게 만들어졌다면 얼마나 좋을까? 분명한 것은, 우리가 신체적 고통(주먹으로 얼굴을 얻어맞는 등)이나 쾌락(맛있는 음식, 즐거운 관계 등) 같은 것을 유발하는 원인을 예측하는 데는 꽤 능숙하지만 심리적 효용을 예측하는 능력은 매우 제한적이라는 점이다.

심리학자 댄 길버트가 TED 강연에서 예리하게 적시한 대로, 내장이나 양파 맛이 나는 아이스크림이 없는 이유는 표적 집단focus group(소비자 분석을 위해 모집한 소수의 집단 : 옮긴이)의 구성원들이 싫어

1부 행동주의 자기 관리 규칙

해서가 아니라, 사람들이 직감적으로 맛이 고약할 거라고 느끼기 때문이다.[41] 하지만 심리적으로는 기쁨과 슬픔의 근원을 오해하게 만드는 인지 왜곡의 희생양이 된다. 그리고 이런 왜곡이 익숙한 것을 예측하려는 개인적인 노력까지 방해한다면, 주식 시장처럼 인간이 만든 역동적 체제의 움직임을 예측하는 것도 거의 불가능해진다. 나심 탈레브는 "정치와 경제에서 중대한 희귀 사건들을 해석하려는 우리의 업적은 영(0)에 가까운 것이 아니다. 아예 영이다"라고 했다.[42]

탈레브가 연구한 '검은 백조black swans(불가능해 보이는 일이 실제로 일어나는 경우를 의미 : 옮긴이)'를 예측하는 데 집단적 성공을 거둔 사례는 거의 없다. 반면에 금융 예측처럼 조금 더 현실적인 경우는 어떨까? 이 부분은 대단히 중요하다. 왜냐하면 제임스 몬티어가 지적하듯이 적극적인 투자 매니저들의 80~90%는 예측 기반 모델에 의존하여 결정을 내리기 때문이다.[43]

저명한 투자자인 제임스 오쇼너시는 "가장 흔한 것은 결정을 하기 위해 자신의 지식과 경험, 상식을 바탕으로 가능한 온갖 결과를 머릿속으로 그려보는 것이다. 임상적 또는 직관적 기법으로 불리는 이 방식을 전통적인 자산 관리인들 대부분이 선택해왔다. ……이런 결정 방식은 예측가의 지각 능력에 의존해야 한다"라고 이 과정을 설명했다.[44] 그럴듯하게 들린다. 예측가의 지각 능력에 의존해야 하지만 예측가에게 지각 능력이 전혀 없다는 사실을 깨닫기 전까지는 말이다.

역발상 투자자(매도와 매수를 시장의 흐름과 거꾸로 하는 투자자 : 옮긴이)인 데이비드 드레먼은 월스트리트 '시장 평균 예측치(컨센서스)'의 과반수인 59%는 실제 수치가 목표치보다 15% 이상 낮거나 높은 편차를 보여 무용지물이라는 사실을 발견했다.[45] 1973~1993년까지 추가 분석한 자료에 따르면, 그가 살펴본 거의 8만 가지의 추정치 중에서 실제 수치와 5% 이내의 편차를 보인 사례는 170건 중 하나에 불과했다.[46]

제임스 몬티어는 《워런 버핏처럼 투자 심리 읽는 법》(부크홀릭, 2011)에서 예측의 어려움을 가볍게 조명했다. 2000년의 평균 목표 주가는 시장 가격보다 37% 높았지만 실제로는 16%에 머물렀다. 2008년에는 평균 전망치가 28% 상승했지만 시장은 40% 폭락했다. 2000~2008년 사이의 9년 중 4년 동안은 애널리스트들이 아예 제대로 된 방향조차 설정하지 못했다. 마지막으로 하버드대학교의 마이클 샌드레토와 MIT의 수디르 밀크리슈나무티는 애널리스트들이 가장 많이 분석한 1,000개 기업의 1년간 전망치를 조사했다. 그랬더니 애널리스트들은 일관되게 비일관적인 결과를 보였고 연평균 31.3%나 차이가 날 정도로 과녁을 빗나갔다.[47] 기업 리서치는 모호하고 예측은 무용지물이다. 이런 마당에 이런 예측에 근거한 투자야 더 말할 게 있을까!

## 당당하게 무능한

예측에 대해 이보다 나쁜 소식도 있을까 하고 생각하겠지만 얼마든지 그럴 수 있다. 일반적으로 예측가들 자체에 문제가 있으며, 그중에서도 최악은 우리가 평소에 가장 귀 기울이는 바로 그 사람들이다.

1부 행동주의 자기 관리 규칙

UCLA의 필립 테틀록은 300명의 전문가가 25년간 쏟아낸 8만 2,000여 건의 예측 사례를 조사하는, 지금까지의 역사상 가장 방대한 전문가 예측 조사를 시행했다. 이 연구 결과의 핵심이 무엇일지 이제 당신도 짐작할 것이다. 이른바 '전문가'라는 사람들의 예측이 동전 던지기보다 크게 나을 게 없었다. 게다가 테틀록이 발견한 더 놀라운 사실은, 전문가의 자신감이 넘칠수록 예측이 더 어긋나는 경향이 있었고 전문가가 유명한 사람일수록 예측도 평균적으로 더 나빴다는 점이다. 자신만만한 전문가들이 사실은 멍청하고 유명한 사상가들이 욕먹어 마땅한 것은 월스트리트 비자로 월드에서나 있을 법한 일이 아닐까!

금융 예측의 세계에서 자신감과 명성이 형성되는 역학에 대해 잠시 생각해보자. 먼저 어느 유명 예측가의 경력을 살펴보자. 그녀는 하버드에서 금융공학 박사 학위를 이수했고, 국제재무분석사CFA라는 쉽지 않은 자격을 취득했으며, 골드만삭스에서 최고의 자리를 지켜왔다. 삶이 불공평하다는 점을 생각하면, 어쩌면 그녀는 마라토너와 콘서트 피아니스트와 뛰어난 요리사와 만능 스포츠우먼 등 다른 영역에서까지 팔방미인일지도 모른다.

조금 완곡하게 표현하자면, 대다수 금융 전문가들은 똑똑하고 부유하고 성공적이며 주로 자기 방식대로 살아간다. 이렇게 다재다능하다 보니 대담하게 행동하는 모습도 쉽게 찾아볼 수 있다. 투자 자문회사 창업주이며 저술가인 브라이언 포트노이 박사는, "……그들은 특정 주제에 대해 아는 것이 아주 많기 때문에…… 과감한 예측도 주저 없이 내놓는다"라고 했다. 그러나 이 대담함은 오만함으로 이어지고 그들에게 자문을 받은 사람들은 좋지 못한 결과를 얻게 된다.[48]

테틀록의 '전문가들'에게 자신의 자신감 수준을 평가해달라고 요청했다. 이때 자신의 견해에 80% 이상 자신 있다(신뢰할 수 있다)고 주장한 응답자들이 실제로 옳았던 경우는 열에 다섯 번이 채 되지 않았다.[49] 설상가상으로 그들의 견해가 정확하지 않다고 하자, 이 예측 전문가들은 미래 지향적인 예측의 정확성을 방해하는 다양한 변명거리("아직은 모르는 일이에요!" 등)를 늘어놓았다.

자신감이 효율적인 예측의 장해물처럼 보인다고 하더라도, 가장 유명한 전문가들이 가장 부정확한 예측을 하는 경향이 있다는 테틀록의 발견을 우리는 어떻게 받아들여야 할까? 시장 예측가들의 실제 규모와 제한적인 선택지의 범위를 감안하면, 세 가지 표준편차형 결과라도 정확히 예측하는 사람들이 매년 등장해야 한다. 일반적으로 이런 쉽지 않은 '예견'은 시장 회의론자들perma-bears과 시장 낙관론자들perma-bulls이 지닌 일상적이고 전형적이며 변하지 않는 견해 중 일부가 그날의 사건들과 요행히 주기가 맞아떨어지기 때문이다. 2008년의 금융 위기를 '예견'한 사람들의 상당수도 여러 해 동안 그런 식의 주장을 반복해왔다. 금융 예언자라기보다 하루에 두 번 맞아떨어지는 고장 난 시계와 더 닮은 사람들이다.

그런데도 금융 저널은 늘 혜안을 가진 사람을 찾고 있으며, 가장 극적인 예견을 하는 사람들 위주로 지면에 실린다. 검은 백조를 예견한 덕분에 경력에 유명세를 더한 신규 시장 예언자들은, 우리의 예상대로 대담한 예측을 반복하는 경향이 있다. 처음 유명세를 얻게 된 과정과 매우 흡사하다. 이런 식의 기법에 이중의 문제점이 있다. 즉, 시장은 일반적으로 매우 지루한 곳이며 지난 위기의 원인과 다음 위기

1부 행동주의 자기 관리 규칙

의 씨앗 사이에는 공통점이 거의 없다. 세계에서 내로라하는 전문가들은 늘 사후 약방문 식의 별로 극적이지 않은 시기에 극적인 예견을 하여 자신들보다 덜 유명한 동료들보다도 뒤처지곤 한다.

## 사악한 인센티브

금융 예측이란 명성과 과신 때문에 점점 나빠질 수밖에 없는 쓸모없는 행위라는 것을 이제는 안다. 그러나 예측 기반의 투자 자문을 바탕으로 대안을 만들려면 먼저 예측을 어렵게 만드는 구조적인 장애물부터 밝혀야 한다. 그중에서도 으뜸은 월스트리트의 애널리스트들이 예측의 정확도에 걸맞은 보상을 받지 못할 뿐 아니라 가끔은 투자자들을 현혹하는 사악한 유혹에 빠지기도 한다는 점이다.

다트머스대학교 교수 켄트 L. 위맥은, 1990년대 초의 애널리스트들이 자신들이 담당한 주식의 '매도' 평가 1회당 '매수' 추천을 6회씩 한다는 사실을 발견했다. 그러다가 세기가 전환되던 무렵에는 '매도' 등급 한 건에 거의 50건의 '매수' 비율로 이 수치가 급격히 늘어났다.[50] 애널리스트들은 '기술주 붕괴Tech Wreck'를 초래한 도취의 물결에 맞서 투자자들에게 경고를 보내기는커녕 자기네들의 이익을 좇아 마니아들을 더욱 부추기는 결과를 낳았다. 패트릭 쿠사티스와 랜들 울리지는 전체 기업의 거의 1/3이 장기 수익성 측면에서 부정적이라는 사실을 발견했다. 예측이 정확하다면 당시의 애널리스트들은 전체 주식의 약 1/3을 '매도' 등급으로 평가해야 했다는 뜻이다. 하지만 애널리스트들이 실제로 장기 수익성이 부정적이라고 평가한 기업은 전체의 1%의 중에서도 17/100 수준에 불과했다.[51]

낙관주의를 추구하는 이런 체계적인 편향이 우리의 유약한 심리의 일부분이라면 용서받을 수도 있을지 모른다. 그러나 안타깝게도 이처럼 매수에 치우치는 이유는 게임이 운영되는 바로 그 방식 속에 있다. 자체적인 이유 때문에 예측이 어렵다면 월스트리트 애널리스트들을 보상하는 식으로 예측을 현실화하기는 불가능하다. 조엘 그린블라트(미국의 헤지 펀드 매니저, 저술가 : 옮긴이)는 그 과정을 이렇게 설명했다.

"리서치 애널리스트들이 감내해야 하는 또 다른 직업적 위험은, 기업의 주식을 혹평하는 애널리스트들이 중요 정보원에서 보통 배제된다는 점이다. 따라서 회사 임원들과 하는 중요한 만남이나 투자자 관련 담당자에게 들은 정보 등은 다른, 더 '협조적인' 애널리스트들을 위해 남겨두는 편이 현명하다. 대다수 애널리스트들은 고객에게서 직접 수수료를 받지 않는다. 이들이 작성한 리서치 보고서와 추천서는 이 기관의 주식 중개인들이 수수료를 받고 판매한다. 여기서 극복하기 어려운 문제가 생긴다. 애널리스트들에게 '매수' 추천은 거부하기 어려운 유혹으로 작용한다."[52]

요약하면 애널리스트는 냉철하게 '매수'와 '매도' 추천을 해야 하지만 '매수' 평가를 받은 기업은 이익을 얻고 '매도' 평가를 받은 기업은 그렇지 못하게 된다. 게다가 애널리스트가 사전 협조를 약속하지 않을 경우에 기업은 정직한 평가에 필요한 중요 정보를 내놓지 않을 수도 있다. 우산 판매량에 따라 수수료를 받는 기상 예보관이나 경기 결과에 베팅할 수 있는 야구 심판을 상상해보자. 지저분한 유혹에 사로

1부 행동주의 자기 관리 규칙

잡힌 어느 금융 애널리스트의 기막힌 유추다.

거의 100년 전, 알프레드 코울스는 "증시 예측가들은 제대로 예측할 수 있는가?"라는 노골적인 제목으로, 금융 예측의 효과를 주제로 한 초창기에 연구를 하나 시행했다. 연구 결과를 통해 코울스는 일을 제대로 해낼 수 있었던, 다시 말해 5년 동안 시장 평균을 넘어서는 주식을 제대로 선정한 애널리스트는 겨우 1/3 정도에 불과하다는 사실을 확인했다.[53] 찰스 엘리스는 "어떤 변수가 있을지 모를 미래를 예측하기는 어렵고, 다양하게 변모하는 변수들이 서로 얽혀 있는 미래를 예측하기는 더욱 어려우며, 다른 전문 투자자들이 그처럼 복잡한 변화를 어떻게 예측하는지를 가늠하기는 훨씬 더 어렵다"라고 했다.[54]

엘리스의 이 말은 고립된 진실이며 코울스의 연구 이후로 자존심은 점점 커지고 유혹도 점점 복잡해지면서 그의 말은 더욱 확고한 진실이 되었다. 내가 보기에는 오늘날 월스트리트의 예측 산업계 전체가 사라진다 해도 세상에는 아무런 해도 없을 것이며, 오히려 개인 투자자들에게는 더 이익이 될 것이다. 이렇게 해롭다는 증거가 있는데도 왜 우리는 여전히 그들의 말에 귀 기울이는 걸까?

## 인지 크루즈 컨트롤

이와 관련하여 가치 투자자 벤 그레이엄이 한 말이 있다. 그는 "보통주에 관심 있는 사람들 대부분은 시장의 전망에 대한 자신의 생각을 다른 사람들의 입을 통해 듣고 싶어 한다. 요구가 있으니, 그 요구는 충족되어야 한다"라고 했다.[55] 수요를 좇는 공급이라는 오도된 사례를 말하는 게 아니다. 알려진 대로 우리의 뇌는 매우 독특한 방식의 예측을 기대한다. 신체에서 이루어지는 신진대사 중에서도 뇌는 신체가 섭취하는 열량의 20%를 먹어 치울 정도로 탐욕스럽다. 효율적인 기계에 가까운 신체는 늘 에너지를 보존할 방법을 찾으며, 그중에서도 두뇌의 움직임을 늦추는 것보다 가성비가 뛰어난 방법은 없다.

MRI 연구에서 밝혀졌듯이 금융 전문가의 말에 귀 기울이는 동안 뇌의 일부 기능은 정지한다. 이런 인지 휴식은 에너지를 알뜰하게 사용하는 신체 기능적 측면에서는 바람직할지 몰라도 돈벌이에는 도움이 되지 않는다. 이 연구에서 과학자들은 다양한 조건에서 재정적 판단을 할 때 뇌가 어떻게 움직이는지 관찰했다. 실험 참가자들에게 금융 전문가의 생각을 들려주었더니 고차원적 추론과 관련된 영역의 활성도가 낮아졌다.

더 구체적으로 말하면, 당신이 금융 전문가 짐 크레이머의 말을 듣기 시작하는 순간부터 생각도 멈춘다는 뜻이다. 전문 자전거 선수가 마지막 오르막을 앞두고 에너지를 절약하기 위해 경쟁자 바로 뒤에 바짝 붙어 달리듯이, 뇌는 다른 사람들의 생각에 편승하면서 효과적인 에너지 절약 모드로 돌입한다.

조작된 체계에 뿌리박힌 인간의 비합리성에서 비롯된 이야기들 때문에 당신이 어렵게 번 돈이 사라질 위험에 처했다면 얼마나 당혹스러울까! 그런데 이보다 더 두려운 것은 아모스 트버스키가 목도한 상황이다. "당신이 뭔가를 모를 수도 있다는 생각만으로도 두려운데, 더 두려운 것은 보통 앞으로 어떻게 될지 정확히 안다고 믿는 사람들이 이 세상을 움직인다는 사실이다"라고 했다. 재정적 판단에 확률적 도움을 줄 수 있는 주식들에 대해 아무것도 알 수 없다고 한다면 얼마나 허망할까! 거꾸로, 아무리 세속적이든 아니면 아무리 교육을 잘 받았든, 누구나 유익한 수준의 확신을 통해 미래를 예견할 수 있다면 또 얼마나 희망적일까!

이 두 기법 사이의 중간 지대에서는 미래에 대한 억측을 철저히 회피해야 하고 인간의 편향된 판단보다는 시스템에 의존해야 하며 어느 정도의 겸양을 보여줄 수 있을 만큼 다채로워야 한다. 이를테면 이런 식이다. "제가 무언가를 알 수도 있지만, 그렇다고 모든 것을 다 알 수는 결코 없습니다. 그리고 이 방법으로 당신이 어느 정도의 수익을 얻을 수는 있겠지만 그렇다고 경제 뉴스에 출연할 정도는 결코 될 수 없습니다"라고 말이다. 이 장에서 배웠듯이, 미래를 내다보는 수정 구슬을 찾기는 어렵겠지만 그렇다고 아무런 도움도 구할 수 없다는 뜻은 아니다.

---

## 지금부터 실천하자!

#생각하라 "이 사람은 전혀 모른다. 이 사람은 전혀 모른다. 이 사람은 전혀 모른다."

#질문하라 "이 계획은 개연성이 있는가? 평가를 거쳤고 연구에 바탕을 두었는가? 이 사람이 과거에는 어떤 예견을 했는가?"

#실행하라 알 수 없는 미래를 추측하기보다 시대 불변의 행동 원칙(2부 참조)을 철저히 준수하며 행동하라.

# 과잉은 영원할 수 없다

"지금은 쓰러졌지만 회복할 사람이 많을 것이고,
지금은 명예롭지만 쓰러질 사람도 많을 것이다."
호라티우스

## 진실의 소리는 단연코 없었다

"이 또한 지나가리라This too shall pass away!"

누구나 한 번쯤은 들어봤을 글귀지만 그 풍성한 역사와 모호한 기원을 아는 사람은 드물다. 이 말은 솔로몬 왕과 신비주의 무슬림 시인들Sufi poets, 더 일반적으로는 '동방의 왕' 등 다양한 원천에 뿌리를 두고 있다.

원래 무슬림 시인들의 작품 속에 담겼던 이 글귀가 반지에 새겨졌다. 어느 왕이 현자들에게 자신이 슬플 때 행복하게 할 반지를 만들어 달라고 요청했고, 반지에 이 글귀를 새겨 왕에게 전달했다. 그런데 반지에 새겨진 "이 또한 지나가리라!"는 글귀가 역설적인 결과를 낳았다. 왕이 슬플 때 기쁘게 할 의도로 만들었지만 왕이 행복할 때는 오히려 슬프게 만드는 의도치 않은 결과를 낳았다. 유대교 전통에서는 솔로몬 왕을 영구적이지 않은 무상無常한 지식을 취하고 전달하는 사람으로 그리는데, 그런 그도 이 글귀를 언제 어느 때나 해당하는 유일한 진리로 묘사하는 이야기가 전한다.

19세기 서양에서도 이 글귀는 꽤 인기를 끌었는데 특히 에이브러햄 링컨은 이 글귀를 자주 인용한 것으로 유명하다. 링컨은 "언젠가 동방의 어느 왕이 현자들에게 늘 곁에 두고 볼 수 있는 글귀를 만들라고 하면서 그 글귀는 언제 어떤 상황에서도 진실하고 적절해야 한다고 말했습니다. 그때 현자들이 왕에게 전한 글귀가 바로 '이 또한 지나가리라!'였습니다. 이 얼마나 훌륭한 표현입니까! 들뜬 순간에는 차분해지게 하고 깊은 고뇌의 순간에는 또 얼마나 위로가 되는 글귀입니까?"라고 했다.[56]

이 유명한 글귀의 정확한 기원은 분명치 않지만 이 표현이 투자에도 적용된다는 점에는 의문의 여지가 없다. 현명한 투자자라면 종류를 불문하고 모든 과잉은 영원할 수 없다는 진리를 깨우쳐야 한다.


## 스포츠 일러스트레이티드는 징크스인가?

✦

스포츠 팬들은 '스포츠 일러스트레이티드 표지 징크스(S.I. 징크스)'로 불리는 현상에 익숙하다. 이 징크스의 의미는 스포츠 전문지인 〈스포츠 일러스트레이티드s.I.〉의 전면 표지에 등장하는 팀이나 선수는 부상이나 경기력 저하, 불운 등으로 몇 주에서 몇 달 동안 명성에 걸맞은 성적을 거두지 못한다는 뜻이다. 2003년 말, 거의 100년 동안 우승 가뭄에 시달렸던 시카고 컵스와 보스턴 레드삭스가 그해 플레이오프에서 승승장구할 때 〈스포츠 일러스트레이티드〉 표지에 등장했다. 그 후로 두 팀은 매우 극적으로 무너졌다. 뉴욕 양키스는 보스턴에 세 경기나 지고 있던 시리즈를 뒤집었고, 시카고 컵스는 급성장한 플로리다 말린스와 일곱 번의 경기 끝에 패했다.

마이클 스핑크스는 마이크 타이슨과 권투 경기를 앞두고 "나를 빼지 말아요Don't count me out"라는 문구와 함께 〈스포츠 일러스트레이티드〉 표지 모델로 등장했다. 안타깝게도 스핑크스는 타이슨과 붙은 대전에서 불과 91초 만에 KO패를 당했다. 뉴욕 양키스의 '핵심 사인방'인 데릭 지터와 마리아노 리베라, 앤디 페티트, 호르헤 포사다도 2010년 여름에 〈스포츠 일러스트레이티드〉에 등장했는데 불과 7일 사이에 지터를 제외한 나머지 모두가 부상자 명단에 올랐다. 지터 역시 부상은 면했지만 부진한 공격력으로 역대 최악의 해를 보냈다.

미신을 좇는 팬들의 상당수는 'S.I. 징크스'에 주술이 걸려 있다고 믿으려 한다. 그러나 이보다는 심리학자들이 '평균 회귀mean reversion'라고 부르는, 즉 시간이 지나면 평균적인 방향으로 움직이려 한다는 게 훨씬 더 설득력이 있다. 팀이든 선수든 뛰어난 성적 때문에 〈스포츠 일러스트레이티드〉 표지에 등장했을 뿐이며 시간이 지나면서 그들의 성적도 평범하게 보일 수 있다는 것이다.

경제학자이자 심리학자인 대니얼 카너먼은 《생각에 관한 생각》

(김영사, 2018)에서, 이스라엘 공군과 일할 때 한 간부에게 전해 들은 말을 소개했다. 그 간부는 조종사가 완벽한 기술을 시현할 때마다 상관들에게 큰 칭찬을 받는다면 비행이 거듭될수록 더 멋진 모습을 보여주기 어렵다고 했다. 어설픈 비행의 원인은 칭찬이고 칭찬 때문에 조종사는 유약해지거나 자만에 빠질 수 있다고 가정한 것이다. 훗날 카너먼은 칭찬이나 비난과 상관없이, 정말 뛰어난 성과는 다시 내려가기 쉽고 반대로 너무 저조한 성과는 개선되기 쉽다는 경향을 실증적으로 입증했다. 긍정적이거나 부정적인 피드백은 정말 중요한 것, 즉 모든 성과는 시간이 지나면 평균적으로 보이는 경향을 가리는 연막에 불과하다.

영국의 통계학자 프랜시스 골턴도 유전 연구에서 이와 같은 현상을 발견했다. 이례적으로 키가 큰 사람들은 키 작은 자녀를 낳고 지능이 대단히 높은 사람들의 자녀는 평균에 가까워지는 경향이 있다는, 이른바 '평균으로의 회귀' 현상이었다. 연구 대상이 사람의 지능이든, 운동 능력이든, 아니면 콩줄기 길이든, 대니얼 카너먼이 아모스 트버스키에게 한 말처럼, "대상에 일단 민감해지고 나면 어떻게든 회귀하게 된다."[58]

평균 회귀 효과는 보통의 투자자들이 이해하기 조금 어려울지 몰라도 양키스 스타디움 못지않게 월스트리트에서도 느낄 수 있다. 제임스 오쇼너시도 "평균 회귀는 내가 미국과 해외 선진 시장 모두에서 방대한 자료를 연구하며 발견한 최상위 철칙이다"라고 하면서 그 위력에 대해 언급했다.[59]

지금에 와서야 어렵사리 깨달았다시피, 월스트리트 비자로 월드의 규칙들은 우리의 다른 인생 경험들과는 거의 관련이 없다. 우리가 관찰한 대상이 크게 달라지지 않으리라고 기대하는 것은 인간의 본성이다. 오늘 만난 사람이 친절하고 사려 깊다면 1년 뒤에도 그러리라고 기대한다. 오늘 한 기업의 경영이 원활하고 수익성이 우수하면 그 상태가 지속될 거라고 기대한다. 하지만 이는 세상이 불변하기를 기대하는 데 지나지 않는다. 세상은 평균을 향해 끊임없이 추락하며 그 때문에 투자자들은 극단적 낙관주의와 극단적 염세주의를 막론하고 그릇된 결정을 하게 된다. 우리는 운동선수든 주식이든 분별하기를 기대하지만 실제 세상에서는 극단적인 상황들이 빠르게 소멸한다.

짐 콜린스와 제리 포라스의 《성공하는 기업들의 8가지 습관》(김영사, 2002)은 많은 독자가 읽었을 뿐만 아니라 비평가들에게도 호평받은 경영서다. 이 책은 '통찰력이 뛰어난 기업들이 공통으로 지닌 기본적 특성'을 규명하고 이를 더 넓은 비즈니스 세계에 전파할 목적으로 6년 동안 시행된 연구를 바탕으로 만들어졌다. 최고의 기업들을 진단하여 무엇이 그들을 특별하게 만드는지 그 본질을 찾아내는 것이 두 저자의 근본적인 목표였다.

이 책이 출간되기 전 10년 동안, 이 책에서 소개한 야심적인 기업들의 실적은 S&P 500을 능가했고, 시장의 평균 수익률 17.5%보다 높은 21%의 수익을 올렸다.[60] 초과 수익은 당연히 그 기업의 장점에 포함되므로 우수한 기업을 다루는 책에서 시장 평균보다 높은 실적을 올린 기업을 다루는 것은 충분히 이해가 간다. 그러나 이 연구가 이루어진 지 불과 5년 만에 우리는 '평균 회귀' 효과를 빠르게 목격했다. 실적이 우수하다고 소개한 기업 중에 5년 동안 시장 평균을 상회한 경우는 절반밖에 되지 않았다. 게다가 이 야심적 기업들의 진단 범위를 (1991년부터 2007년까지) 더 넓힌다면 S&P 500 지수의 연평균 수익률 14%보다 낮은 13%에 머물렀다. 다른 분야와 마찬가지로 잘나가는 기업의 세계에서도 '이 또한 지나가기' 마련이다.

《성공하는 기업들의 8가지 습관》에 등장하는 개별 기업에 대한 연구에서 발견한 사실들은 승자와 패자를 다룬 다른 연구들뿐 아니라 펀드 매니저를 대상으로 한 연구들과도 맥을 같이한다. 브랜디스연구소에서 시행한 연구에 따르면, 최고로 꼽히는 펀드 매니저들도 오랫동안 저조한 실적에 시달렸으며 특히 좋은 실적 이후에도 평균으로 급격히 회귀하는 경우가 일반적이었다고 한다. 연구가 진행되던 특정 시점에서는 이들 최고 펀드 매니저들의 거의 20%가 시장의 벤치마크보다 실적이 뒤졌다. 게다가 3년 동안의 실적을 비교했더니 거의 40%가 실적 십분위 중 최하위에 이름을 올렸다.[61] 이전에는 시장의 관심을 받지 못했던 '최고의 펀드 매니저' 전략이 이후 7년 넘게 연평균 17%라는 초과 수익률을 보였어도 투자자들에게 버림받는 경우가 흔했다. 투자자들은 저조한 실적이 머잖아 초과 수익으로 이어진다는 사실을 알지 못했기 때문이다.

1998년 하버드의 래리 서머스와 MIT의 제임스 포테르바 교수는 〈주가의 평균 회귀 : 근거와 시사점Mean Reversion in Stock Prices : Evidence and Implications〉이라는 중요한 논문을 발표했다. 두 교수는 주가의 대규모 급등락 이후의 여파를 이해하기 위해 1926년부터 1985년까지 뉴욕증권거래소NYSE 주식들의 수익률을 조사했다. 이제는 짐작하겠지만 수익률이 특별히 높은 시기 뒤에는 항상 낮은 수익률의 시기가 뒤따른다는 사실을 두 사람은 확인했다. 비슷한 사례로 리처드 탈러와 워너 드봉은 〈주식 시장이 과잉 반응하는가?Does the Stock Market Overreact?〉라는 논문에서 승자 주식들이 결국은 패자 주식이 되고 오늘의 패자가 내일의 승자가 된다는 것을 발견했다. 지난 5년간 최고의 실적주 35종과 최악의 35종을 조사했더니, 중기(17개월) 동안 과거 패자 주식들이 S&P 500 지수 평균보다 17% 앞선 반면에 과거 승자들은 6% 뒤처졌다.

## 황금기는 영원하지 않아!

앞서 우리는 항상성constancy을 향한 인간의 욕구를 살펴봤다. 그리고 이러한 욕구가 미래에도 현재와 크게 다르지 않을 거라는 잘못된 믿음으로 변질되는 방식도 간략하게 살펴봤다. 오늘의 다정한 친구가 1년 뒤에도 그러리라고 기대하는 것처럼 주식 시장에서도 오늘의 '인기 주식들'이 미래에도 부침 없이 성장하리라고 착각한다. 그러나 케네스 보울딩의 유명한 말처럼, "점진적인 성장이 무한정 계속되리라고 생각하는 사람은 미치광이 아니면 경제학자다."

1980년대 말에 일본의 부동산 시장에 버블이 잔뜩 낀 원인도 이처럼 과도한 낙관론 때문이었다. 한때 도쿄 지역의 부동산 가치만 따져도 미국 전체 부동산의 가치보다 네 배나 높았다.[62] 또 런던증권거래소가 미친 듯이 정점을 찍은 때가 있는데, 이때의 지수는 25년 만에 100배나 성장했고 가치로 환산하면 유럽의 모든 현금을 합친 것보다 다섯 배나 많았다.[63] 비슷한 경우로 제임스 오쇼너시가 미국 기술주의 버블을 연구한 보고서에 따르면, "콘스텔레이션 3D, 이노트닷컴, 심플레이어닷컴, 브레인테크 등의 주가는 매출이 전혀 없는데 1000% 이상 폭등했다"고 한다.[64]

일시적 과잉 현상을 제대로 이해하지 못하는 것은 버블을 계속 부풀려 결국에는 실제 자산을 장기간에 전방위적으로 파괴하는 펌프와 다를 바 없다. 현명한 동방의 왕처럼 사려 깊은 투자자는 절망의 시절에 위안을 주고 풍요의 시절에 겸손을 가르치는 반지를 껴야 한다.

모든 경제적 번영의 시기 속에는 머잖아 이어질 붕괴의 씨앗이 숨어 있다는 사실을 스스로 인정하기가 고통스럽다. 약세장은 위험하고 강세장은 위험하지 않다는 통념과 달리 행동주의 투자자들은 위험이 실제로는 시장이 도취될 때 만들어져서 시장이 하락할 때 실현된다는 사실을 수긍해야 한다.

과잉을 명확히 진단하기 어려운 또 하나의 이유는, 시장 심리가 고조되는 시기는 상당수가 올바른 생각이 극단으로 흐르면서 발생했다는 점이다. 금세기 전환기의 기술주 버블은 인터넷이 비즈니스 방식을 변화시키리라는 가정에서 예견되었는데, 이 예측은 그때보다 지금에 와서 오히려 더 옳았던 것으로 받아들인다. 그러나 이 예측은, 수익성 같은 비즈니스 현실이 '소비자 인지도'나 '페이지 방문 수' 같은 가공의 평가 척도에 자리를 내어준다는 의미는 아니었다.

항공 여행이 가능해지며 세상이 크게 달라졌는데도 항공주는 실망스러운 것처럼, 이미 시장에 출현하여 우리의 생활 양식을 바꾸고 있지만 비현실적 열정을 추구하는 인간의 경향 때문에 현명한 투자가 되기는 어려운 유형의 혁신들도 있다. 벤 그레이엄의 말처럼 "기업의 물리적 성장에 대한 전망이 아무리 확고하더라도 이것이 투자자들의 수익으로 확실하게 전환되는 것은 아니다."[65] 금융 과잉의 시기 대부분은 진리의 본질에서 잉태한다는 바로 그 사실 때문에 투자자들은 명확한 식별이 매우 어려워진다.

마크 트웨인은 역사는 그대로 반복되는 게 아니라 흐름이 있다는 예리한 통찰을 남겼다. 과도한 공포나 탐욕의 다음 이야기가 앞에서 다룬 이야기와 똑같지는 않겠지만, "내일이 오늘과 정확히 일치하리라"는 또는 "이번만큼은 다르리라"는 비현실적인 기대만큼은 여전할 것이다. 금융사학자 J. K. 갈브레이스는 《금융 도취의 간략사A Short History of Financial Euphoria》에서 이렇게 적고 있다.

"과거와 동일하거나 거의 흡사한 상황이 다시 발생하는데도, 더러는 불과 몇 년 사이에 반복되는데도, 젊고 참신하며 늘 자신만만한 신세대들은 그 상황들을 금융 및 경제계에서 찾아낸 혁신적 발견이라며 찬사를 보낸다. 인간의 노력으로 만들어지는 분야 중에 금융계만큼 역사적 조명을 적게 받는 분야도 드물다. 과거의 경험은, 그 역시 기억의 일부지만 현재의 경이로움을 평가할 만한 통찰력이 없는 사람들의 원시적 피난처로 전락하고 만다."[66]

이 과잉을 인식하려면 어느 정도의 분위기 깨는 사람이 될 필요가 있다. 늘 보조를 달리하는 사람, 우울한 지구촌에서 집요하게 낙관주의를 지향하는 사람, 샴페인과 장미의 시대에도 주의를 놓지 않는 역사학자처럼, 재미는 없을지 몰라도 그래야 돈이 될 수 있다.

2008년에 워런 버핏이 그 유명한 "미국을 사라Buy American!"는 칼

럼을 기고할 때만 해도 시장에 대해 특별한 경고도 하지 않았고 단기적으로 시장에 어떤 일이 생길지 판단할 수도 없었다. 그가 한 일이라고는 시장에 시선을 유지하며 늘 들어도 틀리지 않는 글귀 하나를 반복하는 것이었다. "이 또한 지나가리라!"

---

### 지금부터 실천하자!

#생각하라 "이 또한 지나가리라!"

#질문하라 "미래가 현재와 똑같아 보일 거라는 믿음이 우량 주식을 저가에 매수할 기회를 열어주는가?"

#실행하라 잔칫날에는 굶주림에, 굶주릴 때는 잔칫날에 대비하여 재정을 준비하라.

# 10

# 다변화는 투자에서
# 유일한 공짜 점심이다

"내게 공식이 있다면, 꿈을 꾸고 다변화하고
절대 방향을 잃지 않는 것이다."

월트 디즈니

자신이 이렇게 가난할 수는 없다고 느껴보고 싶다면 〈포브스〉에 실린 미국의 최고 부호 400인 목록을 살펴보자. 부러움이 가라앉았다면 이제 그 명단을 훑어보며 그 사람들에게 어떤 공통점이 있는지 생각해보자.

어떤 보기에는 별다를 게 없다. 오프라 윈프리 같은 사람은 출발이 매우 초라했지만 도널드 트럼프는 어린 나이에 이미 많은 자산을 물려받았다. 어떤 사람은 흑인이고 어떤 사람은 백인이며, 여성도 있고 남성도 있으며 젊은 사람과 나이 든 사람 등 제각각이다. 그런데 계속 보다 보니 한 가지가 눈에 띈다. 그들 대부분은 일반적으로 하나의 회사에 집중하여 어마어마한 부를 축적했다. 빌 게이츠와 마이크로소

프트, 워런 버핏과 버크셔 해서웨이, 마크 저커버그와 페이스북 등은 다변화와는 거리가 멀다. 말도 안 되는 부의 필수 조건이 집중화라면 여기서 내가 (또는 당신이 만난 모든 금융 전문가들이) 어떻게 다변화의 장점을 언급할 수 있을까? 그 이유는 집중화가 턱없이 많은 자산을 형성할 가장 빠른 길인 동시에 소규모 자산으로 향하는 가장 빠른 열차이기도 하기 때문이다. 빠르게 부자가 되고 빠르게 가난해지는 것은 동전의 양면과 같다.

해리 마코위츠는 금융계에서 자산군asset classes의 다변화를 널리 대중화한 공로로 유명세를 얻었지만, 다변화를 행동 수단으로서 이해하는 것은 이미 오래전에 시작되었다. 기원전 935년에 쓰인 것으로 추정되는《구약 전도서》11장 2절에는 위험 관리 기법으로서 다변화의 장점이 나온다. "그러나 어떤 재난이 앞에 놓여 있을지 모르니 투자할 때는 여러 곳으로 나누어라"라고 되어 있다.

《탈무드》에도 한 개인의 자산을 세 부분으로 나누라는 권고를 담은 초보적 수준의 다변화(분산 투자)에 대해 언급하고 있다. 즉, 1/3은 사업에, 또 1/3은 화폐에, 나머지 1/3은 부동산에 투자하라고 했다. 다변화에 대한 가장 유명하고 어쩌면 가장 설득력 있는 옛 시대의 언급은 셰익스피어의《베니스의 상인》에서 발견할 수 있다.

"내 물건을 내가 믿는 배 하나에만 실은 것도 아니고, 거래처도 한 군데가 아니며 내 모든 재산이 올해 한 해의 운에 달린 것도 아니라네. 그러니 내 물건 때문에 슬퍼할 리는 없지."

이처럼 다변화에 대한 옛사람들의 말을 보면 다변화는 금전적 이익뿐만 아니라 심리 상태에도 주목하고 있다는 사실이 무척 흥미롭다.

폭넓은 투자는 돈을 버는 것 못지않게 두려움과 불확실성에도 신경 쓰고 관리해야 한다. 본질적으로 다변화는 불확실한 미래에 직면하여 겸손해지는 것과 같다. 그래서 나는 보험 회사들이 보험 급여를 제공하는 방식과 다변화의 방식이 닮았다고 생각한다. 보험 가입자 중에서 보험 급여를 수급할 정도의 사고를 당하는 경우는 일부에 불과하며 대다수는 그렇지 않다. 보험 회사들이 수익을 내는 이유는 보험료를 지불하는 사람들 전체로 위험을 다변화하기 때문이다. 마찬가지로 자산군 사이에서 또는 자산군 속에서 다변화가 이루어지면 한 가지 형태의 투자가 실패하더라도 장기적인 성공 가능성을 크게 훼손하지 않는다.

내 보험 비유가 재미가 없다면 후회를 최소화하기 위해 다변화를 생각해보라고 했던 벤 칼슨의 말을 떠올려보자. 벤 칼슨은 《상식 부자》에서 "일부 투자자는 막대한 이익을 놓친 것을 후회할 것이고, 또 다른 투자자들은 막대한 손실을 입은 것을 후회할 것이다. 어떤 후회가 감정을 더 나쁘게 만들까?"라고 했다.[67]

이제 당신의 대답을 듣기 전에, 지금 소개할 연구는 당신이 엄청난 이익을 놓친 것을 아쉬워하기보다 손실에 관여했다는 사실을 더 크게 후회하리라는 것을 명확하게 시사한다. 대니얼 카너먼과 아모스 트버스키는 이익과 손실의 효용 곡선을 조사하면서 사람들이 이기기를 좋아하기보다 지는 것을 훨씬 싫어한다는 점을 발견했다. 테니스 스타 안드레 애거시는 "이제 우승했으니 세상에서 극소수만 알도록 허용된 무언가를 느낄 수 있습니다. 우승이 좋지만 패배가 아픈 만큼은 아니고, 좋은 기분도 나쁜 기분만큼 오래가지 않아요. 근처도 못 가요"

1부 행동주의 자기 관리 규칙

라고 그 의미를 표현했다.

　어쩌면 당신은 실현된 상실의 고통보다 놓쳐버린 이익의 고통을 더 크게 느끼는 별종일지도 모른다. 그렇다면 오직 하나에만 집중하면서 닥쳐올지도 모를 환란에 대비하자. 반면에 당신이 나머지 사람들과 비슷하다면 다변화를 통해, 장기적 재정 목표를 달성하는 과정에서 변동성을 최소화하도록 노력하자.

## 겸허하게

한 예로, 21세기 초의 '잃어버린 10년'은 시가 총액 기준으로 미국의 대형주(S&P 500 등)에 투자한 사람들이 그 10년 이상을 연속해서 연 1%의 손실을 기록한 탓에 붙은 명칭이다. 그러나 자산군을 5개 영역(미국 주식, 해외 주식, 상품, 부동산, 채권)으로 균등하게 다변화한 투자자들은 잃어버린 10년을 겪기는커녕 연 7.2%에 육박하는 수익을 올렸다. 그런데 이와 완전히 반대였던 시기도 있었다. 대침체기(2009년) 이후 7년 넘게 주가는 폭등했지만 투자 종목을 다변화한 투자자들의 성장률은 미적지근했다. 사실 자산의 일부가 매년 저조한 실적을 거둘 수 있다는 것은 누구나 아는 사실이다. 브라이언 포트노이 박사는 다변화의 현실을 "다변화란 미안하다는 말을 입에 달고 살라는 뜻이다"라고 표현했다.

　그러나 단순하면서도 분명한 사실은, 해당 시기에 어떤 자산군이 최선인지는 누구도 알 수 없으며 다변화만이 이런 불확실성에 대처할 수 있는 논리적으로 유일한 해법이라는 점이다. 예를 들어 1928년 이후로 주식과 채권이 같은 해에 동시에 하락세였던 적은 세 번(1931, 1941, 1969년)뿐인데, 이것은 두 존재가 어려운 시기에는 상호 완충 작용을 한다는 의미다.[68] 자동차가 사고로 충격을 받기 전까지는 에어백도 아무런 쓸모가 없듯이, 채권도 필요가 생기기 전까지는 수면 아래에 능력을 숨긴 채 지낼 뿐이다.

그러나 불확실성을 인정한다고 해서 반드시 수익과 타협할 필요는 없다. 실제로 폭넓은 다변화와 재조정(리밸런싱rebalancing)으로 매년 0.5%의 수익이 늘어났다. 적은 수치처럼 보이지만 투자 생애 전체에 적용하면 이야기가 달라진다.[69] 《상식 부자》에 소개된 유럽, 태평양 지역, 미국 주식의 사례를 보자. 1970년부터 2014년까지 연간 수익률은 다음과 같다.

- 유럽 주식 10.5%
- 태평양 지역 주식 9.5%
- 미국 주식 10.4%

수익률은 비슷하지만 일관된 포트폴리오를 구성하기 위해 매년 세 시장 전부를 통합하여 동일한 가중치를 적용하고 리밸런싱을 시행할 경우를 가정해보자. 다변화의 기적이라고도 할 수 있는 이 기간의 포트폴리오 평균 수익률은 연 10.8%에 달하며 개별 지역 수익률을 웃돈다. 각 시장은 좋은 해와 나쁜 해를 보냈으며 자동적인 리밸런싱을 통해 승자를 팔고 패자를 사들이는 효과를 거둔다. 싼 것을 사고 비싼 것을 판다? 당연한 소리 아닌가? 주식이 쌀 때 들어가서 비쌀 때 빠져나와 다변화의 시너지 효과를 실현한다.

이미 언급한 다변화의 이점에 덧붙여, 다양한 자산군을 운용하면 변동성을 억제할 수 있으므로 이른바 변동성 유출variance drain을 줄일 수 있다. 여기서 '변동성 유출'이란 용어가 의아할 수도 있는데 그 의미를 간략히 설명하면, 변동성이 매우 높은 대상에 투자할 경우 저점에서 복리로 계산할 때 발생하는 손실 효과detrimental effect를 말한다. 즉, 산술 평균이 동일하더라도 (복리로) 누적된 자산의 규모는 크게 달라질 수 있다.

그래도 어리둥절하다면, 좋다! 이 과정을 보여주는 사례를 하나 소개하겠다. 두 가지 상품에 각각 10만 달러씩 투자한다고 가정하자. 두 상품 모두 연간 수익률이 10%이고, 하나는 변동성이 크지만 다른 하나는 변동성을 관리할 수 있다. 변동성 관리 상품에 투입한 자금은 2년 동안 10%씩 수익을 올려 최종적으로 12만 1,000달러가 되었다. 반면에 변동성이 큰 상품은 첫해에 −20%를 기록했지만 두 번째 해에는 40%로 뛰어올라 연평균 수익률이 10%처럼 보인다.

좋은 소식은 당신의 골프 친구들에게 40%나 수익을 올렸다고 자랑할 수 있다는 것이다. 사실 이 정도면 투자의 귀재 아닌가! 그러나 나쁜 소식이 있다. 투자에서 벌어들인 돈이 11만 2,000달러에 불과하다. 변동성 관리 영역에 투자한 경우보다 9,000달러가 적다. 상대적으로 저점에서 복리로 계산한 결과이다. 50% 손실 상태에서 원금을 회복하려면 100%의 수익이 필요하다는 사실을 아는 투자자들은 많지 않다. 여기서 다변화의 가치가 드러난다. 다변화는 앞길을 순탄하

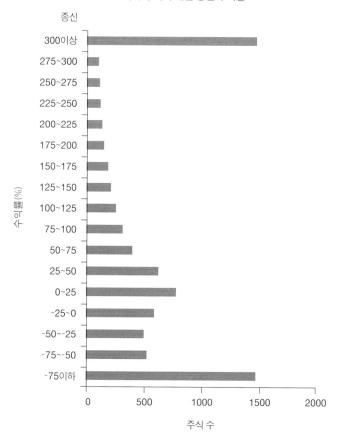

그림 3 미국 주식의 개별 종신 수익률

게 만든다. 그래서 복리 방식으로 더 많은 자산을 일구고 잘못된 투자 행동에 덜 현혹되도록 경험도 쌓게 한다.

　이 장을 시작하면서 나는 영역별 최고의 부자들을 연결하는 공통 맥락이 극도로 집중적인, 많은 경우 한 종류의 주식으로 된 포트폴리 오에서 비롯된다는 사실을 소개했다. 어쩌면 당신도 마세라티를 몰 고 샴페인을 물처럼 뿌리며 가사도우미까지 고용하겠다는 야무진 꿈을 꾸면서 딱 하나의 주식을 선택할지도 모른다. 그렇다면 그 꿈이 깨지기 전에 롱보드자산운용-LAM에서 시행한 연구의 결과를 먼저 살펴보기를 권한다. 롱보드자산운용이 조사한 바에 따르면 전체 주식의 거의 40%는 종신 동안 손실을 기록했고, 64%는 수익률이 브로드마켓 지수(소규모 주식을 제외한 모든 주식 포함 : 옮긴이)에 미치지 못했으며, 1/4만이 장기적으로 시장 수익의 대부분을 차지했다. 이 연구는 〔그림 3〕을 보면 알 수 있다.

(꿈과 환상을 가득 담은) 주식 하나에 승부를 걸었을 때 당신의 재산이 얼마나 폭증할지 상상만으로도 황홀할 것이다. 그러나 그 하나로 대박을 터트리기보다 박살이 날 가능성이 두 배나 높다는 사실을 역사는 우리에게 엄중히 속삭인다. 지금은 물을 마시고, 설거지도 직접하고, 고만고만한 차를 타고, 무엇보다 다변화하는 것이 최선이다.

## 어쨌든 세상은 좁다

이 정도면 다변화의 중요성을 독자들에게 이해시켰으리라고 희망하지만 아직도 전해야 할 나쁜 소식이 조금 더 남았다. 다변화 자체가 점점 더 어려워지기 때문이다. 다른 것과 마찬가지로 세계화에는 긍정적 측면(문화 전통의 조화. 공감 능력 강화 등)과 부정적 측면(민족주의, 토착문화 파괴 등)이 있지만, 다변화를 위한 우리의 노력에 미치는 영향도 부인할 수 없다.

연계성이 확장되고 있는 지금 세상에서 아무런 관련도 없는 자산에 투자하기는 무척 어렵다. 1971년부터 1999년 사이에 S&P 500과 MSCI EAFE(미국을 제외한 세계 주식 지수)의 12개월 상관 계수는 0.42였다. 그리고 금세기 전환기에는 평균 0.83까지 상승했다![70] 케 탕과 웨이 슝에 따르면, 상품들 역시 이와 비슷하게 독자성을 상실했다고 한다.[71] 1990년대에서 2000년대 초 사이에 지수 상품들 사이의 1년 상관 계수 평균은 0.10 정도에 불과했다. 그러나 2009년에는 0.50으로 다섯 배나 증가했다! 더 심각한 것은, 금융 위기가 닥쳤던 2008년에는 상품과 주식의 상관 계수가 0.80까지 치솟으며 다변화가 가장 필요한 시기에 오히려 그 위력을 상실했다.[72]

세상이 점점 움츠러들며 상호 의존성이 강화되는 요즘은 어떤 식으로 자산군을 형성하든 그게 그거라는 말도 틀리지 않는다. 자산군 속에서 혹은 사이에서 다변화의 필요성은 시간에 얽매이지 않으며 앞으로도 계속해서 투자자들에게 유익하게 작용할 것이다. 그러나 투자자들은 조금 더 큰 틀의 관점에서 비연계 수익uncorrelated returns의 새로운 원천을 모색할 필요가 있다.

다양한 인종과 다양한 정신세계(다양한 개성 등)를 가진 사람들로 이루어진 기업의 팀들을 조사했더니 상당히 놀라운 결과가 나왔다. 다양한 사람들로 구성된 팀은 그렇지 않은 팀보다 의사 결정에 더 많은 시간이 걸리고, 더 많이 논쟁하며, 실행에 이르기까지 우회로를 거치는 경우가 일반적이다. 반면에 그들의 의사 결정은 효율적이고, 더 많은 가능성을 검토하며, 무엇보다 중요한 것은 비즈니스의 수익성이 향상되는 경우가 많다는 점이다.

이와 비슷하게 다양한 자산군이나 주식들을 보유하는 것은 너무

좁은 시야 때문에 발생할지 모르는 실망을 예방하기 위한 처방이다. 어디에나 뒤처지는 게 있기 마련이다. 그래서 '~했더라면 좋았을 걸?' 시나리오를 끊임없이 머릿속에 떠올리며 다변화 의지에 찬물을 끼얹는다. 그러나 포트폴리오 전체를 장기적인 관점에서 들여다보면 다변화의 위력이 얼마나 확고한지 알 수 있으며, 헤지 펀드 거물인 클리프 애스니스는 이를 "투자에서 유일한 공짜 점심"이라고 비유했다. 다변화는 늘 미안하다는 말을 입에 달고 살라는 뜻일 수도 있지만, 투자자가 "다변화하지 않으면?"이라는 말을 달고 사는 것보다는 훨씬 낫다.

---

### 지금부터 실천하자!

#생각하라 "벼락부자가 되거나 벼락거지가 되는 것은 같은 동전의 양면이다!"
#질문하라 "어떻게 하면 새로운 기술을 익히고 새로운 인간관계를 형성하여 개인적 위험과 고용의 위험을 다변화할 수 있을까?"
#실행하라 자산군을 다변화하기 위해서는 최소한 국내 주식과 해외 주식, 고정 수익 증권, 부동산 등을 포함해야 한다.

# 11

# 위험은 구불구불한 선이 아니다

> "10월. 주식으로 투기하기에 특별히 위험한 달의 하나지.
> 다른 위험한 달로는 7월, 1월, 9월, 4월, 11월,
> 5월, 3월, 6월, 12월, 8월, 2월이 있어."
> 마크 트웨인의 소설 《얼간이 윌슨》에서

그동안 행동주의 원칙을 금융 부문에 적용하기 위해 내 직업 인생의 전부를 온전히 쏟아왔지만 사실 나는 임상심리학으로 박사 학위를 취득했다. 박사 과정을 마치려면 위기에 처한 의뢰인들과 수천 시간을 상담해야 했는데 이는 훗날 공황 상태에 빠진 투자자들과 대화하는 데 더없이 소중한 경험이었다.

나의 첫 번째 의뢰인(브룩이라고 하자)은 지금도 생생하게 기억나는데 그녀의 사례는 내가 위험 개념을 생각할 때 훌륭한 매개 역할을 한다. 브룩은 사무실에 들어오자마자 들고 온 여섯 개의 봉투를 내 책상에 놓더니 "문제가 생겼어요"라고 말했다. 단정한 옷차림에 표현도 분명했다. 게다가 파일을 살펴보니 매우 능력 있는 학생이었다. 이렇

게 야무진 사람이 무엇 때문에 힘들어하는지 솔직히 이해가 가지 않았다. 상담이 진행되면서 브룩은 자신의 문제를 설명했고 나는 나대로 긴장한 초보처럼 보이지 않으려고 애썼다. 열렬한 과학도였던 브룩은 여러 개의 이름난 박사 과정 프로그램에 지원했고 우편으로 그 결과가 왔다고 했다. 처음에 내 책상에 올려놓은 여섯 개의 봉투가 바로 그것이었다. 브룩은 어려서부터 과학자를 꿈꾸었고 좋은 대학에 합격하기 위해 성실하게 준비했으며 대학에 입학해서도 내내 부지런히 공부한 학생이었다. 그동안 준비한 모든 일이 지금 그 순간을 위한 것이었다!

편지가 도착했지만 브룩은 아무것도 할 수 없었다. 이 순간을 위해 엄청난 시간과 노력을 쏟아부었고 이제 자신이 통과했는지를 확인할 순간이 눈앞에 닥쳤는데도 말이다. 등록 시한이 다가왔고 이제 브룩은 두려움에 맞서 봉투를 열고 행동해야 했지만 결국 무력해지고 말았다. 열심히 노력했는데 거부당한다면 견딜 수 없을 것 같았다.

상담 시간 내내 나는 혼란스러웠다. 브룩의 모습은 교과서 어디에서도 본 적이 없었고, 이렇게 착실해 보이는 사람이 그렇게 기이하게 행동한다는 사실에 당황스러웠다. 그때 나의 행동을 똑똑히 기억한다. 그녀를 향해 몇 마디를 우물쭈물하다가 어느 순간에는 들고 있던 파일을 떨어뜨리기도 했다. 아무튼 그녀에게는 아무짝에도 쓸모없는 행동이었다. 내가 배운 바로는, 이런 상황에서는 직접적인 조언보다 의뢰인 스스로 해결책을 찾도록 도움이 될 만한 예리한 질문을 던져야 했다. 물론 말이야 쉽지만……

브룩을 올바른 방향으로 이끌 능력이 없다는 사실에 실망한 나는 이윽고 입을 열었다. 그리고 "당신은 위험에 맞서기를 두려워하는 바람에 당신이 두려워하는 바로 그것에 오히려 필연성을 부여하는 것 같네요"라고 말했다. 멋지지는 않았지만 효과는 있었다. 그날 브룩과 나 두 사람은 깨달았다. 불확실성을 관리하려는 최선의 노력이 때로는 실망스러운 결과로 이어질 수 있다는 사실을 말이다. 이것은 살아가면서 무언가에 투자할 때도 적용되는 냉엄한 현실이다. 브룩은 여섯 개 대학교 모두에 합격했고 그중 하나를 선택했다. 브룩의 문제는 위험의 개념을 현실과 동떨어지게 설정한 데서 빚어졌다. 브룩은 불합격 편지를 위험으로 정의했고, 이 편지들을 아예 회피하는 것이 위험을 피하는 방법이라고 잘못 이해했다.

## 정의된 위험

정의는 늘 중요하다. 그리고 (위험을 적당히 우려하는) 투자 매니저들은 자산의 변동성을 위험 정도를 판단하는 척도로 활용한다. 변동성을 위험의 척도로 활용할 때의 장점은 절약의 장점과 같다. 측정하기 쉽고 사실적 보고가 가능하며 고상한 수학 모델(대부분 쓸모없더라도)을 창조하는 데도 도움을 준다. 반면에 변동성을 위험의 대체물로 활용할 때의 근본적인 단점은 매우 심각하다. 변동성은 실제로 측정해야 하는 대상과 어떤 식으로도 일치하지 않기 때문이다.

전설의 가치 투자자 하워드 막스는 이 부분을 가장 잘 설명한다.

"학계에서는 편리함을 좇아 변동성을 위험의 대체물로 설정했다.

그들에게는 객관적이고 역사적으로 검증 가능하며 미래까지 추정할 수 있는 계산을 위한 수치가 필요했다. 변동성은 이러한 요건에 꼭 들어맞지만 위험과 연관된 다른 유형들 대부분은 그렇지 못하다. 그러나 이보다 근본적인 문제가 있다. 내 생각에, 대부분의 투자자는 변동성을 신경 써야 하는 위험으로 받아들이지 않는 것 같다. 나는 투자자들이 투자를 회피하는 일차적인 이유가 변동성 때문이 아니라 자본 손실이나 너무 낮은 수익률을 우려해서라고 생각한다. 적어도 내게는 '주가가 오르내리는 게 걱정되기 때문에 상승 여력이 더 많았으면 좋겠습니다'라는 말보다는 '돈을 잃을까 봐 걱정되기 때문에 상승 여력이 더 많았으면 좋겠습니다'라는 말이 훨씬 일리가 있다. 아니, 내게 '위험'의 의미는 너무도 분명하다. 첫째도 둘째도, '돈을 잃을 수 있다는 가능성'이다."[73]

다시 워런 버핏을 돌아보자. 그의 유명한 투자 원칙 첫 번째는 "돈을 잃지 말라"고, 두 번째는 "첫 번째 원칙을 잊지 말라"다. 몇몇 척도에 따르면 그의 버크셔 해서웨이는 1980년 이후로 네 차례에 걸쳐 50% 가까이 주가가 하락하는 등 주식의 변동성 때문에 상당한 위기에 처했다. 그런데도 버핏은 단 한 주의 주식도 매도하지 않아서 그 위험을 현실로 드러내지 않았다.

변동성에 치중하는 투자자라면 지난 35년 동안 여러 차례 버크셔를 걷어찼을지도 모른다. 다행히 워런 버핏은 벤저민 그레이엄의 격언인 "진실한 투자자는 보유 지분의 시장 가격이 하락한다는 이유로 손실을 입지는 않습니다. 즉, 가격이 하락할 수 있다는 사실이 정말로 손실의 위기에 처했다는 것을 의미하지는 않습니다"의 의미를 잘

이해한다.[74]

메리엄 웹스터 사전에서는 위험을 "손해 또는 부상의 가능성"이라고 정의한다. 그러므로 투자 위험을 합리적으로 정의한다면 "영구적인 자본 손실의 가능성"이라고 할 수 있다. 조금 더 쉽게 설명하자면, 개인의 투자 위험이란 우리가 바라는 금융 생활을 영위할 수 없는 가능성으로 정의할 수도 있겠다. 변동성이 가진 위험이라는 표준화된 정의는 개인과 무관하지만, 우리는 이 위험에 맥락이 있다는 것을 직관적으로 안다. 돈과 관련된 목표나 두려움, 책임 의식 등 저마다의 상황이 다르듯이 우리가 지닌 위험의 유형도 제각각이다.

이 점을 염두에 두고 이제 우리의 개선된 정의에 비추어, 즉 '영구적인 자본 손실의 가능성'과 '재정 목표 충족에 도움을 줄 수 있는 능력'에 비추어 위험한 주식들이 어떤 의미를 지니는지 살펴보자.

## 다른 이름의 위험

앞 장에서 위험에 맞서는 다변화의 위력에 대해 논의했다. 한 가지 주식만 매수하는 것은 실제로도 매우 위험천만한 일이다. J. P. 모건에 따르면 1980년 이후로 전체 주식의 40%가 '재앙급 손실'을 입었다고 한다. 달리 말하면 주가가 70% 또는 그 이상 하락했다는 말이다.

그렇다면 이처럼 위험한 이름들로 다변화한 포트폴리오를 채우면 어떤 일이 일어날까? 제레미 시걸 교수는 《주식에 장기투자하라》 (이레미디어, 2015)에서 1800년대부터 1992년까지 30년 주기로 평가했을 때 주식의 수익성이 채권과 현금을 모두 앞질렀다고 한다. 10년 주기로 평가했을 때는 주식이 현금보다 80% 이상 높았으며 20년 주기로 보더라도 주식이 손실을 기록한 적은 한 번도 없었다. 변동성 기반의 위험 척도를 기준으로 안전하다는 평가를 듣는 채권과 현금이지만 실제로는 그 시대의 인플레이션(물가 상승률)조차 따라잡지 못했다.

이 모순적 논리에 대해 시걸은 "어느 시절에서든 20년 동안 주식에서 돈을 잃는 경우는 없었다. 그런데도 사람들은 포트폴리오의 절반을 채권으로 대체하여 (인플레이션 제외 후) 수익을 깎아 먹었다. 그렇다면 어느 것이 더 위험한 자산일까?"라고 설명했다.[75] 30년 주기로 인플레이션을 제외한 주식의 평균 수익률은 7.4%를 기록했지만 채권의 실질 수익률은 겨우 1.4%였다.[76] 매년 평균 다섯 배나 높은 수익률을, 그것도 매우 일관되게 기록하는 자산군에 대해 사람들이 어떤 명칭을 사용할지는 잘 모르겠지만 적어도 나는 이를 위험하다고 말하지는 않는다.

변동성을 기반으로 한 위험 개념이 위험한 또 다른 이유는, 우리에게 장기적 시야를 갖게 하기보다 일상의 쳇바퀴 속으로 빠져들게 한다는 점이다. 다시금 말하지만, 주식을 매일 보면 두려워질 수도 있다. 그렉 데이비스에 따르면 계정을 매일 들여다보는 사람은 그 시기에 41% 남짓의 손실을 기록할 수 있다고 한다. 인간의 본능이 얻는 것의 만족보다 잃는 것의 상실감을 두 배로 느낀다는 점을 생각하면 무척이나 두려운 일이다. 5년마다 한 번씩 계정을 살펴보는 사람은 그 시기에 약 12%의 손실만 기록하고 12년마다 들여다보는 사람은 전혀 손실이 없을 터이다.[77] 12년이면 꽤 긴 시간 같지만 대다수 사람들의 투자 수명이 40년에서 60년 사이라는 점을 고려할 필요도 있다.

변동성을 위험의 대체물로 이해하면, 단기 추세에서 벌어지는 무의미하고 알기 어려운 현상들에 집중하느라 장기적 조화의 가능성을 잃을 수도 있다. 펀드 매니저인 톰 하워드는 "모순적인 것은 장기 포트폴리오를 구축하면서 단기 변동에 치중한다는 점이다. 그랬을 때 투자 위험이 늘어나는 것은 거의 틀림없는 사실이다"라고 했다.[78]

장기 투자에는 똑같이 장기적인 위험 척도가 필요하다. 앞으로 다가올 시간들을 충분히 고려하고 주식을 일차적 동력을 갖춘 포트폴리오를 구성해야 보상은 더 많이 늘리고 위험은 더 적게 줄일 수 있다.

## 매력은 덜해도 훨씬 중요한

투자자 대부분은 위험 관리가 중요하다는 사실을 본능적으로 이해하지만 상승세 추구보다 하락세 관리가 훨씬 중요하다는 사실을 아는 사람은 많지 않다. 하워드 막스는 "온 경력을 통틀어 대다수 투자 회사들의 실적은 승자들이 거둔 위대함보다 패자들이 얼마나 많고 얼마나 큰 손실을 입느냐에 따라 결정된다. 능숙한 위험 통제 능력이야말로 우수한 투자자의 정수이다"라고 말했다.[79]

그 중요성에도 투자 위험에는 관리하기 어려운 몇 가지 특성이 존재한다. 첫째, 위험은 전적으로 미래의 일이며 지금껏 그래왔듯이 우리는 앞으로 벌어질 일을 예언하는 데도 능숙하지 못하다.

두 번째 어려움은 우리가 위험 관리를 얼마나 잘해냈는지 즉각적인 피드백을 항상 얻을 수는 없다는 점이다. 비 올 확률이 80%라며 시민들에게 우산을 챙기라고 조언하는 기상예보관을 예로 들어보자. 보통은 이렇게 나눠서 생각하지는 않겠지만, 아무튼 내일 비가 오지 않을 가능성도 있고 예보관이 옳을 가능성도 여전히 있다. 예보관은 4/5의 확률로 날씨를 예보했는데 무시무시한 폭풍이 현실화하지 않더라도 이 예보는 정확했다고 할 수 있다. "이런 일은 절대 일어나지 않아요"라든가 "이런 일은 항상 일어나죠"와 같은 표현을 제외하면, 우리의 위험 관리 노력이 제대로 통했는지 판단하기 어렵다.

<br>

### 높은 수익을 원한다면 위험을 확실히 관리해야 하지만 그 위험이 눈에 보이지 않을 때는 어떻게 할 것인가?

피터 번스타인은《리스크》(한경BP, 2008)에서 하나의 실마리를 제시했다.《리스크》는 어쩌면 금융 위험에 대해 지금껏 시도한 가장 광범위한 고찰일 수도 있는 책으로, "위험 관리의 본질은 우리가 결과를 어느 정도 통제할 수 있는 영역을 최대화하고 결과를 통제할 수 없는 영역을 최소화하는 데 있다. 그리고 결과와 원인 사이의 연관성은 잘 드러나지 않는다"라고 말했다.[80]

위험 관리는 통제할 수 있는 것을 통제하는 데서 시작한다. 다시 한번 번스타인의 이 현명한 충고는 변동성 기반의 위험 척도가 적절하지 않다는 사실을 또 한 번 보여준다. '벤치마크 대비 주식 변동성'

을 의미하는 용어인 베타는 시간이 흐를수록 앞뒤가 맞지 않을 뿐만 아니라 특별히 여기에 신경 써야 할 이유도 제시하지 못한다. 반면에 더 근본적인 요인들을 살펴볼 수 있다면, 주식을 화면 여기저기서 튀는 점이 아니라 실제 기업의 부분적 지분이라는 사실로 바라보고 이를 통해 위험 관리가 가능하다는 논리적이고 경험적인 근거 모두를 얻을 수 있다. 이런 방식으로 투자를 개념화하면 잠재적 위험을 예측하기도 훨씬 나아진다.

근본적인 고려 사항의 하나가 기업에 지불한 가격이다. 열 번을 강조해도 부족하지 않은 것, 즉 주식을 비싸게 매수하는 것보다 심각한 위험은 없다. 해당 기업에 투자할 때의 위험은 매수 가격과 분리할 수 없으며 그래서도 안 된다. 적절한 가치 평가valuation야말로 위험 관리의 핵심이다. 1950년부터 2007년까지 가치주value stocks의 수익성은 인기 주식들과 브로드마켓 벤치마크를 모두 뛰어넘었으며 변동성 역시 덜했다. 전통적 또는 행동적 위험 척도로 보더라도 과도한 지불을 피하는 것이야말로 우리가 할 수 있는 가장 안전한 조치다.

위험을 평가하기 위해 살펴볼 수 있는 근본적이고 기본적인 영역들을 더 알아보기 위해 최고의 투자처 중 하나인 '동네 레모네이드 가판대'에 대한 투자 결정을 상상해보겠다. 레모네이드 가판대에 투자하라는 요청을 받았다면 당신은 어떤 것부터 물어보겠는가? 제품의 맛, 특이한 조리법, 이윤, 관리 상태, 레몬 가격 등이 궁금할 수도 있다. 그런데 처음 던지는 질문이 "시간에 따른 이 가판대의 평가액 변동성은 어땠습니까?"인 경우는 극히 드물다.

마찬가지로 주식 매수의 위험성을 평가할 때는 외부자들의 변덕스러운 감정보다는 기업의 기본부터 잘 살펴봐야 한다. 이 과정은 다음에 소개하는 정성 평가 점검표를 통해서도 수행할 수 있다.

- (일반적으로 5년 이상의) 실적 기록이 있는가?
- 온라인 홍보 장치가 있는가?
- 경영진을 신뢰할 수 있는가?
- 가능하면 회사 전체를 사들일 수도 있는가?
- 이 상품이나 서비스와 가까운 대체재가 있는가?
- 어려운 시기에도 가격 책정 역량이 뛰어난가?
- 안전 마진(실수에 대비한 여지 : 옮긴이)을 고려하여 가격을 책정했는가?
- 다른 사람들은 왜 이 주식에 관심을 보이지 않았는가?
- 조합이나 우호적 규제 요건에 의존하는 편인가?
- 이 브랜드로 로열티를 받을 수 있는가?

투자자는 이런 질문을 통해 혹시 있을지 모를 위험에 대비하고 주식 매수 여부를 신중하게 판단할 수 있지만, 월스트리트의 전형적인 전문가라면 이중 어느 것도 위험 관리에 필요한 질문이라고 생각하지 않을 것이다. 월스트리트에서는 수리적인 감소를 위험으로 바라보는 편협하고 근시안적인 패러다임에 사로잡혀 있기 때문에, 위험의 실제 정의를 이해하는 장기적 행동주의 투자자라면 이 맹점을 효과적으로 이용할 수 있다.

나는 변동성의 위험이 일차적 척도라는 주장을 강하게 비판해왔는데, 그 이유는 이 관점이 일반 투자자와 저축하는 사람들에게 피해를 주기 때문이다. 변동성은 단기적으로 두려움의 대상이지만 실체를 제대로 이해하면 두려움도 사라진다. 1871년 이후로 5년마다 20% 이상의 등락을 거듭했다. 변동성은 예외적이 아니라 일반적인 현상이며, 이 변동성에 대비하여 계획도 세우고 다변화도 해야 하지만 결코 변동성을 바탕으로 투자를 관리해서는 안 된다. 평생 10번에서 15번의 약세장이 있으리라는 사실을 더 빨리 받아들일수록 정말로 무서운 것, 즉 당신이 꿈꾸는 삶을 영위할 자금이 바닥날 가능성을 더 빨리 인식하고 관리하는 방향으로 투자를 이어나갈 수 있다.

변동성에 대한 항변으로 나심 탈레브는 매일 저녁 6시 정각에 집으로 퇴근하는 직장인의 사례를 들었다. 그가 이 행동 양식을 한동안 반복했다면 가족은 그가 5분만 늦어도 걱정할 것이다. 반면에 매일 6시 전후로 퇴근하지만 어떤 날은 5시 30분에, 또 어떤 날은 6시 30분에 도착하는 사람이 있다고 하자. 집에 도착하는 시간이 일정치 않은 것은 그가 조금 이르거나 늦게 도착하더라도 가족이 걱정하지 않을 거라는 의미다. 만약 가족에게 걱정을 끼치고 싶다면 보통에서 크게 벗어나야 한다.

절대적인 일관성은 대상을 덜 안정적으로 만드는 역설적인 효과가 있다. 반면에 '꺾이지 않고 구부리기bend not break' 방식은 시간이 지날수록 효과가 커진다. 탈레브는 백신을 우리 몸에 주입하듯이 우리가 진정한 안정을 얻으려면 변동성이 있어야 한다고 말한다. 그는 "인생의 패키지 중 하나는 변동성이 없으면 안정성도 없다"라고 했다.[81]

일터에서 늘 집으로 돌아오는 가족처럼, 장기 투자자의 주식 수익률도 매우 협소한 범위이기는 하지만 일관되게 '귀가'해왔다. 확실한 것을 추구하는 사람에게는 주식 투자보다 변화가 덜한 대안도 많지만, 확실성을 추구하려면 구매력을 유지하기 어렵다는 점과 미래의 기본적인 금전적 욕구를 충족시키기 어렵다는 점 등의 대가를 지불해야 한다. 변동성은 위험의 동의어가 아니라 행동 투자자가 아주 작은 용기와 인내를 발휘한 대가로 커다란 보상을 얻는 수단이다.

---

### 지금부터 실천하자!

#생각하라 "나의 장기적 자산 형성에 가장 큰 위험은 나 자신이다."

#질문하라 "나는 통제할 수 있는 것을 통제하고 있는가?"

#실행하라 당신이 투자하는 기업의 안정성을 점검하고 너무 비싼 가격에 유의하며 실제 위험을 관리하라.

# 12

# 행동주의 자기 관리 규칙 적용하기

직장에서 집으로 돌아오는 길에 등장하는 꼬불꼬불한 언덕길은 하루 종일 업무에 시달린 나를 해방시켜주는 더없이 완벽한 장소다. 보통 사람들이 그렇듯이 나도 거의 무의식적으로 집을 향해 운전하는데, 최근에 퇴근하던 길에 유조차에서 유출된 기름이 4차선 도로를 온통 뒤덮은 바람에 나는 정신을 바짝 차려야 했다. 새로운 경로를 찾던 나는 가까운 병원을 지나치게 되었다. 인근에서는 가장 크고 뛰어난 업적으로 평판도 좋은 병원이었다.

두 동의 주 건물과 그 둘을 연결하는 모노레일 사이를 지나가던 도중에 예상치 못한 장면이 들어왔다. 그곳, 불과 몇 걸음 떨어진 그곳에서 13명의 의료진이 수술복을 입은 채 담배를 피우고 있었다. 의사와 간호사들! 담배를 끄고 건물로 들어가면 아픈 환자들에게 담배를 끊으라고 강요할 사람들이었다. 그 13명의 의료진은 비록 아는 것은 많더라도 제 머리를 깎을 수는 없겠다고 확신했다. 아는 것과 행동하는 것의 차이, 즉 '지행 격차knowing-doing gap'라고 부르기도 하는데 어떤 이름으로 부르든 부끄러운 일이다.

나는 금융 생활 계획에 도움이 될 만한 연구 자료와 일화, 아이디어 등을 사람들과 공유하면서 잘못된 투자 행동을 예방하는 데 노력해왔다. 그러나 나도 그런 사람 중 하나이고 지행 격차에서 벗어날 수 없는 만큼(방금 운동을 끝내자마자 사탕부터 입에 넣었다) 이런 규칙들만으로는 충분치 않다는 것도 잘 안다. 지식에 의지력까지 겸비한다면 우리는 모두 날씬해지고 담배 회사의 미래를 암울하게 만들 수도 있다.

지식만으로는 충분하지 않기 때문에 당신이 해야 할 가장 중요한 두 가지가 있다. 행동을 통제하고 도움을 받는 일이다. 당신의 행동을 통제하여(규칙 1) 한 나라의 경제를 통제할 수는 없지만, 매달 저축하고 지출을 관리하며 장기적인 관점을 유지하는 능력은 통제할 수 있다는 사실을 깨닫게 된다. 외부의 도움을 받는 것(규칙 2)은 여기에서 소개한 모든 규칙을 실행하는 데 큰 도움이 된다. 지금껏 세상에 등장한 모든 투자서를 다 읽더라도 적절한 도움 없이는 끔찍한 결과를 얻기에 십상이라는 사실은 아무리 강조해도 지나치지 않다.

적을수록 많고, 극소수가 다수를 압도하고, 미래가 현재보다 확실한, 그런 세상에서 투자는 말이 안 된다. 그렇다고 해서 적은 수익을 운명으로 받아들이라는 뜻은 아니다. 이 규칙들은 본질적으로 미쳐 돌아가는 세상에서 당신의 정신을 올바르게 붙잡아두는 지침이다.

이제 우리는 2부로 넘어간다. 2부에서는 1부에서 논의한 비합리적인 기이함에서 어떻게 수익을 창출할지 그 투자 프로세스를 설명할 것이다.

THE
LAWS OF
WEALTH

◈ 2부 ◈

# 행동주의 투자

"역사는 그대로 반복되는 게 아니라 흐름이 있다."
마크 트웨인


1부에서 소개한 행동 양식을 적극적으로 실행하는 것이야말로 투자의 성공을 예측하는 가장 확실한 지표라는 사실은 아무리 반복해도 모자람이 없다. 이제 당신은 10가지의 확실한 투자 행동을 배운 만큼, 더 많은 것을 읽을 필요 없이 이 규칙들을 충실히 적용하면, 잘나가는 동료들은 말할 것도 없고 투자 전문가들의 90%보다 나은 결과를 창출할 수도 있다.

그러나 행동 관리가 현명한 투자자의 유일한 수익 창출원은 아니다. 포트폴리오의 수익성을 개선하는 데는 심리학도 또 하나의 열쇠를 쥐고 있으며, 1부의 실용적 행동 프로그램과 이 열쇠를 결합한다면 막강한 원투 펀치가 될 수 있다. 2부에서는 행동주의 위험 관리 모델을 소개하는 한편, 1부의 규칙들이 당신의 행동을 안내하는 지침서였다면 이제 당신의 자산을 관리하는 데 필요한 방호벽으로서 종목 선정 방법을 고찰할 것이다. 나는 이 모델에 행동 위험을 억제하는

'규칙 기반 행동(주의) 투자' 또는 약자로 RBI(어쩌다 보니 야구 용어 같아졌다)라고 이름 붙였다.

이 모두가 근본적으로 너무 딴 세상 얘기처럼 들릴 수 있기에 앞으로 나올 이야기가 더러 까다롭고 지루하며 상식적인 내용이라는 사실부터 밝히겠다. 그리고 마케팅 부문의 흥미로운 일화 하나를 통해, 복잡하리라 예상되는 것에는 마법이 존재하지 않는다는 사실을 깨닫기가 얼마나 어려운지부터 생각해보자.

들리는 이야기에 따르면, 유니레버에서 아시아에 출시할 신상품 샴푸를 준비하고 있을 때 마케팅 직원 하나가 장난삼아 라벨에 "X9 성분 포함"이라는 허위 문구를 넣었다고 한다. 있지도 않은 성분을 문구에 넣은 사실을 유니레버 경영진은 감지하지 못했고 이 인상적인 표현을 담은 제품이 수백만 개나 쏟아져 나왔다. 그러자 경영진은 돈이 많이 드는 리콜을 발표하기보다 다음 생산 물량에서 허위 문구를 제거하기로 했다. 그런데 다음 생산 물량에서 'X9 성분' 문구가 사라지자 유니레버에는 머리카락의 윤기가 줄었다거나 품질이 나빠졌다는 등의 항의가 빗발쳤다고 한다!

태곳적부터 월스트리트에서는 (쉽지는 않지만) 비교적 간단한 프로세스를 일부러 복잡하게 만들어 투자자들에게 X9 성분이 든 가짜 병을 팔아왔다. 2부를 읽다 보면 너무 쉽고 단순해서 오히려 내용이 의심스러울 때가 있을 것이다. 노란 벽돌길 끝에 다다른 도로시처럼, 당신도 월스트리트에는 마법사가 존재하지도 않으며 다만 교묘하게 사람을 속이는 배불뚝이 꼰대들만 있다는 사실을 깨닫고 실망할지도 모른다. 하지만 역시 도로시처럼, 당신도 그릇된 희망을 버리면 자신에게 더 많이 의지할 수 있고 가장 중요한 일에 더 많이 집중하는 자신을 발견하게 될 것이다.

이어지는 장에서는 효과적인 투자 방식을 일관되게 수행하는 아주 단순한 기법도 배울 것이다. 참 쉽게 들린다. 그렇지 않은가? 아니, 그렇지 않다. 쉽지 않을뿐더러 매우 어려울 수도 있다. 그 이유는 월스트리트에서 실행한 '올바른 일'이 단기적으로 부정적 결과로 이어질 수 있으며 '잘못된 일'이 도리어 단기적으로는 눈부신 수익을 창출할 수도 있기 때문이다. 소설 《머니볼》(한스미디어, 2006)로 유명해진 야구 행정가 폴 디포데스타와 관련된 이야기를 하나 소개한다. 그가 "위험할 수도 있어!"라는 제목으로 블로그에 남긴 글이다.

몇 년 전 어느 토요일 밤, 나는 사람들로 북적거리던 라스베이거스의 한 카지노에서 블랙잭을 하고 있었다. 나는 3루 자리에 앉아 있었는데, 1루에 앉은 남자의 게임 실력이 영 형편없어 보였다. 무료인 듯한 음료를 연신 들이켜며 거의 20분마다 주머니에 손을 넣어 돈을 꺼내는 것 같았다. 판이 몇 번 돌고 난 후, 그의 손에 들린 첫 두 장의 카드의 합이 17이 되었다. 딜러는 다음 카드를 나눠줄 채비를 하고 있었고, 딜러의 손이 남자를 그냥 지나치려 하는 순간 그가 제지하며 말했다.

"딜러, 여기도 한 장 더 줘요!"

딜러는 미안한 표정을 지으며 잠시 정지한 채로 말했다.

"손님, 정말이세요?"

남자는 그렇다고 했고, 딜러는 카드를 내밀었다. 물론, 그 카드는 4였다.

현장은 난리가 났고 여기저기서 환호성을 지르며 하이 파이브가 오갔다.

그 순간 딜러가 뭐라고 말했을까? 딜러는 그 남성을 바라보며 진심어린 표정으로 이렇게 말했다.

"기막힌 판단이에요."

하지만 내 생각은 달랐다.

'기막힌 판단이라! 카지노 입장에서는 기막힌 판단일 수도 있지. 하지만 그 남자에게는 멍청한 짓이었어! 결과가 좋았다고 해서 그 결정이 합리화될 수는 없지.'[1]

디포데스타의 사례에서 얻은 교훈을 내 나름대로 간략히 정리하면 이렇다. "당신이 옳을 수도, 여전히 바보일 수도 있다." 어쩌면 당신 친구 중에 도박하듯 한 가지 주식에 다 쏟아부어 큰돈을 번 사람이 있을지도 모른다. 결과가 어찌 됐든 그 친구는 바보다. 어쩌면 당신은 직감적으로 급락의 기운을 느끼고 시장에서 바로 빠져나온 적이 있을지도 모른다. 운이 좋았다. 하지만 당신 역시 바보다.

이례적인 투자를 평생에 걸쳐 매번 운 좋게 실행할 수는 없다. 투자는 체계적인 기법을 기반으로 하며, 이 기법은 좋은 시절이나 나쁜 시절이나 동일하게 적용될 뿐 아니라 한때 인기를 끄는 전략이 장기적으로 최적의 투자 전략을 의미하지는 않는다는 이유로 폐기하지도 않는다.

카지노와 마찬가지로 상황이 어떻게 변하든 원칙을 준수하고 자신의 입장에서 조금의 가능성이라도 모색한다면 결국 커다란 보상을 얻을 것이다. 웨슬리 그레이 박사는 《계량 가치Quantitative Value》에서 "계량 투자의 위력은 지속적인 경쟁력을 계발하는 데 있다"라고 적었다.[2]

카지노의 승률을 보여주는 〔표 3〕처럼 아무리 작은 경쟁력이라도 끊임없이 계발한다면 매우 인상적인 결과를 낳을 수 있다. 카지노가 이기는 이유는 엄청난 이점이 있어서가 아니다. 적절한 행동 양식과 지속적인 경쟁력의 계발을 통해 승리하는 것이다. 이것이 RBI의 기본 전제이다.

경제학자 리처드 브릴리는 통계학적으로 '평균 수익률을 상회할' 가능성이 뚜렷한지 아닌지를 95%의 정확도로 판단하려면 25년의 경험이 필요하다고 했다.[3] 대다수 투자자들의 투자 수명이 짧아야 25년 정도인 점을 감안하면, 긴밀한 투자 관리 체계에 의존하기보다 이익을 좇아 최근에 가장 잘나갔던(사후 확증 편향) 전략을 추구한다고 해서 비난할 일은 아니다. 대니얼 카너먼의 말처럼, "사후 확증 편향 때문에 애널리스트들은 투자 프로세스의 타당성이 아니라 결과의 좋고 나쁨에 따라 의사 결정의 질을 판단하게 된다."[4]

25년의 시간을 허비할 이유는 없으므로 투자자들은 직관적인 동시

표 3  작은 경쟁력의 지속적 계발

| 게임 | 카지노 어드밴티지 |
| --- | --- |
| 룰렛 double-zero | 5.3% |
| 크랩스 pass/come | 1.4% |
| 블랙잭 -average player | 2.0% |
| 블랙잭 - basic strategy | 0.5% |
| 쓰리카드 포커 | 3.4% |
| 슬롯 | 5%-10% |
| 비디오 포커 | 0.5%-3% |

에 경험적인 매력도 갖춘 전략을 선택해야 한다. 나는 앞으로 소개하는 내용들이 철학적으로 논리 있고 경험적으로도 견고하다고 믿는다. 이 프로세스를 준수한다고 해서 항상 초과 수익으로 이어지는 것은 아니다. 그러나 오랫동안 저조한 실적으로 일관했거나 그 때문에 마음고생이 심했던 투자자라면 이 프로세스의 장기적 매력에 이끌릴 것이다. 매번 효과가 있고 적용하는 데 아무런 제약도 없는 프로세스라면 머잖아 수많은 사람들이 몰려들어 그 효력도 사라지고 말 것이다. 오랜 시간 효력을 유지하면서도 정신적 고통과 실적 저조의 기간이 짧은 시스템은 역설적이게도 그 불완전함 덕분에 효력을 유지한다. 18을 손에 들고 카드를 거부한 블랙잭 참가자처럼 올바른 일을 실행하면 언젠가 그 보답이 찾아온다. 딜러가 당신 옆에 앉는 사람에게 3의 카드를 내미는 장면을 지켜보는 일이 잠깐은 고통스럽겠지만…….

이 프로세스를 소개하기 전에 먼저 지금 이 시점의 자산 관리 상태를 살펴보는 것이 순서 같다. 구체적으로 말하자면 투자를 향한 적극적(액티브, active) 기법과 소극적(패시브, passive) 기법의 장단점을 진단하고 두 방식의 장점을 살리는 동시에 단점을 최소화하는 방향으로 하나의 모델을 제시해보겠다.

2부 행동주의 투자

# 1

# 자산 관리 상태

소극적 관리 :
안전 추구의 위험성

✦

소극적 투자 관리passive investment management란 쉽게 말해 펀드 포트폴리오에 시장 지수(S&P 500 등)를 반영하거나 적어도 시장 지수의 실적을 반영하려는 시도를 의미한다. 철학적 견지에서 볼 때, 소극적 관리passive management는 효율적 시장 가설에 대한 믿음을 전제로 한다. 이 가설의 관점에서는 시장이 모든 관련 정보를 빠르고 효율적으로 통합하여 가격에 반영하므로 주식을 선정하는 일이 사실상 무의미하다.[5] 가격이 항상 옳다면 굳이 더 많은 연구를 진행할 필요가 있을까?

행동 투자자들은 역사가 가격 혼란에 대해 또 다른 이야기를 들려준다는 사실을 알고 있다. 미묘하지만 매우 의미심장한 내용이다. 워런 버핏은 효율적인 시장 이론Efficient Market Theory, EMT에 대해 이렇게 말했다.

"이 가설(EMT)은 큰 인기를 얻었고 특히 1970년대에는 학계에서 거의 성서처럼 여겼다. 본질적으로 생각하면 주식에 대한 공식적인 정보는 모두 주가에 적절히 반영되므로 주식을 분석하는 일 자체가 무의미하다. 즉, 시장은 항상 모든 것을 알고 있다. 따라서 EMT를 가르치는 교수들은, 주식 테이블에 다트를 던지는 사람들이 똑똑하고 성실한 애널리스트들 못지않게 전망 있는 포트폴리오를 구성할 수 있다고 말한다. 놀랍게도 학계뿐 아니라 많은 투자 전문가들과 기업 경영자들까지 이 EMT에 환호했다. 그들은 시장이 효율적일 때가 '더러 있었다'는 사실을 정확히 인식하고서도 시장은 '항상 효율적'이라는 그릇된 결론을 고집했다. 두 견해의 차이는 밤과 낮만큼이나 극명하다."[6]

소극적 투자에서는 돈이 많이 드는 조사나 유명 매니저를 꺼리기 때문에 적극적인 투자보다 비용이 훨씬 적게 든다. 투자자들에게는 큰 이득이다. 다른 조건들이 동일하다면 투자자들은 비용이 가장 적게 드는 펀드를 선택해야 한다. 실적 대비 수수료 수준이 낮으면 투자 생애 전체를 두고 볼 때 엄청난 복리 효과를 낳을 수 있다.

수수료의 부정적 효과는 〔그림 4〕에서 잘 드러난다. 여기에서는 35년에 걸쳐 매달 500달러씩 내서 매년 6,000달러씩 투자하며 연간 수익률이 6%일 경우를 가정했다. 수수료가 없을 경우(일반적으로는 불가능한 상황이지만 대조를 위해 가정한다), 투자자의 계정은 67만 달러로 늘어난다. 연간 수수료가 1%와 2%일 때는 총액이 각각 54만 달러와 44만 달러로 줄어든다. 2%의 수수료가 35년에 걸쳐 무려 23만 달러

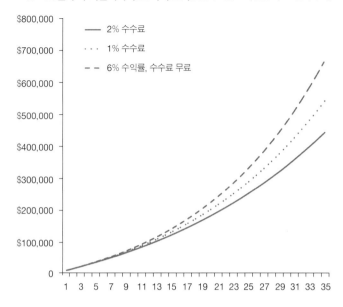

그림 4  **35년 투자 기간의 수수료 복리 효과**(연간 수익률 6%, 연간 6,000달러 투자)

나 뒤처지게 만든 것이다. 여기서 얻는 교훈은 분명하다. 수수료는 낮을수록 좋다!

게다가 패시브 펀드passive fund가 단순히 저렴한 것만은 아니다. 패시브 펀드는 생각할 수 있는 어떤 시기에서든 액티브 펀드active fund보다 일관되게 나은 성과를 보였다. 적극적(액티브)인 매니저들이 거둔 실적을 소극적(패시브)인 매니저 동료들과 비교한 스피바 스코어카드 SPIVA Scorecard의 결과에서도 드러난다. 5년과 10년 단위로 비교했더니 대자본 매니저들의 각각 89%와 82%가 소극적 매니저들보다 실적에서 뒤처졌다(그것도 수수료를 감안하기 전에!). 상대적으로 가격이 저렴하다는 이유로 적극적 투자에 더 적합하다고 여기는 소자본 주식

들은 더 심했다. 지난 10년 동안 소자본 매니저들의 무려 88%가 소극적 투자에 밀렸다.[7]

소액의 수수료와 인상적인 수익률을 내세워 워런 버핏을 비롯한 많은 전문가가 대부분의 소매 투자자들에게 최선의 대안으로 소극적 투자를 추천하는 것도 전혀 이상할 게 없다. 그렇다면 이처럼 합리적인 기법에 단점은 없을까? 물론 있다.

## 미완성 구조

건축물은 기초가 탄탄해야 안전하듯이 투자 방식도 이를 뒷받침하는 발상에 따라 좌우된다. 그런데 효율적 시장 가설은 이 기초부터 흔들린다.

효율적 시장 가설의 중심 개념인 '가격은 항상 옳다'는 전제는 기록으로 남은 금융 역사 내내 완전한 엉터리로 드러났다. 400여 년 전, 금융 역사에 기록된 최초의 버블 사건 중 하나는 단일 품목이 숙련 노동자 연봉의 열 배에 거래된 사례다. 당시의 기록에 따르면 이 상품이 때로는 12에이커 면적의 알짜배기 농지와 거래되는가 하면 1가구 주택과 맞교환된 경우도 있었다.

이처럼 귀한 상품이 도대체 무엇이었을까? 튤립 구근 하나였다. 우리가 지금 튤립 마니아라고 부르는 네덜란드인들은 그 시절에 튤립의 독특한 특성 때문에 가격이 절대 내려가지 않을 거라고 확신하면서 점차 가격을 인상했다. 이런 상황에서 '가격은 항상 옳다'며 기꺼이 떠벌리는 우둔한 경제학자를 발견한다면, 그 즉시 튤립 구근 하나와 그의 집을 맞교환할 의사가 진짜 있는지부터 확인해야 할 것이다.

그러나 가격이 근본 가치와 크게 어긋나는 현상은 현대 인류가 성장해온 바탕을 형성한 고대의 구조와는 거리가 멀다. 인터넷 신생 기업 이토이즈닷컴은 1998년에 3,000만 달러의 매출과 2,800만 달러의 손실을 올렸는데도 시가 총액은 80억 달러였다. 이 회사와 가장 밀접한 경쟁 기업이자 '구닥다리' 베테랑인 토이저러스는 40배 이상의 매출에 수익성도 훨씬 높았지만 시가 총액은 이토이즈의 3/4에 불과했다.[8]

이렇게 큰 격차가 생기는 이유는 당시에 새로이 각광을 받던 인터넷 투자 열정 때문이었다. 물론 당시의 토이저러스에도 장난감 판매용 웹사이트가 있었지만, 인터넷에 열광한 투자자들은 온라인 신생 기업들이 약속하는 한없이 커 보이는 수익을 거부할 수 없었다. 이처럼 뭔가에 도취된 상태에서는 매출이나 수익성 같은 전통적 지표들이 막연한 희망에 밀려난다. 냉엄한 경제 현실의 암초를 향해 내닫는 그런 희망들 말이다. 기술주의 버블이 막바지에 이를 무렵 이토이즈는 파산했고 2009년에 다른 회사가 인수했다. 짐작하듯이 인수 기업은 토이저러스였다.

효율적 시장 가설의 기본 가정 중 하나가 명백히 잘못되었다면 이 가정에 기초한 투자 원칙은 당연히 개선할 필요가 있다. 이 부분을 짐 그랜트는 "주식의 가치가 오로지 수익으로 결정된다고 가정하는 것은 사람들이 마녀를 불태운 사실을 망각하는 것과 마찬가지다"라고 재미있게 비유했다.

# 말로만 소극적이다

소극적 관리를 가장 열심히 추종하는 사람들의 말을 들어보면 그들이 추구하는 지수들을 침범할 수 없는 신성한 프로세스의 산물처럼 생각하는 듯하다. S&P 500 같은 소극적(패시브) 지수의 숨은 비밀은 이 지수가 실제로는 절대 소극적이지 않다는 점이다. S&P 지수론에 확고한 대의가 있다면 '주도산업의 주도 기업들'을 포함하여 미국 경제 전반을 대변하는 주식 바스켓을 선정하는 일이다. 로버트 아노트는 《펀더멘털 인덱스The Fundamental Index》에서 이렇게 설명했다.

"이 프로세스는 주관적이다. 철저히 규칙에 기반을 두지도 않고 공식적이지도 않다. S&P 500은 전혀 지수가 아니라고 주장하는 사람들도 많다. (회원들이 철저히 비밀에 부쳐진) 지수위원회에서 선정하여 적극적으로 관리하는 포트폴리오일 뿐이며, 최근의 편입 및 제외 과정을 지켜보면 성장 편향이 명백하게 드러난다. ……결국 S&P는 최근의 저조한 실적을 개선할 가능성이 큰 주식보다는 '인기' 있고 당장 실적이 우수한 기업들을 포함하는 경향이 있다."[9]

쉽게 말해 금융 지수는 인간이 적극적으로 개입한 결과물이며 따라서 일반 투자자들을 현혹하는 온갖 편향에 노출되기 쉽다.

아노트는 이 주관성의 유해성을 설명하기 위해 최근 몇 년 사이에 S&P 지수에 적용된 몇 가지 변화에 대해 논의했다. 1995년에 S&P 500에 33개의 기업이 추가되었는데, 그중 기술주 중심의 나스닥 지수에서 편입된 기업은 겨우 네 곳밖에 되지 않았다. 하지만 기술주 열풍이 절정이던 2000년에는 58개 기업 중 24곳이 나스닥에서 S&P로

2부 행동주의 투자

편입되었다. 그뿐만 아니라 지수위원회는 AOL처럼 수익성은 낮지만 인기 있는 기업을 편입하기 위해 몇몇 내규를 무시한 적도 있다. 위원회는 방금 추가한 기술주들이 재앙급 손실을 낳던 바로 그 시점에, 합리적 규칙을 무시한 채 '소극적' 지수로 된 배 위에 적극적으로 화물을 잔뜩 실었던 셈이다.

지수위원회의 오만은 일상 투자자들에게 심각한 해를 입혔다. 2000년 3월부터 2002년 3월 사이에 평균 주가 수익률은 20%이었지만 기술주를 다양하게 거느린 S&P는 20%의 손실을 기록했다. 비밀스럽게 임명된 위원회에서 운용 규칙도 없이 포트폴리오에 주식을 추가하는 것은, 뮤추얼 펀드 매니저가 이러한 허술한 방식으로 주식을 추가하는 것과 다를 바 없다. 이런 이유로 소극적 투자 운용은 생각처럼 소극적이지 않을 수도 있으며, 명목상의 적극적 투자법에서 보이는 수익 추구형 행동 양식 전부를 채택할 수도 있다.

## 행동주의의 결함

길거리에서 만난 사람에게 투자에 대해 아는 것 하나만 얘기해보라고 하면, "싸게 사서 비싸게 팔아야죠"라고 서슴없이 대답할 것이다. 소극적 투자의 근본적인 문제는 이 첫 번째 규칙을 계획적으로 위반한다는 데 있다. 소극적 운용에서 추종하는 지수들은 시가 총액 가중 지수, 즉 한 기업 주식의 총 가치가 클수록 지수에서 차지하는 비중도 커지는 방식인 경우가 많다. 로버트 아노트는 "지수 펀드(인덱스 펀드)

개념에 시가 총액 가중치를 적용하는 데 문제가 있다. 어떤 기업이든 투자 규모는 주가와 연동하기 때문에, 시가 총액 가중 포트폴리오에서는 과대평가된 주식에 치중하지만 과소평가된 주식은 소홀히 다루게 된다"라고 말했다.

주식이 비싸지고 매수할 매력이 떨어지면 오히려 시가 총액 가중 지수 안에서 지배력이 커진다는 의미다. 반대로 완전히 주저앉아 구매 기회가 극대화된 주식은 도리어 지배력이 감소한다. 현실적으로 말하자면, 지수 투자는 우리가 해야 할 일과 정확히 반대 방향으로 고착화되어 비싸게 사서 싸게 팔도록 유도한다.

합리적인 투자 기법으로 소매 투자자들에게 널리 알려진 지수 투자(인덱스 투자)는 그 중심에 매우 위험한 행동주의적 암세포를 담고 있다. S&P 500과 같은 시가 총액 가중 지수를 매수했다는 것은 2000년에는 거의 50%의 기술주를, 2008년에는 거의 40%의 금융주를 보유했다는 의미다. 지수를 추종하면 다변화의 결핍이나 과다 지불 등의 몇몇 행동주의적 경향을 방지할 수 있듯이 이외에도 지켜야 할 것들이 있다. 행동주의 투자 기법은 지수의 장점을 고수하고 모방해야 할 것도 많다. 그러나 크고 값비싼 주식들, 역사적으로 최악의 실적을 거둔 일부 주식들을 배 위에 싣는 일은 반드시 개선해야 한다.


## 배의 한쪽에 모두 쏠려 있다

◆

이 책을 쓰고 있는 지금, 2019년 말. 올해는 미국의 패시브 펀드에 투자된 자산이 처음으로 액티브 펀드를 뛰어넘었다.[10] 소극적 투자의 승리로 보인다.

그런데 금융의 역사에서 배워야 할 교훈을 하나 꼽는다면, 보편적 시장 전망consensus이 나쁜 소식의 징조일 수도 있다는 점이다. 애런 태스크는 "추락 직전의 자부심 : 지수화 편"이라는 제목의 통찰력 있는 블로그 글에서 "'모두'가 무언가를 알고 있을 때는 대체로 그 반대 방향으로 꺾이기 좋은 시점이다. 그리고 지금 '모두'가 알고 있는 것, 그것은 가장 현명하면서도 최선의 투자는 인덱스 펀드라는 사실이다"라고 말했다.[11]

지수화의 위험을 경고하는 또 하나의 목소리가 있다. 제시 펠더는 "'소극적 투자'는 결과적으로 그 성공의 희생양이 될 것이다. 지난 15년여 동안 인덱스 펀드로 대규모의 이동이 진행되며 지수를 구성하는 최대 주식들의 평가 가치가 향후 저조한 수익률을 장담할 수준까지 하락했다. 저조한 수익률은 다시 자금의 유입에서 유출로 전환하게 만들고, 그렇게 선순환이 악순환으로 뒤바뀐다"라고 했다.[12] 나심 탈레브도 "우리는 임의성과 변동성을 억제하여…… 경제와 우리의 건강, 정치 생활, 교육 등 거의 모든 것을 망가뜨렸다. ……이것이 현대화의 비극이다. 자녀를 지나치게 과잉보호하는 부모처럼, 가끔은 도우려 애쓰는 사람들이 더 심각한 해를 입히기도 한다"라고 말했다.[13] 자본 시장에서는 옳은 일을 하려 해도 모두가 그 일을 한다면 더는 옳은 일이 될 수 없다.

인덱스 펀드는 적절히 다변화되고 비용도 적게 들기 때문에 효율적이지만 '통하는 것'에 대해 알고 있는 일부를 활용하지 못하는 바람에 소중한 수익의 기회를 놓치기도 한다. 워런 버핏은 지수화 같은 상황에서의 효율적 시장 가설 기법에 대해 "체스든 브릿지든 종목 선정에서든, 생각은 에너지 낭비라고 배운 상대들을 둔 것보다 지적 경쟁에서 더 유리한 상황이 있을까?"라고 말했다.

조금만 더 깊이 생각하고 적용한다면 보통의 투자자들도 역사의 교훈을 바탕으로 수익성을 향상시킬 수 있으며, 가장 비대하고 주가도 비싼 기업들의 비중을 과도하게 높이는 지수화의 경향도 피해갈 수 있다. 소극적 지수화가 투자에 유익한 기법이라는 사실은 피할 수 없지만, 그 속의 조직적인 행동 편향을 억제할 수 있다면 훨씬 좋은 결과를 창출할 수 있다.

## 적극적 투자의 실현되지 못한 약속

인덱스 투자가 시장 벤치마크를 반영하도록 설계되었다면, 적극적 투자는 대표적 시장 벤치마크를 능가할 방법을 모색하는 투자 스타일의 하나라고 흔히들 생각한다. 적극적 투자의 표면적 장점은 위험을 관리하고 극복할 잠재력이 있다는 점이다. 하지만 이처럼 이중적 요구를 충실히 이행한 것은 일부일 뿐이며 대다수 액티브 매니저(적극적 투자자)들은 그렇지 못했다. 흡연이나 과식과 유사하게 적극적인 자본 관리 역시 지난 25년여 사이에 그 평판이 많이 추락했다. 물론 오해로 부당한 평판(초단기 투자를 향한 끝없는 손놀림 등)도 있겠지만 적극적 관리가 나쁜 평판을 얻는 데 충분히 기여한 부분도 있다.

2부 행동주의 투자

적극적 관리에는 파괴적인 진실이 있다. 수수료 공제 이전에는 제로섬 게임이라는 점, 즉 적극적인 노력이 평균으로 환원된다는 사실이다. 모든 메이저리그 야구팀의 평균 성적이 항상 5할이듯이, 적극적 투자 매니저들의 평균 실적도 항상 이와 동일하다. 물론 수수료를 공제하기 전을 말한다. 이런 추론을 내세우는 사람들은 보통 적극적 투자를 비방하는 사람들이며, 그들은 거들먹거리며 "수학적으로 그래"라고 주장한다.

로버트 아노트는 "액티브 매니저들이 벤치마크 이상의 실적을 위해 주가 책정 오류pricing error를 악용할 수 없었다고 해서 이 오류가 사소하다는 증거가 될 수는 없다. 왜냐하면 평균적인 액티브 매니저들의 평균적 성과는 이미 결과가 정해져 있기 때문이다"라고 했다.[14] 메이저리그 야구팀들의 집단적 평범함 때문에 경기 관람이 시시해지지 않는 것처럼, 그리고 해마다 월드시리즈 우승은 한 팀만 가져가는 것처럼, 자산 관리인들의 집단적 평범함이 우리가 특정 방식으로 투자를 선택해야만 하는 유일한 이유가 될 수는 없다. 초과 수익의 구조적 난해함이 이 집단의 전체를 대변할 수는 있어도 개별 투자자에 대해서는 아무것도 알려주지 못한다. 그래서 결국은 "수학적으로 그래", 이런 말을 듣게 된다.

초과 수익을 달성하려는 자산 관리인도 거래 수수료와 관리 비용 등 상당히 불리한 조건에서 시작한다. 하버드 금융공학 박사 학위가 있어도 공짜로 되는 것은 없다! 아노트의 《펀더멘털 인덱스》에서 인용한 것처럼 두 장애물의 영향은 매우 두드러져서 액티브 매니저들의 연간 실적 부진에서 0.5~2%를 차지한다. 2%라고 하면 별것 아닌 것처럼 들리겠지만, 10만 달러에 연 복리 10%로 30년이 지나면 174만 달러로 늘어나지만 동일 기간 2%를 제외한 복리로 계산하면 100만 달러에 불과하다.

또 하나의 방해 요인으로는 적극적 액티브 매니저들의 많은 수가 해마다 폐업하는 바람에 성과 보고가 누락되는 점이다. 로버트 아노트와 앤드류 버킨, 지아 예의 연구에 따르면, 실패한 펀드들의 실적 수치까지 포함하면 액티브 펀드들의 실적 부진은 2~4%까지 급등할 수도 있다고 한다.[15] 조금 전의 예시로 다시 환산하면 연 6%(연간 수익률 10%에서 4%의 손실 포함)의 수익률로 30년을 보내면 약 57만 4,000달러밖에 남지 않는다. 대가치고는 너무 크다! 행동 투자자들은 수수료와 거래 비용의 부식 효과를 알고 있으며 어떤 식으로든 둘 모두를 최소화할 방법을 찾아야 한다.

액티브 매니저들이 전문성과 기술의 증거를 보여준다면 얼마의 급여를 받든 못마땅해할 투자자들이 별로 없겠지만 실제 조사 결과를 보면 전문가들도 우리 못지않게 멍청한 실수를 저지르곤 한다. 찰스 엘리스는 《지혜롭게 투자한다는 것》(부키, 2021)에서, "전문적인 관리를 받는 펀드들은 시장이 천장에 이르렀을 때 현금 포지션이 가장 낮고 바닥일 때는 가장 높은 경향이 있다"라고 적었다.[16] 그들도 우리처럼 주식이 비쌀 때 탐욕스럽게 비축하고 주식이 매력적인 수준으로 내려가면 공황에 빠진 듯 팔아치운다. 아무 도움도 안 돼줘서 고마워요, 자산 관리인님들!

그뿐만 아니라 이 조사에서는 어떤 자산 관리인들이 더 나을지 선택하기조차 어렵다고 했다. 브라이언 포트노이 박사는 펀드 매니저들의 전문 펀드 중 5%만이 직업에 어울리는 기술을 발휘한 흔적이 보인다며 그 근거를 제시했다.[17] 유능한 자산 관리인을 선발하는 대가로 상당한 급여를 받는 사람도 그 일을 제대로 수행하지 못한다면, 우리가 무슨 재주로 그런 사람을 찾겠는가? 행동 투자자들을 위한 교훈을 되새길 수밖에 없다. 즉, 가능한 선에서 당신의 프로세스를 자동화하고 사람과 프로세스를 선택할 때 편향을 최대한 없애야 한다. 그렇게 하지 않는 것은 전문 자산 관리인들이 인간 편향의 논란 위에 있다는 사실을 인정한다는 의미다. 우리가 살펴본 증거는 그 반대인데도 말이다.

최근 들어 액티브 매니저들은, 깊은 경기 침체에서 벗어나기 위한 연방준비제도Fed의 양적 완화 정책처럼 더 넓은 환경에서 희생양을 찾는 데 열중하고 있다. 그러나 앞서 소개한 추세는 광범위하게 오래도록 지속된다. 〈월스트리트저널〉의 제이슨 츠바이크가 기고한 글을 보자.

"그동안 당신이 무엇을 들었고 무엇을 신봉하든지 간에, 실적 부진은 불과 지난 몇 년 동안의 불황 시장에서 만들어진 일시적 부산물이 아니다. 1974년 중반까지 10년 동안 전체 자산 관리인의 89%가 실적에서 S&P 500에 뒤처졌다. 1964년까지 20년 동안에는 펀드 평균 수익률이 거의 110 베이시스 포인트(1/100% : 옮긴이) 낮았다. 더욱이 1929년부터 1950년 사이에는 대형 뮤추얼 펀드 중 단 하나도 S&P를 이기지 못했다. 어느 기간을 정해서 살펴보든 결과는 그저 참담할 뿐이다."[18]

나는 많은 수의 저명한 적극적 자산 관리인들이 행동 금융에서 발견한 것들을 자신들의 프로세스에 통합하는 모습을 보며 무척 뿌듯했다. 브링커 캐피털, UBS, 블랙록, 바클레이즈, 메릴린치, 알리안츠, J.P. 모건을 비롯한 많은 증권 중개 회사와 자산 관리인들은 주식 거래 및 자문 구조를 개선하고자 행동 전문가들로 완전체의 팀을 구성하고 있다. 발전 가능성도 있기는 하지만 많은 액티브 매니저들이 지금껏 자기 역할에 충실하지 못했고, 그 과오의 상당 부분은 인간성의 결함을 제대로 인지하지 못한 데서 비롯되었다. 그들의 거래는 과도했고 수수료도 너무 많았으며 감정의 덫에 빠진 희생물이었다. 나중에 다시 살펴보겠지만 소극적 접근과 의미 있는 차별화를 이루지도 못했다.

행동주의적 주가 책정 방식을 활용하고 재앙급 손실로부터 투자자들을 보호하는 등 이 모두에서 나는 적극적 관리가 가능하다고 믿지만 이 가능성의 요체를 실현하는 길은 투자 심리학을 깊이 이해하는 데 달렸다. 적극적 관리가 꽃을 피우려면 잘못된 약속이 아니라 위험관리, 실적, 행동 편향에 대한 관용성 등 잠재적 장점들을 토대로 삼아야 한다.

지금까지 몇 페이지에 걸쳐 논의한 동향들 때문에 투자 업계는 전통적으로 적극적 및 소극적 투자로 간주해온 것들의 옹호자들로 점점 더 양분되고 있다. 그러나 두 기법의 내용을 살펴봤듯이 앞으로는 두 기법의 장단점에 대해서도 배우게 될 것이다. 적극적 관리는 초과 수익과 통제 가능한 위험이라는 희망을 제시하는 반면에, 지수화(지수 투자)는 수수료가 저렴하고 거래 회전율이 대체로 낮다. 모든 투자가 적극적이고 지수화(실제 글로벌 자본 가중치는 제외하고)까지 포함한다면 무엇이 더 합리적인지 더 분명히 알 수 있으며, 개념 논쟁에 휩쓸리기보다 우리가 원하는 대로 모든 장점을 적극적으로 활용할 수 있다.

성공적인 투자 운용에는 다변화, 낮은 회전율, 낮은 수수료, 행동 편향에 대한 관용성 등의 특징들이 대체로 포함된다. 반대로 성공적이지 못한 투자의 특징으로는 주가가 비싸고 다변화되지 못하며 거래 빈도는 높고 잘못된 행동을 수용하지 못하는 것 등이 있다. 따라서 두 사고 유형의 최선을 혼합하고 최악을 제거하면 투자자 행동을 수용하고 거래 비용을 최소화하며 브로드마켓의 실적을 능가할 방법을 찾는 등 가장 현실적인 선택지를 손에 넣을 수 있다.

〔표 4〕는 RBI 모델이 적극적 및 소극적 투자 관리에서 바람직스러운 부분을 결합하는 방식을 요약한 것이다.

표 4  규칙 기반 행동 투자

| | 낮은 수수료 | 다변화 | 잠재적 초과 수익 | 낮은 회전율 | 편향 관리 |
|---|---|---|---|---|---|
| RBI | ✓ | ✓ | ✓ | ✓ | ✓ |
| 소극적 | ✓ | ✓ | | ✓ | |
| 적극적 | | ✓ | ✓ | | |

# 2

# 행동 위험 관리

지금까지 살펴본 대로, 자산 관리를 주제로 한 논의는 역사적으로 적극성과 소극성 사이의 잘못된 이분법과 연결된다. 이런 논의는 월스트리트의 영업 사원들에게는 큰 의미가 있을지 몰라도 투자자들에게는 그렇지 않다.

패시브 인덱스passive index란 지구에서 채굴하는 것이 아니라 지수위원회에서 임의로 조합한다는 사실을 이해한다면, 이제 우리에게 필요한 질문은 '우리가 적극적 투자를 하고 있는가?'가 아니라 '적극적 투자를 얼마나 최선의 방향으로 하고 있는가?'이다. 적극적으로 투자할 운명을 지닌 사람이라면 그렇게 잘하면 된다! 그러나 "어떻게 하면 내가 유능한 적극적 투자 매니저가 될 수 있을까?"라는 질문에 대답하기 전에 그리 매력이지는 않지만 매우 근본적인 질문, 즉 "적극적 투자 매니저가 되지 않으면 어떻게 한단 말인가?"에 대한 답부터 구해야 한다.

훌륭한 수비로 우승을 거머쥐더라도 미인을 차지하는 것은 쿼터백이듯이, 위험 관리는 실적을 견인하지만 모든 언론의 관심은 오로지 높은 수익에 있다. 이것을 사실로 인정하고 위험 관리에 대한 책을 집어 들면, 무엇보다 투자 위험의 기본적인 두 유형, 즉 체계적 및 비체계적 유형부터 읽게 될 것이다.

'시장 위험market risk'이라고도 부르는 체계적 위험systematic risk은 특정 기업보다는 넓은 시장의 움직임에 따라 돈을 잃을 가능성을 말한다. 썰물로 수위가 낮아지면 모든 배의 위치도 같이 낮아지고 자연재해 같은 '신의 영역'도 이 체계적 위험에 포함되므로 다변화를 하더라도 이 위험에서 실질적 보호를 받기는 어렵다. 반면에 '경영 위험business risk'이라고도 부르는 비체계적 위험unsystematic risk은 개별 주식에 투자한 가치가 하락할 가능성을 의미한다. 이 유형의 위험은 나중에 더 상세하게 논의할 주제인 다변화를 통해 관리할 수 있고 또 그래야 한다.

더불어 교과서에서 통째로 생략해버리기 쉬운, 앞의 두 형제만큼 중요한 세 번째 유형이 있다. 바로 행동 위험이다. 행동 위험이란 자본의 영구적 손실을 유발할 수 있는 투자자의 행동 가능성을 의미한다. 체계적 위험은 시장의 실패에서, 비체계적 위험은 경영의 실패에서, 행동 위험은 자신의 실패에서 비롯된다.

전형적인 교육을 받은 투자자들이라면 기본적인 투자 위험 요인의 하나로 행동 위험을 확실하게 언급하지는 않겠지만(그들이 배운 것은 위험의 이중성이라는 전통적 관념이므로), 이 주제를 일단 끄집어내고 나면 세 번째 위험의 존재를 부인하지는 않을 것이다. 잘못 생각한 바

람에 무시무시한 결과를 초래한 경우를 누구든 쉽게 떠올릴 수 있다
('내가 정신이 나갔었나? 왜 그딴 짓을 했지?').

그러나 보편적 수용이 이루어지면 그런 모호한 개념을 명문화하는
일도 완전히 달라진다. 행동 위험의 세계를 정의하는 일은 그 위험을
관리하기 위한 선결 조건이다. 보이지도 않는 괴물과 싸울 수는 없지
않은가? 이렇게 개념이 서면 그 뒤에는 우리가 제시할 행동 위험 모
델을 통해 잘못된 투자 결정을 예방할 투자 철학을 정립하고, 그리하
여 종목 선정의 구체적인 내용까지 논의할 수 있다. 이 모든 과정은
〔그림 5〕의 흐름도에서도 보듯이 위험에서 시작한다.

잘못된 논리로 포트폴리오를 망가뜨리는 여러 방식을 이해하기 위
해 먼저 심리학자들이 말하는 '파국화catastrophizing'라는 개념부터 살

그림 5 **행동 위험 흐름도**

### 정의
행동 위험의 세계는 무엇인가?

### 철학
어떻게 하면 이런 위험을 완화할
프로세스를 창안할 수 있을까?

### 실행
이 프로세스에 포함할 구체적 요소로는
어떤 것들이 있는가?

2부 행동주의 투자

퍼보자. 'catastrophizing'이라는 단어는 'funner(웃기는 사람)'처럼 실제로는 없지만 또 있을 법도 하다. 파국화란 가능한 모든 부정적인 결과를 떠올리도록 사고를 유도하는 행위를 말한다. 전형적인 예를 들면 다음과 같다.

"대수학 시험을 너무 엉망으로 친 것 같아 걱정이다. 간단한 사건이지만 여기서부터 소용돌이가 걷잡을 수 없이 퍼져 나간다. '안 돼.' 공상이 시작된다. '대수학 시험을 잘 못 봤으면 스탠퍼드에 들어가긴 글렀어. 스탠퍼드에 들어가지 못하면 부모님이 나를 부끄럽게 여길 거야. 스탠퍼드에 못 들어가고 부모님까지 나를 미워하면, 나는 지하실에서 생활하며 가까운 칼리지를 다니고 매일 밤 부모님과 거북한 저녁 식사를 견뎌야겠지. 스트레스 때문에 폭식을 하고, 그래서 없던 여드름까지 생길 거야. 이제 데이트는 틀렸단 얘기지. 이 패턴이 반복되면 나는 쉰다섯 살의 처녀로 지하실에서 죽을 것이고, 그럼 내 가련한 뚱뚱보 시체는 지게차가 와서 꺼내겠지.' 돌아보면 이 모든 재앙의 출발점은 대수학 시험이었어."

파국화를 보여주는 A⁺ 예시다! 일반적으로 이런 식의 사고는 부정적 사건이 일어날 가능성을 부풀리고 우리가 활용할 수 있는 다양한 자원을 간과하도록 부추기는 부적응 사고방식이다. 그렇지만 행동 위험의 세계를 테스트하는 데 방점이 맞춰진다면 오히려 효과가 있을 수도 있다.

행동경제학 분야의 기원 이야기를 담은 리처드 탈러의 《똑똑한 사람들의 멍청한 선택》(리더스북, 2016)에는 이 분야를 지금의 학과목으로 정립하기까지 단순하지만 효과적인 방법에 대한 회고가 들어 있다.

효율적인 시장에서 무엇을 배우는지에 회의적이던 탈러는 자기가 아는 사람들이 '이콘Econs'(이론 과목에서 알게 된 존재로서, 효용을 극대화하고 늘 합리적인 재무 결정을 내리는 가상의 이상적 존재를 말한다)과 실제로 어떤 점이 다른지 연구에 착수했다. 탈러는 하나의 단순한 사고 실험을 통해 다양한 연구 프로젝트를 촉발한 이상 행동들을 목록으로 정리했고 이 단순한 인간들이 재무 결정을 하는 방식을 우리가 좀 더 깊이 이해하게 만들어주었다.

이상 행동을 발견하여 기록하는 것이 중요한 첫 단계였지만, 더 광범위한 조직 구조가 뒷받침되지 않는다면 투자자들에게 별다른 도움이 되지 않는다. 지금의 우리는 인간의 불완전함을 드러내는 방식에 무엇이 있는지 많이 알고 있지만 실용적인 다음 단계에 대해서는 그렇지 못하다. 태국 죄수들의 석방 사례에서 배웠듯이 나쁜 소식만 있고 구체적인 해결책이 없으면 문제를 악화시킬 수도 있다!

나는 리처드 탈러의 접근법의 단순한 품격에 자극을 받아 나의 파국적 사고에서 벗어났고 누군가의 행동이 투자 결정에 부정적 영향을 미칠 수 있는 모든 방식에 골몰했다. 그렇게 해서 40가지에 가까운 내용을 정리했다. 그다음 인간의 이런 실수를 치료 가능한 공통 단위로 분류하고 그 실수들의, 즉 다양한 유형의 잘못된 관리 방식의 바탕에 존재하는 공통의 심리학적 토대를 찾아 나섰다. 그리고 그 과정에서 정보가 어떤 식으로 도출될지에 대한 선입견을 철저히 배제했다. 그렇게 도출한 행동 위험의 일관된 다섯 가지 유형은 다음과 같다.

- 자존심Ego

- 감정Emotion
- 정보Information
- 주의Attention
- 보존Conservation

우리가 할 수 있는 잘못된 결정의 수는 헤아릴 수 없지만(TV 리얼리티 프로그램에서 얼마나 많이 다루는가?), 모든 행동 위험은 그 본질적 측면에서 이 다섯 가지 중 하나 또는 그 이상과 관련 있다. 그리고 이 분류 방식은 이 책만의 고유한 내용이며 행동 정보에 근거한 투자 관리 프로세스를 창안하기 위한 중요한 출발점이다. 이 투자 프로세스를 통해 다양한 행동 위험의 유형을 이해하고 대처할 수 있다면 우리는 투자에서 행동 위험을 순조롭게 제거할 수 있다.

〔그림 6〕은 행동 위험의 다섯 가지 양상을 표현했다. 이 그림을 통

그림 6 행동 위험의 다섯 가지 양상

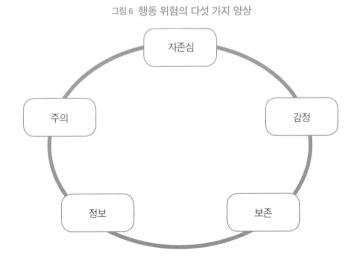

해 다섯 유형 각각을 자세히 살펴보자.

## 자존심의 위험

자존심의 위험Ego risk은 현명한 의사 결정을 희생하더라도 자신의 주관적 능력을 특별하게 느끼고 싶어 하는 행동에서 명확하게 드러난다. 구체적인 예로는 전형적인 과신이나 자신의 신념이 도전받았을 때 방어적으로 반응하는 경향(역화 효과backfire effect) 또는 자신이 프로젝트에 참여하는 것만으로 성공 확률이 높아질 거라는 믿음(이케아 효과IKEA effect) 등이 있다.

자존심의 위험은 지나치게 집중적인 포지션, 과당 매매churning(증권사의 이익을 추구하는 과도한 매매 방식 : 옮긴이), 과도한 레버리지 사용 등으로 구체적인 존재 증거를 남긴다. 구체적으로 어떻게 표현되든 그 근원은 늘 동일하다. 훌륭한 의사 결정을 하는 데 자신이 특별히 관심을 보이고 기여한다는 자존심이다.

**자존심의 위험의 예**

- 선택 지지 편향choice supportive bias : 선택한 투자 결정은 긍정적으로 평가하고 선택하지 않은 길은 폄하하는 경향

- 과신overconfidence : 실제 능력이나 지식을 초월하는 주관적 능력이나 지식

- 확증 편향confirmation bias : 투자 포인트에 부합하는 정보를 모색하며

부합하지 않는 정보는 무시해버리는 경향

- 보유 효과Endowment effect ：소유하고 있다는 이유로 그 주식의 가치가 높다고 인식하는 경향
- 제멜바이스 반사Semmelweis reflex ：소중히 여기는 생각이나 의견과 배치되는 정보를 반사적으로 거부
- 통제의 환상Illusion of control ：실제로는 그렇지 않은데도 시장의 결과를 관리하고 있다는 믿음
- 허위 컨센서스False consensus ：남들이 우리의 투자 의견에 동의하는 정도를 과대평가하는 것

# 정보의 위험

정보의 위험Information risk은 불완전하거나 허점이 있거나 가중치 설정이 잘못된 데이터 때문에 불완전한 의사 결정이 이뤄질 때 현실화한다. 의사 결정의 근거로 삼는 정보에는 사실 관계의 오류도 분명히 있을 수 있지만, 여기서 주목하는 것은 아무리 깨끗한 데이터라도 인간의 의식이 개입하면 왜곡될 수 있다는 점이다. 추상 속의 데이터는 의미를 지니지 않는다고 할 때, 우리가 가진 정보는 그 정보를 고찰하는 프로세스만큼만 '깨끗하다'고 할 수 있다.

정보의 위험은 정보가 많을수록 더 옳다는 그릇된 관념인 '확률에 대한 무지(기준율 오류)'를 통해서, 더 심각하게는 우리의 편향을 인지하지 못해서 그 모습을 드러낸다. 포트폴리오 관리에서 정보의 위험

은 포지션의 복합성이나 유동성에 대해 오해하거나, 프로세스보다 결과에 치중하거나, 투자 포인트의 모든 측면을 고려하면서 문제의 신호를 구분하지 못할 때 드러난다. 월스트리트에서는 정보의 전달 속도를 높이고 독점적 신호proprietary signal를 보호하기 위해 매년 엄청난 돈을 지출한다. 이 모든 것도 바람직하지만 행동 투자자는 정보를 판별할 책무가 있는 사람이 누구인가에 따라 그 정보의 가치가 달라진다는 사실을 잘 알고 있다.

### 정보의 위험의 예

- 기준율 오류Base rate fallacy : 눈길을 더 사로잡는 특정 정보 때문에 확률을 무시하는 경향
- 맹점 편향Blind spot bias : 타인 생각의 허점은 인식하면서 자신에게는 그렇지 못할 때. 도널드 럼즈펠드의 표현으로 하면 '모른다는 것조차 모르는unknown unknowns.'
- 정보 편향Information bias : 투자 결정에서 아무리 하찮더라도 정보가 많을수록 항상 더 낫다는 그릇된 믿음
- 모호성 회피Ambiguity aversion : 모르는 위험보다 알려진 위험을 선호하는 것
- 보수주의Conservatism : 미래는 최근과 매우 비슷할 거라는 그릇된 믿음을 바탕으로 새로운 정보를 늦게 수용하는 것
- 사소함Triviality : 중요치 않은 정보에 지나치게 무게를 두는 경향
- 정상화 편향Normalcy bias : 시장의 붕괴와 그 잠재적 영향을 과소평가하는 경향

2부 행동주의 투자

# 감정의 위험

✦

감정의 위험Emotion risk은 우리의 위험 인식이 일시적인 감정 상태와 개인의 긍정적 또는 부정적 성향 모두의 영향으로 왜곡될 수 있다는 사실에서 비롯된다. 감정의 영향으로 대부분의 사람들은 나쁜 일이 일어날 가능성을 낮게 보고(낙관 편향), 무언가 잘못될 수도 있다는 생각 자체를 회피하며(타조 효과), 의사 결정에서 감정의 중요한 역할을 무시한다(공감 격차). 두려움이 밀려올 때 그 두려움의 위력이 너무 강력한 탓에 우리는 그 고통을 피하려고 스스로 위축되기도 한다(부정성 효과).

의사 결정에서 감정 편향의 사례를 찾으려는 투자자라면 시장의 혼란기에서 시작해야 한다. 감정이 고조된 동안 위험 감수형risk taking 또는 안전 추구형safe seeking 거래를 검토해야 한다. 물론 시장의 역사적 고점이나 저점에서는 집단 추종(남들이 두려워할 때 같이 두려워하는 것)과 적절한 역발상(남들이 두려워할 때 욕심을 내는 것) 여부도 살펴봐야 한다.

선택을 촉진하는 데 감정이 중요한 역할을 한다는 사실은 연구에서도 밝혀졌다. 실제로 감정을 처리하는 뇌 특정 영역에 손상을 입은 사람들은 입을 옷을 정하는 것처럼 일상적인 결정조차 힘들어한다고 한다. 중요한 것은 감정의 완전한 배제가 아니라 스트레스와 공황, 상실의 두려움 등 개인적 감수성을 이해하는 것이다.

**감정의 위험의 예**

- 감정 편향Affect heuristic : 현재의 감정 상태 때문에 위험 인식이 왜곡되는 경향
- 공감 격차Empathy gap : 의사 결정에서 감정에 대한 의존도를 과소평가하고 논리 적용을 과대평가하는 것
- 부정성 효과Negativity effect : 위험을 인식하는 과정에서 긍정적 사건보다 훨씬 강력한 영향을 미치는 부정적 사건과 사고를 향한 편향
- 낙관 편향Optimism bias : 우리가 남들보다 부정적 사건을 덜 경험할 거라는 그릇된 믿음
- 타조 효과Ostrich effect : 위험이 아예 존재하지 않는 것처럼 회피하려하는 것
- 위험 보상Risk compensation : 위험에 대한 주관적인 경험을 바탕으로 위험 감수 행동을 조절하는 경향(안전벨트를 착용한 운전자들이 더 빠른 속도로 운전하는 경우 등).
- 억제 편향Restraint bias : 심한 감정의 동요를 만나더라도 자신의 충동을 조절할 수 있다는 그릇된 믿음

# 주의의 위험

✦

주의의 위험Attention risk은 투자 결정을 할 때 상대적인 관점에서 정보를 평가하고 현저성salience으로 가능성을 뛰어넘으려 할 때 나타난다. '현저성'이란 '두드러짐'을 뜻하는 심리학 용어로서, 햄버거를 먹는

것처럼 '고확률 저위협적' 위험은 무시하지만 상어의 공격 같은 '저확률 고위협적' 사건에 주의를 뺏기는 상황을 의미한다. 또한 익숙하지 않으면 더 위험하다고 평가하고 근본적 가치를 떠나 국내 주식을 선호하며(자국 편향) 익숙한 이름들을 선호하는(단순 노출 효과) 경향이 있다.

투자와 관련하여 주의의 위험을 나타내는 구체적인 근거를 찾으려면 쏠림 투자crowded investing를 향한 관심, 국내 주식에 대한 과도한 의존, 지나친 상호 의존성, 집단적 공황 상황(에볼라 공포 등)에서 문제는 많고 확률은 낮은 투자 등을 살펴보면 된다. 밥 니스 박사에 따르면 뇌에서 매초 처리하는 1,000만 비트의 정보 중에서 의식적 사고에 할당되는 양은 50비트에 불과하다고 한다! 우리의 사고와 행동을 유도하는 많은 것이 수면 아래에서 일어난다면, 우리의 능력 범위 안에 있는 그 작은 주의를 어디에 쏟을지 매우 계획적으로 생각해야 한다.

### 주의의 위험의 예

- 정박 효과Anchoring effect ： 투자 결정을 할 때 첫 번째 정보(주가 등)에 지나치게 의존하는 경향
- 가용성 편향Availability bias ： 정보를 쉽게 떠올리는 것과 그 정보의 영향력 또는 가능성을 혼동하는 것
- 주의 편향Attention bias ： 특정 주제에 대한 우리의 깊은 사고와 실제 중요성을 혼동하는 경향
- 자국 편향Home bias ： 국내 증권을 해외 주식보다 더 안전하고 더 잘 안다고 인식하는 편향

- 프레이밍 효과Framing effect : 위험을 손실로 설정하는지, 이익으로 설정하는지에 따라 다르게 인식하는 경향
- 단순 노출 효과Mere exposure effect : 익숙한 회사라면 그 주식도 덜 위험하다고 바라보는 현상

## 보존의 위험

보존의 위험Conservation risk은 손실보다 수익을, 변화보다 현재 상태를 불균형적으로 선호하는 부산물을 말한다. 우리는 지는 것보다 이기는 것을, 새로운 방식보다 기존의 방식을 좋아하며, 이런 성향 때문에 세상을 명확하게 바라보는 우리의 능력도 왜곡될 수 있다. 이 보존 효과는 새로운 방식을 거부하고(현상 유지 편향), 위험이 점진적으로 감소하는 것보다 아예 없는 것을 선호하며(무위험 편향), 미래의 자신의 욕구보다 지금 자신의 욕구를 우선하는 성향(미래 가치 폄하) 등에서 드러난다.

상승주를 너무 빨리 팔고 하락주를 너무 오래 쥐고 있는 근거, '상승장'에서 적절한 위험 수준을 유지하지 못하고 '하락장'에서는 과도한 위험을 떠안는 징후 등이 모두 보존의 위험에 사로잡혀 희생양이 된 탓일 수 있다. 변화와 손실에 대한 반감은 근본적이며, 이를 극복하려면 우리의 행동 관성behavioral inertia을 인식하고 극복하려는 노력을 끊임없이 실행해야 한다.

**보존의 위험의 예**

- 손실 회피Loss aversion ： 이익이 주는 만족보다 손실이 주는 아픔이 훨씬 나쁘다고 여기는, 이익과 손실 사이의 불균형 관계

- 현상 유지 편향Status quo bias ： 무언가를 있던 그대로 유지하려는 인간 성향

- 매몰 비용 오류Sunk cost fallacy ： 과거의 손실을 만회하기 위해 추가로 위험을 감수해야 한다는 논리

- 정상화 편향Normalcy bias ： 기존의 모든 것이 앞으로도 계속되리라는 믿음

- 무위험 편향Zero risk bias ： 위험을 전체적으로 크게 감소시킬 수 있는 대안적 선택이 있는데도 특정 위험의 완전한 제거를 선호하는 것

- 처분 효과Disposition effect ： 주가가 오른 주식은 팔고 내린 주식을 보유하는 행동 경향

- 미래 가치 폄하Hyperbolic discounting ： 현재에 발생하는 보상과 비교하여 미래에 발생할 보상을 크게 할인하는 경향


## 단순 프로세스로 해결하기

지금까지 살펴본 이 모든 유익한 정보로 무엇을 할지 결정하기 전에 잠시 다시 한번 검토해보자. 투자에서 '적극성 및 소극성' 논란은 이제 시대에 뒤떨어진 이야기이며, 그보다는 무엇이 효과적이고 무엇이 그렇지 않은지에 초점을 맞춰야 한다는 사실을 알고 있다. 여기서 효

과적인 것들에는 다변화하고, 수수료가 적고, 회전율이 낮고, 행동 편향에 대처할 수 있는 전략들이 포함된다는 사실도 안다. 나아가 위험에 대한 전통적 관념이 우리가 직면한 유일한 위협은 아니며 우리 자신의 행동도 기업이나 시장의 위험 못지않게 심각한 위협이 될 수 있다는 점도 이해한다. 무엇보다 우리는 감정, 자존심, 잘못된 정보, 방향이 잘못된 주의와 손실을 회피하려고 하는 타고난 성향에 대응할 프로세스를 설계해야 한다. 쉬운 일은 아니다. 그러나 우리는 요단강 사례에서 배웠듯이 아무리 복잡한 문제라도 단순하면서도 품격 있는 해법이 있을 수 있다는 것을 안다.

행동 위험의 부작용에 맞서는 한 가지 방법은 다섯 가지 양상을 겨냥하여 개별적인 개입 방식을 만들어내는 것이다. 이를테면 개인적 성공과 실패의 기록을 지워버리고 자신의 장단점을 더 세밀하게 이해하면 자존심의 위험에 맞설 수 있다. 이와 비슷하게 감정 조절에 유익한 방법인 적당한 운동과 카페인 섭취 제한 등으로 감정의 위험도 관리할 수 있다. 이런 자율적 노력은 물론 칭찬할 만하고 상식적이지만 이것만으로는 충분하지 않다. 억제 편향은 우리가 두려움 앞에서도 강해질 수 있다고 말하지만, 경험과 연구 사례를 돌아보면 개인적 헌신과 의지만으로는 결코 충분하지 않다고 말한다. 행동 위험에 대처하는 가장 믿을 수 있는 방법은 다섯 가지 양상 모두를 관리할 수 있는 단순한 프로세스를 만들어 철저히 준수하는 것이다.

우리를 희생양으로 만드는 무수한 행동의 덫은 RBI라는 단순하면서도 품격 있는 프로세스를 통해 완화할 수 있다. 이 프로세스는 다음의 4C로 쉽게 기억할 수 있다.

- 일관성Consistency : 자존심과 감정, 손실 회피의 유혹에서 벗어나고 한 결같은 실행에 노력을 집중한다.
- 명확성Clarity : 근거에 기반한 요소를 우선하며 있을 것 같지 않은 공포나 괜한 흥분에 휩쓸리지 않는다.
- 용기Courageousness : 우리는 반대 사고(거꾸로 생각하기) 프로세스를 자동화한다. 머리가 아는 것을 최선으로 만들지만 감정과 욕망은 성취의 걸림돌이 되기도 한다.
- 확신Conviction : 화려하지 않으면서 장기적 성과를 겨냥하여 다변화한 포트폴리오를 창안하여 자만과 두려움 사이의 경계를 따라 걷도록 돕는다.

RBI가 행동 위험을 어떻게 관리하는지 더 깊이 이해하기 위해, 먼저 이 4C에 대해 자세히 살펴보겠다.

# 3

# 규칙 기반 행동 투자의 4C

행동 위험을 예방하는 데 유익한 '규칙 기반 행동 투자'의 4C는 다음
과 같다.

- 일관성
- 명확성
- 용기
- 확신

이제 하나하나 더 자세히 살펴보자.

# 일관성

"일관성은 상상력이 없는 이들에게 최후의 피난처다."

오스카 와일드

경고 : 지금부터 나는 독자 여러분이 수긍하기 어려운 내용을 몇 가지 전하려 합니다. 준비되셨나요? 그것은 바로, 투자를 선택할 때는 당신보다 단순한 공식이 더 낫다는 사실입니다. 그때 당신이 아이비리그 대학교에 다녔다고 했던가요? 투자 선택에서는 그런 당신보다 단순한 공식이 더 낫습니다. 또 당신은 공인재무분석사인가요? 투자 선택에서는 역시 당신보다 단순한 공식이 더 낫습니다.

인류의 일원인 우리는 우리의 천재성을 밖에서 들여올 수 있다거나 기계의 힘을 빌려 최선의 능력을 발휘할 수 있다는 식의 말을 달가워하지 않는다. 카스파로프(구소련 출신의 체스 챔피언 : 옮긴이)와 딥 블루(카스파로프와 체스 경기를 하여 승리한 슈퍼컴퓨터 : 옮긴이) 또는 록키와 이반 드라고의 경기에서 카스파로프와 록키를 응원하지 않을 사람이 누가 있겠는가? 프로세스가 사람을 이긴다는 말은 인간의 존엄에 대한 우리의 낭만적인 관념과 완전히 어긋나지만 투자 관리에서는 이 말이 분명한 진실이다.

인류가 위대하다는 생각에는 누구나 동의하며 이 관념은 개인의 우수함과 자유 의지에 대한 신념에서 비롯된다. 그러나 마케팅 세상에서 드러난 근거들을 살펴보면 우리의 행동이 얼마나 맥락화되어 있는지 잘 보여준다. 마틴 린드스트롬의 연구 보고에 따르면, "런던 지하철에서 확성기를 통해 클래식 음악을 틀었더니 강도 사건이 33%, 직원에 대한 폭력 행동이 25%, 열차와 역의 기물 파손 행위가 37% 감소했다"고 한다.[19]

린드스트롬은 이와 비슷한 경우로, 프랑스 샤르도네와 독일 리즐링 중 어느 병을 집어 들지 환경이 결정해줄 수도 있다고 했다. 린드스트롬은 "레스터대학교의 두 연구원이 대형 슈퍼마켓 와인 코너의 스피커를 통해 프랑스 음악의 느낌이 물씬 나는 아코디언 연주나 독일 맥주홀의 브라스 밴드 음악을 들려주는 식으로 2주 동안 관찰했다. 프랑스 음악을 튼 날에는 소비자의 77%가 프랑스 와인을 선택했고, 맥주홀 음악을 튼 날에는 소비자들 거의 대부분이 독일산 와인 코너로 직행했다"고 말했다.

음악처럼 단순한 뭔가가 기물 파손에서 와인에 이르기까지 많은 것에 영향을 미칠 수 있다면, 금융이 혼란한 시기에 쏟아지는 수많은 뉴스와 의견의 포화 속에서 우리의 행동에 얼마나 많은 영향을 미칠지 상상해보자. 투자자라면 남들이 두려워할 때 오히려 욕심을 내야 한다는 사실을 느낌으로 알 수 있지만, 분기별 포트폴리오 보고서를 볼 때의 두려움은 말할 것도 없고 하늘이 무너지고 있다는 경제 전문 채널 사회자의 발언에서도 강력한 맥락상의 단서를 얻는다. 엄격한 프로세스가 의사 결정을 제한하는 경우가 아니라면 투자자들이 어떤 식으로 잘못된 매수와 매도 결정을 내리는지 쉽게 이해할 수 있다!

## 상식의 한계

프로세스가 우리의 직관을 능가할 수 있다는 말을 받아들이기 꺼리는 이유 중 하나는 이 직관이 제대로 작동하지 않는 경우가 많기 때문이다. 감사한 일이다. 요리를 하다가 스토브에서 뭔가를 꺼낼 때는 오븐 장갑을 끼는 게 현명하다는 사실을 직관적으로 이해한다. 이런 경우는 피드백이 즉각적이고("앗 뜨거! 이런 $%@&#!") 실행 과정이 규칙적인 단순한 프로세스의 예다.

투자는 이와 완전히 다른 특별한 사례다. 드문드문 실행되고 피드백이 지연되며 복잡한 변수로 가득한 프로세스이기 때문이다. 노벨상 수상자인 대니얼 카너먼은 최선의 의사 결정을 이끄는 5대 변수 목록을 작성했는데 종목 선정에서 이보다 완벽한 설명은 없을 것이다. 다섯 가지를 소개하면 다음과 같다.


- 복잡한 문제
- 불완전하고 변경되는 정보
- 변경되고 경쟁적인 목표
- 높은 수익과 연관된 높은 스트레스
- 의사 결정을 위해 타인 등과 교류해야 할 필요성


상식만으로도 훌륭하게 처리할 수 있는 평범한 의사 결정 상황과 달리, 투자는 관련된 변수들의 수와 복잡성, 역동성 때문에 직관보다는 프로세스에 더 적합하다. 의사 결정은 뭔가의 영향을 받으며 자연이 그러하듯이 진공 상태를 싫어한다. 규칙 기반의 의사 결정은 본질을 흐트러뜨리는 주변 변수보다 올바른 방향에 집중하게끔 보장한다. 오븐에서 요리를 꺼내는 데는 체크 리스트가 필요하지 않지만 비행기 조종사가 체크 리스트를 사용하는 모습을 보면 다행이라는 생각이 든다. 그리고 당신의 돈을 관리하는 사람(당신이든 전문가든)에게도 같은 기대를 해야 한다.

"어리석은 고집은 소인배에게 들러붙는 사고뭉치다"라는 에머슨의 믿음과 달리 각계각층의 위대한 사람들은 공식의 역설적 자유를 신봉해왔다. 미국의 전 대통령 버락 오바마는 통치 과정에서 중요한 문제들에 더 집중할 정신적 여유를 위해 옷을 골라 입을 선택권을 줄였다. 역대 최고의 대학 풋볼팀 감독으로 꼽히는 닉 사반은 가능한 정신을 흩트리지 않고 오로지 훈련에만 집중하기 위해 매일 아침(리틀데비에서 나온 오트밀 크림 파이 두 조각)과 점심(샐러드)에 똑같은 음식만을 먹는다. 두 사람 모두 '의사 결정의 피곤함'을 주제로 한 연구가 우리에게 알려준 교훈, 즉 하나의 결정을 위해 자신을 억제하거나 에너지를 소모해버리면 그에 비례하여 다음 결정에서 자제력을 상실하거나 여분의 에너지를 빼앗기고 만다는 사실을 암묵적으로뿐만 아니라 명시적으로도 잘 알고 있다는 뜻이다.

식품점에서 한 푼이라도 싸게 사려고 1시간을 고민하던 아빠가 계산대를 지나갈 무렵에는 너무 지쳐 이것저것 잡히는 대로 사느라 그동안 아낀 비용을 다 날려버린다. 다이어트를 하던 사람이 일주일 동안 유혹을 잘 견뎌냈지만 한순간의 폭식으로 무너져버린다. 고도의 집중과 자제력을 발휘할 능력은 한정되어 있으므로 의사 결정 프로세스 자체를 자동화하지 않는 이상 오늘의 절제는 내일의 지나침을 낳는 씨앗을 뿌릴 뿐이다.

투자에 어떻게 적용할지는 분명해졌다. 시장의 열풍 앞에서 보수적으로 되거나 공황 상태에서 이것저것 집어 담는 것은 고통스러운 일이다. 늘 정확한 경로로 따라야 하는 원칙 없이 그런 고통스러운 결정을 매일 반복하다가는 아무리 강건한 투자자라도 무너지고 만다. 짐 사이먼스는 이 프로세스에 대해 "……모델을 활용하여 거래하려면 그 모델을 무조건 따라야 한다. 당신 생각에 아무리 똑똑하거나 멍청해 보이는 지시라도 시키면 시키는 대로 해야 한다"라고 말했다.

## 의사여, 당신부터 치유하시오

지금까지 규칙 기반의 의사 결정을 주제로 철학적 사례를 소개해왔는데, 어쩌면 자동화보다 인간의 독창성이 승리한다는 믿음을 아직도 버리고 싶지 않은 사람이 있을 수 있다(그렇다 한들 누가 비난하겠는가!). 그렇다면 이 연구의 매력이 부디 그런 생각을 바꾸어주기를 바란다.

조엘 그린블라트는 억만장자 헤지 펀드 매니저이며 가치 투자를 주제로 가장 유명한 글을 쓴 저술가이기도 하다. 그의 저서 《주식 시장을 이기는 작은 책》(알키, 2011)에는 투자 자본의 수익과 가치 요소를 함께 고려하여 포트폴리오를 구성하는 체계인 자칭 '마법 공식 Magic Formula'이 등장한다.

이 마법 공식의 인기에 힘입어(실제 실적도 인상적이었다) 그린블라트는 투자자들에게 두 가지 선택권을 제시했다. 즉, 관리 계정을 통해 그의 회사와 함께 투자하거나 아니면 덜 매력적이라고 생각되는 마법 공식 주식들을 제거하는 판단력도 행사할 수 있도록 했다. 관리 계정 옵션에서는 마법 공식을 정확히 따랐다. 다시 말해 가치와 수익의 통합 척도를 바탕으로 가장 높은 점수의 주식들을 맹목적으로 사들였다. 반면에 판단력을 부여한 옵션에서는 투자자들이 스스로 판단하고 잘못된 투자라고 생각하는 주식들을 선별하며 추가적인 기초 조사도 할 수 있도록 했다.

2년에 걸친 그린블라트의 연구에서 자동화된 마법 공식 계정은 84.1%의 수익을 기록하여 같은 기간의 지수(S&P 500) 수익률 62.7%를 크게 앞질렀다. 반면에 판단 계정은 벤치마크에 미치지 못하는 59.4%에 그쳤다. 투자자들은 자신의 판단력을 활용하여 체계적이고 신뢰할 수 있는 방법으로 최고의 실적주들을 배제했다. 아마도 매수 당시에는 그 주식들이 우려스럽게 보였던 모양이다. 강력한 모델을 뛰어넘기 위한 인간의 노력이 결국은 아무것도 하지 않는 것보다 더 나쁜 결과를 초래한 것이다!

규칙 기반의 시스템을 무시하는 바람에 손해를 입는 사람들은 개인 투자자뿐만이 아니었다. 이 인간적 성향은 월스트리트 최고이자 가장 똑똑한 몇몇 사람에게도 예외가 아니다. 2004년 9월 16일자 〈월스트리트저널〉에는 리서치 회사인 밸류라인Value Line의 기사가 실렸다. 밸류라인은 리서치 보고서를 통해 최고의 주식들만을 선정하는 데 타의 추종을 불허하는 회사였다. 밸류라인은 뮤추얼 펀드도 보유하고 있었는데, 회사 자체가 리서치 전문으로 워낙 유명한 만큼 사람들은 이 뮤추얼 펀드의 가치도 그 이점을 누릴 거라고 예상했다.

모두의 예상을 뒤집듯, 밸류라인 뮤추얼 펀드는 5년 동안 19%의 누적 손실을 기록했다. 그런데 밸류라인의 리서치 보고서를 참고한 투자자들은 무려 76%의 놀라운 수익을 올렸다! 왜 이런 차이가 생겼을까? 밸류라인 펀드의 매니저들은 의사 결정 과정에서 자사의 리서치에 의존하기보다 자신들이 더 잘 안다고 생각했기 때문이다. 행동 투자자 제임스 몬티어는 "우리 모두는 정량적 모델의 결과물에 우리가 뭐라도 보탤 수 있을 거라고 생각하고 싶어 한다. 하지만 진실은 정량적 모델이 실적 측면에서 바닥(우리가 뭐라도 보태기 위한)이 아니라 천장(우리가 어쩔 수 없는)을 나타내는 경우가 아주 많다는 데 있다"라고 했다.[20] 몬티어의 말을 통해서도 밸류라인의 뮤추얼 펀드 수익률에 대한 진실을 엿볼 수 있다.

루이스 골드버그는 1968년에 시행한 연구에서, 한 모델을 기반으로 한 정신 질환 진단 기법과 숙련된 의사들의 임상 판단의 결과를 분석했다. 이 단순 모델은 심리학자들을 능가했을 뿐만 아니라 이 모델을 사용할 수 있었던 심리학자들보다도 우수했다.[21]

대법원 결정,[22] 대통령 선거,[23] 영화 선호도,[24] 감옥 재수감, 와인 품질, 결혼 만족도, 군사 작전 성공 등을 포함한 45개 영역의 결과 예측에서 모델들이 인간의 판단보다 우수함을 입증했다.[25] 윌리엄 그로브, 데이비드 잘드, 보이드 르보우, 베스 스니츠, 채드 넬슨이 시행한 메타 분석에서는 의사 결정에서 모델이 전문가들과 동일하거나 능가하는 비율이 무려 94.12%로 나왔다. 이 결과는 모델이 인간의 판단력보다 못한 경우가 5.88%밖에 되지 않는다는 의미다.[26]

예측 부문의 대가 필립 테틀록은 메타 분석이 통계적으로 의미하는 바를 "인간이 조금 덜 복잡한 통계 알고리즘인 원시 추출 알고리즘을 확실히 능가하는 영역을 찾는 것은 불가능하다"라고 했다.[27] 연구 결과는 분명하다. 의사 결정에 프로세스보다 인간의 판단을 활용한다면 줄어든 결과만큼 일을 더 많이 해야 할 것이다.

## 모델과 인간의 싸움

지금까지 논의한 근거에 대한 반응은 분명히 들쑥날쑥할 것이다. 인간이라는 사실을 의미하는 가장 본질적인 영역을 훼손하는 내용이기 때문이다. 이런 식의 인지 부조화에 대한 일반 반응은 보통 두 가지로 나뉜다. "판단력과 모델의 장점만을 활용하기 위해 두 가지를 통합할 수는 없을까?" 아니면, "인간의 판단력을 향상하려면 더 많은 교육이 필요해!"

안타깝지만 두 방식 모두 문제가 있다. 앞의 내용을 곰곰이 돌이켜 보면 알 수 있듯이 판단력과 모델을 통합한 사례도 몇 차례 인용했다. 이 퀀터멘털quantitative+fundamental 기법은 어느 정도의 직관적 매력도 있으며, 그 결과는 판단력 하나보다는 낫지만 모델 하나보다는 못하다. 이러한 인간적 열등함의 큰 부분은 한 변수의 중요성을 다른 변수에 견주어 제대로 평가하지 못하는 성향에서 비롯된다. 이 결합 방식에 대해 나심 탈레브는 이렇게 말했다.

"우리는 불완전한 존재이므로 그 결함을 고치려고 애쓸 필요는 없다. 우리는 너무도 부족한 존재이고, 주변 환경과 조화하지 못하기 때문에 이런 결함도 해결할 수 없다. 성인기와 직업 인생의 대부분을 두뇌와 감정 사이에서 치열하게 싸우며 보내면서 내가 확신하는 게 있다. 그동안 내가 거둔 유일한 성공은 감정을 합리화하는 게 아니라 우회해야 한다는 사실이다. 우리에게서 인간성을 제거하는 게 정답은 아니다. 우리에게 필요한 것은 교묘한 기교일 뿐 거창한 도덕적 도움이 아니다. 경험론자의 한 사람으로서(실제로는 회의적 경험론자다) 나는 이 지구의 그 어느 것보다 도덕론자들을 경멸한다. 왜 그들이 비효율적인 방식을 맹목적으로 신봉하는지 이해되지 않는다. 조언을 한다는 것은 우리의 감정 조직보다는 인지 기관에서 우리의 행동에 대해 의미 있는 통제를 가하려 노력한다는 가정에서 비롯된다. ……현대 행동 과학은 이것이 완전한 거짓이라는 사실을 보여준다."[28]

교육을 통해 인간의 판단력을 높이려는 교육적 관점도 물론 직관적 매력이 있다. 왜냐하면 우리는 교육에 중요한 가치를 부여하며 교육의 힘을 삶의 다른 여러 분야에서 확인하기 때문이다. 그러나 압박 상태에서 이뤄지는 의사 결정과 관련하여 교육의 문제점은 가장 필요할 때 가장 부족하다는 사실이다! 연구에 따르면 사람이 스트레스를 받으면 인지 능력의 약 13%를 상실한다고 한다. 즉, 무엇을 어떻게 할지 학교에서 배웠더라도 감정이 그 배움에 우선한다는 뜻이다. 여기서 탈레브의 현명함이 또 한 번 드러난다. 탈레브는 "우리의 편향을 이해하더라도 행동이 지식과 동일할 수 없다는 점을 인정해야 한다. 그러므로 행동주의적 의사 결정 오류에 부분적으로라도 확고히 대응할 수 있는 투자 프로세스를 설계하고 채택하는 데서 해법을 찾아야 한다"라고 했다.

또 다른 근거로, 타린 딘켈먼과 제임스 레빈슨, 롤랑 마젤란틀은 보츠와나 남성의 91%가 콘돔 사용이 에이즈/HIV 예방에 도움이 된다는 사실을 안다고 말했지만 실제로 사용하는 비율은 70%밖에 되지 않는다고 밝혔다. 여성의 경우에는 92%가 콘돔의 효용을 알지만

63%만이 실제로 사용한다고 했다.[29] 가정에서 좀 더 쉽게 볼 수 있는 모습을 예로 살펴보겠다. 과식하거나 아이들에게 소리를 지르거나 운동을 하지 않는 것은 지식이 부족해서가 아니라 그 순간의 감정이 동기에 우선하기 때문이다. 이런 것을 볼 때 교육이 행동 방호벽의 대체물이 되기는 어려워 보인다. 매년 1월 1일에 한 해 동안 무엇을 먹고 무엇을 먹지 말아야 할지를 정하고 위반해서는 안 된다는 규칙을 세우면 그 사람은 얼마나 건강해질까! 그런 상황이 다이어트와 운동 세계에서는 동화 같은 이야기일지 몰라도 투자자들의 능력 안에는 분명히 존재한다.

"'압박'이 가끔은 해방감을 부여하고 반대로 '자유'가 노예 같은 느낌을 준다면, 사람들은 적절한 수준의 압박을 추구하는 편이 현명할 것이다"[30]라는 베리 슈워츠의 말에 나는 공감한다. 자존심은 우리의 탁월한 사고력과 관찰력을 바탕으로 투자에 집중하도록 요구한다. 감정은 그 순간에 우리가 느끼는 것이 안전이나 위험의 진정한 척도라고 말한다. TV에 등장하는 사람들은 매일같이 새로운 위기를 만들어내며 우리를 무섭지만 있을 법하지도 않은 일에 몰입하도록 유혹한다. 하지만 손실과 변화에 대한 두려움은 우리를 무활동과 과잉 행동 사이에서 오락가락하게 만든다. 그리고 행동 위험으로 가득한 투자 지평 안에는 일관성 속에서만 얻을 수 있는 마음의 평안이 있다.

골드만삭스에서 모델 구축을 담당했던 이매뉴얼 더먼은 "물리와 금융의 닮은 점은 의미론보다는 구문론에 있다. 물리에서 우리는 신을 거스르며 행동하지만, 그렇다고 신이 자신의 법을 수시로 바꾸지는 않는다. 금융에서 우리는 신의 피조물, 즉 자신들의 보잘것없는 의

견을 바탕으로 자산의 가치를 평가하는 중개인들을 거스르며 행동한다"라고 말했다.[31]

내가 여기서 제안하건대, 당신은 일관되게 비일관적인 것에 베팅해야 한다. 그리고 또 당신에게 요청하건대, 인간의 이성이 실패한 것에 틀림없이 베팅해야 한다. 그것이야말로 확실한 베팅이다. 학력과 지성, 의지로 당신이 바라는 유형의 투자자가 되기는 부족하다. 그리고 이 사실을 인정하는 것은 고통스럽지만 그래도 돈을 잃는 것만큼은 아니다.

---

### 지금부터 실천하자!

#생각하라 "프로세스가 사람을 이길 수 있다."

#질문하라 "몇몇 의사 결정(먹고 입는 것 등)을 자동화할 수 있다면, 다른 영역의 성과도 개선할 수 있지 않을까?"

#실행하라 펀드의 매수와 매도, 보유, 재투자의 체계적인 매개 변수를 설정하고 철저히 준수하라.

---

## 명확성

"단순함이야말로 궁극의 정교함이다."

레오나르도 다빈치

나심 탈레브는 우리가 혁신에 대해 어떻게 생각하는지, 최선을 다해

창의력을 발휘하려는 노력이 뭔가를 복잡하게 만들려는 성향 때문에 어떻게 좌절되는지를 보여주는 이야기를 소개했다. 탈레브가 지적한 대로, 바퀴는 6,000년 전에 탄생했지만 바퀴 달린 여행 가방은 1970년에 와서야 발명되었다. 심지어 인류는 바퀴 달린 여행 가방을 발명하기 전에 유인 우주여행(1961.5.5.)까지 이루었다!

오랫동안 여행객들은 누구의 도움 없이 무거운 여행 가방을 질질 끌며 공항을 돌아다니면서 몸도 힘들게 하고 출발 시간도 제대로 맞추지 못하곤 했다. 이 상황을 해결하기 위해 바퀴 달린 운반 도구 같은 것에 가방을 묶거나 매달아서 옮기는 장치를 만들었다. 좀 더 나아지기는 했지만 여전히 거추장스러웠다. 그러다가 여행 가방 자체에 바퀴를 직접 단 것은 불과 몇십 년 전이다. 겉보기에는 이처럼 직관적인 방식이 실현되기까지 겨우 6,000년밖에 걸리지 않았다!

이 관점에 대해 탈레브는 "정부와 대학 모두 혁신과 발견을 위해 한 일은 거의 없다. 왜냐하면 맹목적인 합리주의 외에도 그들이 추구하는 것은 무언가 복잡하고 선정적이며 뉴스거리가 될 수 있고 서사가 있으며 과학적이고 거창한 것일 뿐, 바퀴 달린 여행 가방 따위에는 거의 신경을 쓰지 않았다"라고 말했다.[32] 당신도 독특한 아이디어나 발명품을 보고 "왜 나는 이런 생각을 못했지?"라고 생각한 적이 있을 것이다. 그 이유는 너무 거창한 것만을 추구한 탓일 수도 있다.

## 저승 가는 길

월스트리트에서 재무 계획 및 투자 프로세스를 복잡하게 만드는 데는, 사악한 목적이든 그렇지 않든, 여러 가지 이유가 있다. 브라이언 포트노이 박사의 말처럼, 월스트리트가 '복잡함을 숭배'하는 것은 시스템을 복잡하게 만들어서 수수료를 정당화하는 한편으로 난해함과 복잡함을 동일시하는 그릇된 관념의 희생양이 된 탓이다. H. L. 멩켄도 "진실을 힘들게 하는 것은 그 진실이 불편할 뿐 아니라 더러는 어리석게 여겨지기 때문이다. 사람의 의식은 뭔가 흥미롭고 마음이 가는 것을 찾는다"라고 덧붙였다. 이유야 어떻든, 저승 가는 길을 온갖 선의로 포장하듯이 낮은 수익성 역시 온갖 복잡한 것으로 포장한다. 동기가 무엇이든 복잡함은 치명적이다.

《선택의 심리학》(웅진지식하우스, 2005)의 저자 베리 슈워츠는 복잡함의 증가가 우리의 의사 결정 능력에 어떤 영향을 미치는지 연구하면서 세 가지 일관된 주제에 부딪혔다.[33] 그는 복잡한 결정에 직면하여 더 많은 시간과 노력을 들일수록 더 많은 실수를 하게 되고, 그 실수의 결과는 점점 심각해진다는 사실을 발견했다. 이 발견을 오늘의 현실에, 즉 오늘날의 뮤추얼 펀드 옵션이 50년 전보다 45배나 증가한 현실에 결부시켜 생각해보면, 오늘의 대다수 투자자들은 최선의 투자를 결정하려 고민할 때마다 고된 오르막길을 걷고 있는 셈이다.[34]

복잡함이 우리에게 많은 이로움을 선사하는 이 세상에서 투자 관리의 단순함을 요구하는 목소리가 받아들여지기는 어렵다. 내 어린 아들 또래의 1/3은 100세 이상을 살 것이고, 이렇게 늘어난 수명은 의학과 기술의 복잡한 진보 덕분이다. 최근 IBM은 우리가 매일 250경 바이트 이상의 데이터를 생성한다고 밝혔다. 이 관점에서 보면 서기 1년부터 2000년까지 두 번의 밀레니엄 동안 생성한 것보다 많은 양의 콘텐츠를 3일마다 창조하는 셈이다. 사실이다. 이 넘쳐나는 데이터 속에는 고양이 비디오도 있지만, 소외 계층에 교육 기회를 제공하고 정부와 기업의 책임을 촉구하는 정보 등 방대한 콘텐츠가 있다. 기술과 의학 부문의 복잡성이 증가하며 인류에 긍정적인 영향을 미쳤다는 순효과에 대해서는 의심의 여지가 없다.

다른 분야에서도 복잡함이 유익했다면, 투자자들에게도 그래야 한다는 주장은 충분히 설득력이 있어 보인다. 향상된 투명성과 늘어난 지식이 삶의 모든 영역에서 보편적으로 유익한 것이 사실 아닌가! 그런데 월스트리트 비자로 월드는 또 한 번 이 규칙의 예외를 입증할지도 모른다. 제이슨 츠바이크는 이 정보 과잉이 주식 투자를 그 본질적 개념, 즉 '기업의 부분적 소유'로부터 실제로 어떻게 분리했는지 설명했다.

"금융 웹사이트와 TV에서 술집과 이발소, 주방과 카페, 택시와 버스 정류장으로 주식 관련 정보를 쏟아부어 주식 시장을 쉴 없는 국민 비디오 게임으로 만들어버렸다. 대중은 그 어느 때보다 시장에 대해 잘 안다고 느꼈다. 그러나 불행히도 대중이 데이터에 빠져 있는 동안 지식은 어디서도 발견되지 않았다. 주식은 발행 기업에서 철저히 분리되었다. 순수 추상, 마치 TV나 컴퓨터 화면 여기저기서 반짝이는 휘점들처럼 말이다. 이 휘점들이 위로 향한다면 나머지는 문제 될 게 없다."[35]

정보를 비판적으로 바라보도록 교육받지 못한 투자 대중에게 쏟아지는 정보 과잉은 대중의 정신을 교화하기보다 오히려 감정을 격화하는 효과를 낳는다.

모든 기술적 진보는 뜻밖의 결과를 가져오며 그중 일부는 애당초 그 기술의 존재 이유마저 뒤집는다. 경찰과 군인들을 보호하기 위한 첨단 무기가 학생들을 학살하는 데 이용된다. 휴일에 먼 친척을 방문하도록 해주는 비행기 덕분에 출장이 잦아져 가족과 보낼 시간을 빼앗기기도 한다. 마찬가지로, 투자자들에게 더 많은 지식과 수수료 절감 혜택을 주는 금융 기술의 발전이, 만연한 단기주의와 DIY 사고방식으로 이어져 우리의 결함 있는 심리에 제대로 대처하지 못한다.

〔그림 7〕을 보면 지난 60년 동안 주식 보유 기간이 10년마다 절반씩 줄었다는 것을 알 수 있다. 거래가 쉬워지고 비용도 적게 들며 금융 소식이 넘쳐나면서 보유 기간이 크게 줄어들었다. 별것 아니라고 여길 수도 있지만 보유 기간이 수익과 직접적이고 사실적인 관계가

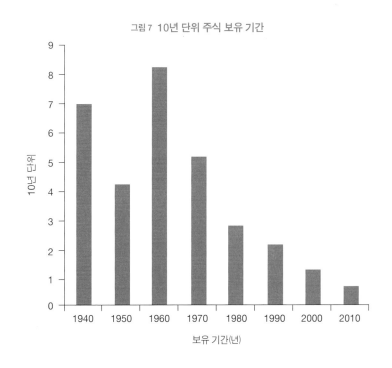

그림 7 10년 단위 주식 보유 기간

있다는 사실을, 다시 말해 인내심을 발휘하여 오랫동안 주식을 보유한 사람이 더 많은 수익을 얻었다는 사실을 이해하고 나면 생각이 달라질 것이다. 이 관점에 대해 통계학자인 네이트 실버의 말을 들어보자. 실버는 "정보를 처리하는 방법에 대한 이해보다 정보의 증가 속도가 빠를 때마다 우리는 위험에 직면한다. 지난 40년의 인류 역사는, 정보를 유용한 지식을 변환하는 데 긴 시간이 걸릴 수 있으며 각별히 주의하지 않으면 어영부영하는 사이에 퇴보할 수 있다는 사실을 시사한다"라고 했다. 진보는 우리의 친구가 될 수 있고 또 그래야 하지만 기술이 우리의 심리를 앞지르지 않도록 유념해야 한다.

## 적은데 더 많을 때

금융 정보 과잉의 또 다른 문제는 여러 변수 사이에서 엉뚱한 상관관계를 이끌어낼 수도 있다는 점이다. 네이트 실버가 밝힌 대로, 미국 정부는 매년 4만 5,000개의 경제 변수들에 대한 데이터를 생성한다! 이런 현실과 세상에는 극적인 경제 사건들이 그리 많지 않다는 사실(제2차 세계대전 이후로 미국 경제의 침체기는 11번 정도였다)을 결부시키면, 실버의 표현대로 데이터를 배합기에 넣고 뒤섞은 후 그 결과물을 고급 요리라고 부르는 것과 다를 바 없다.[36]

빅 데이터 세상에서도 '좋은 회사들'의 숲을 발견하는 일은 쉽지 않다. 우리의 시선은 내밀한 데이트 포인트 트리를 바라보고 있기 때문이다. 교수나 전문가들이 미래에 얼마나 색다른 경제 척도를 창안하든, 주식 수익률과 순간적인 상관관계는 보여줄 수 있어도 "기업의 부분적 소유자가 될지 말지를 결정할 때 그것이 중요한가?"라는 근본적 시험대는 통과하지 못할 것이다.

대니얼 카너먼과 아모스 트버스키의 '은행원 린다' 연구는 정보가 많다고 해서 항상 더 나은 것은 아니라는 사실을 입증하는 강력한 예시다. 두 연구원은 감정 신호가 가능성을 압도할 수 있다는, 그동안 경험적으로 관찰한 내용들을 입증하기 위해 연구에 착수했다. 지금은 이것을 '기준율 오류'라고 부른다. 두 사람은 다음과 같은 질문을 던졌다.

린다는 31세에 독신이고 솔직하며 매우 똑똑하다. 대학에서 철학을 전공했다. 학생 시절에는 차별과 사회 정의 문제에 깊은 관심을 가졌고 반핵 시위에도 참여했다.

어느 것이 더 사실 같은가?
(1) 린다는 은행원이다.
(2) 린다는 은행원이며 페미니스트 운동에 적극적이다.

이 질문을 이성적이고 확률적으로 생각해보면 페미니스트 은행원의 수는 전체 은행원 수의 일부에 불과하다는 사실을 알 수 있다. 그러나 대다수 사람이 (2)번이 더 사실 같다고 응답했는데, 이는 실제 가능성의 신호 중 소음 덩어리의 희생양이 된 것과 다름없다. 우리의 의식은 페미니스트 운동과 관련된 인간 유형에 대한 편견들이 가득하며 린다는 이 편견들에 부합한다.

린다에 대한 많은 정보 때문에 오히려 정말 중요한 것을 판단하기 어렵게 된 것처럼, 투자 정보라고 제시되는 것들이 사실은 마케팅 정보이거나 교육적으로 쓸모없는 낚시 기사일 때가 많다. 주식을 선정할 때는 무엇이 가장 중요한지를 판단하고 주변의 불협화음들을 제거하기 위한 변수들에 초점을 맞추는 것도 한 방법이다. 전부가 중요하다는 말은 결국 아무것도 중요하지 않다는 뜻이다.

영국 중앙은행의 통화 분석 및 통계 국장인 앤드류 홀데인은 "개와 원반"이라는 제목의 연설에서 단순함에 대해 학술적으로 매우 흥미로운 주장을 펼쳤다. 그는 원반을 붙잡는 과정, 즉 "풍속과 원반 회전력 등 물리적 요인과 대기 요인 등 복잡한 요소들을 감안하여 판단해야 하는 프로세스"에 빗대어 이야기를 시작했다. 그는 "이렇게 복잡한 과정을 어떻게 대부분의 사람들이 훌륭히 수행해낼까요? 게다가 개들은 어떻게 사람보다도 더 잘해내는 것일까요?"라는 의문을 제기했다. 그 해답은 날아가는 원반이 거의 눈높이를 유지하도록 속도를 조절하며 달리는 일종의 경험 법칙을 활용하는 데 있다. 홀데인은 복잡한 문제일수록 해결책은 단순해야 하며, 통계학자들이 말하는 '과적합 overfitting(데이터 분석 과정에서 모델 학습을 과도하게 하는 경우 : 옮긴이)'을 피해야 한다고 강조했다.

홀데인은 과거의 성과 척도를 진단하는 복잡한 스포츠 베팅 알고리즘을 시작으로 과적합의 몇몇 사례를 제시했다. 그리고 복잡한 기법이, 단순히 과거에 들은 선수나 팀의 이름을 고르는 것처럼 인지 편향 recognition heuristic으로 쉽게 대체된다는 사실도 발견했다. 계속되는 그의 말을 들어보자.

"이런 결과는 다양한 영역의 활동에서 동일하게 적용된다는 사실이 실험 증거로 드러났습니다. 심장마비를 진단하는 의사들 사이에서는 단순한 의사 결정 분지도decision trees(체계도)가 복잡한 모델보다 훨씬 많이 쓰입니다. 연쇄 범죄자의 위치를 쫓는 형사들에게는 복잡한 심리 프로파일링보다 단순한 위치 추적 규칙이 압도적이고…… 상점 주인들에게는 반복 구매 데이터를 이해하는 것이 복잡한 모델을 아는 것보다 훨씬 효과적입니다."

복잡한 문제들은 소란스러운 결과들을 낳는데 그러한 결과를 제대로 이해하려면 큰 그림, 즉 체계의 단순화를 통해서만 가능하다.

홀데인은 주식 투자처럼 알려진 위험을 관리하는 규칙과 불확실성으로 가득한 상황을 운영하는 규칙을 대조했다.

"위험이 존재하는 상황에서는 떨어지는 빗방울에 모두 대처할 수 있는 방침을 세워야 합니다. 그러나 불확실한 상황에서는 그 논리가 뒤집어집니다. 복잡한 환경에서는 단순한 의사 결정 규칙이 필요할 때가 많습니다. 그 이유는 단순한 규칙이 오히려 무지에 더 효과적이기 때문입니다. 불확실한 상황에서 나온 방침이 내리치는 모든 번개에 대응하는 식이라면, 그것은 매우 조악한 방식입니다."

그 이유는, 시장에 영향을 미치는 변수들이 매우 다양하고 복잡하므로 시장에 정통하려면 단순한 규칙 체계가 필요하기 때문이다. 원반의 속도와 회전력, 풍속, 궤적을 모두 계산하다가 결국 원반을 떨어트리고 마는 인간처럼, 시장의 온갖 세부적인 요소들에 얽매이는 투자자는 머리도 아플뿐더러 좋은 실적을 기대하기도 어렵다.

# 빅 데이터가 빅 머니?

복잡함의 또 다른 위험은 큰 수익의 가능성과 결부될 때가 많기 때문이다. 이런 경향 때문에 주식 시장처럼 복잡한 체제에서는 해결책도 똑같이 복잡할 거라는 그릇된 관념을 낳는다. 하지만 그 정반대도 사실이다. 알베르트 아인슈타인의 말처럼 "문제를 만들 때와 동일한 수준의 사고로는 그 문제를 해결할 수 없다."

시장은 일일이 설명할 수 없는 수많은 투입inputs으로 이루어진 복잡하고 역동적인 체제가 분명하다. 나아가 시장과 그 참여자들도 역동적이어서 "같은 조류를 두 번 건너는 경우는 없다"는 사실이 더욱 분명하다. 따라서 시장의 세부 요소들에 일일이 관여하는 것은 (수수료는 말할 것도 없고) 정신 이상과 좌절, 시간 낭비의 지름길이다.

2007~2009년의 금융 위기에서도 입증되었듯이 불필요한 복잡함은 보이지 않는 혼란을 낳는다. 금융 상품들은 워런 버핏의 표현처럼 "금융의 대량 살상 무기"로 포장되고 재포장되었다. 대부분 금융 상품을 파는 사람들과 심지어 만든 사람들조차, 그 상품이 더 거대한 금융 체제와 어떻게 상호 작용할지는 차치하더라도 무엇을 끼워 맞춰 만든 상품인지도 제대로 알지 못했다. 나심 탈레브가 불필요한 복잡함의 '깨지기 쉬운fragilizing' 효과를 주제로 쓴 글의 한 대목을 보자.

"사람들의 생각과 달리 복합적 체제라고 해서 반드시 복잡한 체계와 규정과 난해한 정책이 필요하지는 않다. 단순할수록 좋다. 복잡함은 예상치 못한 효과들의 복합적 연쇄로 이어진다. ……반면에 현대 사회에서 단순함을 실행하기란 절대 녹록지 않다. 단순함은 직업을 정당화할 목적으로 복잡함을 추구하는 사람들의 브랜드 정신과 배치

2부 행동주의 투자

되기 때문이다."

복잡함은 많은 일을 한다. 월스트리트에서 고객에게 비용을 더 청구할 구실을 만들어주고 부정적 가치에서 수익을 얻는 직종들을 정당화한다. 어느 것도 최종 투자자에게는 도움이 되지 않는다. 벤 칼슨은 "단순함이 복잡함을 이긴다. 색다른 것보다는 전통인 것이 훨씬 낫다. 장기 프로세스가 단기 성과보다 더 중요하다. 그리고 앞을 보는 눈이 책략보다 더 중요하다"라고 했다.[37] 투자의 최대 역설은, 엄청나게 복잡한 시장에 합리적으로 대응하는 유일한 길은 가장 중요한 몇 가지를 철저히 일관되게 실행하는 데 있다.

복잡한 투자 관리는 정교함을 갈망하는 사람들의 관심을 끌지만 도움보다 피해를 주는 경우가 훨씬 더 많다.

---

## 지금부터 실천하자!

#생각하라 "없는 것보다는 조금이 낫지만, 아주 많은 것보다는 아주 조금이 낫다."

#질문하라 "이 결정의 중요한 측면을 세 가지에서 7가지 이내로 정리하면?"

#실행하라 앞에서 언급한 세 가지에서 7가지 측면 이외의 소음은 무시하라.

### 60초

잠시 시간을 내어 당신 인생에서 가장 의미 있는 사람들(배우자, 자녀, 부모 등)에 대해 생각해보자. 그 사람들이 당신에게 어떤 의미이고 왜 그렇게 의미 있는지 1분 이내로 큰 소리로 설명해보자. 별로 어렵지 않지 않은가?

이제, 똑같이 60초의 시간을 내어 특정 투자의 타당성을 어떻게 평가할지 나에게 설명해보라. 많은 사람이 쉽게 생각할 수도 있겠지만, 소중한 관계처럼 깊은 의미를 지닌 대상에 대해 이야기하는 것보다 훨씬 어렵다는 점을 깨닫게 된다. 진정으로 관심 있고 그 분야에 정통하다는 사실을 보여주는 데 개념을 단순히 쉽게 설명하는 능력만큼 좋은 지표는 없다. 사랑, 야구, 천체의 움직임 등 무엇에 대해 이야기하든 진정으로 흥미가 있고 통달한 사람들은 추상적인 것을 단순화할 수 있다.

이런 이유로, 이제 당신도 불시에 자산 관리인에게 전화해서 당신의 자산을 어떻게 운용하고 있는지 60초 이내로 설명해달라고 요구해보자. 그 사람이 1분 이내로 이치에 맞는 대답을 하지 못한다면 업무에 정통하지 못하거나 체계적 접근을 하지 못하거나 둘 중 하나일 수 있다(어느 쪽이든 좋은 소식은 아니다). 게다가 말도 안 되는 복잡한 말을 잔뜩 늘어놓거나 당신이 이해할 수 있는 범위를 넘어서는 제안을 한다면, 그때는 정말로 새로운 누군가를 알아봐야 할 때일 수도 있다. 벤 칼슨은 "투자 방식을 설명하는 시간이 길어질수록 문제가 있을 소지가 크지만, 의심하지 않는 투자자들에게는 더 지적으로 들릴 수도 있다"라고 했다.

지금 당장, 다음으로 넘어가기 전에, 당신 삶에 소중한 사람에게 전화를 걸어 왜 그 사람들이 그렇게 소중한지 꼭 말하자.

# 용기

"용기란 죽을 만큼 두려워도…… 일단 해보는 것이다."

존 웨인

제이슨 츠바이크는 유머 가득한 책인 《악마의 금융 사전The Devil's Financial Dictionary》에서 월스트리트의 문화와 그 분야의 은어들을 신랄하게 풍자했다. 츠바이크의 재치 넘치는 정의 중에 몇 가지를 예로 들면 다음과 같다.

DAY TRADER(데이 트레이더) : n.(명사) IDIOT(멍청이) 참조
MUTURE FUND(뮤추얼 펀드) : n.(명사) 평등하지 않은 펀드; 이 펀드의 투자자들은 모든 위험을 평등하게 공유하는 반면에 매니저들은 모든 수수료를 독점적으로 분배한다.

츠바이크는 금융 사전에 COURAGE(용기)를 넣지 않았지만 만약 넣었다면 그의 정의는 내 생각에 아마 이랬을 것 같다. "월스트리트의 모든 덕목 중에서 가장 많이 회자되면서도 가장 적게 실현되는 것." 주식을 싸게 사서 비싸게 파는 것은 어린 내 딸도 알지만, 개인 및 기관 투자자들의 정황 증거를 보면 오히려 그 반대로 행동할 뿐 아니라 시장의 시기도 끔찍할 정도로 가늠하지 못한다. 그러므로 인간의 근본적 충동을 교정하기 위한 체계는 두 가지의 매우 구체적인 방식으로 우리에게 용기를 부여해야 한다. 즉, '불일치 관점'으로 우리를 이

끌어야 하고 거의 언제나 우리 스스로 투자하도록 해야 한다.

## 달라야 이익이다

지금 언급한 두 가지 조건 중 첫 번째의 이유는 간단하다. 더 나은 결과는 남과 다른 생각에서 나오기 때문이다. 가치 투자의 선구자 벤 그레이엄은 "올해의 우수한 실적을 기준으로 또는 내년에 기대할 만하다고 들은 것을 바탕으로 주요 이슈를 선정하는 투자자는, 남들도 같은 이유로 같은 선택을 했다는 사실을 곧 깨달을 것이다. 지속적으로 평균 이상의 성과를 합리적으로 누리고 싶은 투자자라면 다음의 두 가지 방침을 따라야 한다. 첫째, 본질적으로 견실하고 유망해야 하며 둘째, 월스트리트에서는 인기가 없어야 한다"라고 비꼬았다.[38] 하워드 막스도 "뛰어난 투자 성과를 얻으려면 가치에 대해 불일치 관점을 가져야 하며 그 관점이 정확해야 한다"라고 하여 그레이엄과 맥을 같이 했다.[39] 대중을 이기는 유일한 방법은 그들과 달라지는 것이지만, 함께하고 서로 흉내 내며 많은 것(투자 이외에서)을 얻는 종족에게는 말이 쉽지 절대 녹록지 않다. 현명한 투자자들이 많은 시간을 조롱당하며 고독하게 보내는 것은 어찌 보면 당연하다. 세스 클라먼은 "단체로 포옹하려고 가치 투자자가 되는 것은 아니다"라고 지적했다.[40]

용기를 측정할 하나의 척도 가운데 '액티브 셰어active share'가 있다. 액티브 셰어는 마르틴 크레머스와 안티 페타지스토의 저명한 논문 〈당신의 펀드 매니저는 얼마나 적극적인가? 실적을 예측하는 새로운 척도〉[41]에서 소개한 개념이다. 직관적이지만 "벤치마크 지수 포트폴리오 보유 종목과 당신 펀드의 포트폴리오 보유 종목의 차이를 나타내는" 매우 효과적인 척도다. 기본적으로 펀드 매니저가 얼마나 용감한지는 불일치 관점에서 볼 때 보유 종목이 얼마나 되고 추적 오차 tracking error(실행 전략과 벤치마크 사이의 차이 : 옮긴이)에 얼마나 노출되었는지를 바탕으로 판단할 수 있다. 이 두 명의 예일대학교 교수는 23년 넘게 2,650여 펀드를 조사하였고 가장 용감한 펀드들(이를테면 80% 또는 그 이상의 액티브 셰어)이 연 2%와 2.7% 사이에서 초과 수익을 거둔 사실을 발견했다. 용기의 보답이다!

이 책에서 여러 번 반복했듯이, 바른 길을 아는 것과 실제 행동 사이에는 거의 아무런 관련이 없다. 즉, 용기만으로는 부족하며 일관성과 확신 같은 다른 행동 원리의 도움을 받아야 한다. 종목 선정 프로세스를 자동화하면(일관성) 겁먹고 투매하는 상황을 어느 정도 방지할 수 있다. 또 집중적 포트폴리오를 구성하여(확신) 결국 벤치마크와 유사한 포트폴리오로 마무리하는 경우도 줄일 수 있다.

## 아무것도 하지 않는 것으로 뭔가를 하기

용기는 그저 상반된 시각을 갖는다는 의미만은 아니다. 때로는 미친 듯이 요동치는 롤러코스터에서 빠져나오는 편이 수월한 상황에서도 한동안 자리를 지켜야 한다는 의미이기도 하다.

적절한 타이밍에 시장에 뛰어들었다가 빠져나오는 매력도 부인할 수는 없다. 경제 전문 매체 〈쿼츠〉에서 완벽한 시장 타이밍을 주제로 2013년에 실린 기사의 한 대목을 보자.

"그해 주식 계정을 1,000달러로 시작하여 매일같이 S&P 500의 당일 최고 실적주에 전액을 투입하는 방식으로 현재까지 거래일이 241

일 지난 오늘의 계정 잔고는 2,640억 달러로 추정된다."[42]

　물론 이렇게 정교한 투자가 불가능하다는 것은 누구나 알고 있으며, 큰 폭의 하락과 수직 상승 타이밍을 거시적으로 접근하는 것만도 이론상으로는 엄청나게 매력적이지만(지나고 나서 손쉬워 보이는 것이야 말할 것도 없고) 실제로 완벽하게 실행하기는 무척 어렵다.

　체계가 없는 시장 타이밍을 맞추려 해봐야 헛수고이며 그 사실을 입증할 연구 사례도 있다. 시장 타이밍을 다룬 200가지 이상의 뉴스레터를 분석했더니 예측이 옳았던 경우는 전체의 1/4을 조금 밑돌았다.[43] 듀크대학교의 두 교수가 시행한 유사한 연구 사례를 보면, 1991년부터 1995년까지 시장 타이밍 뉴스레터 중 정확도가 높은 상위 10%의 조언대로 투자했을 때 얻을 수 있는 연간 수익률은 12.6%로 나타났다. 그러나 같은 기간에 시장 타이밍 조언을 완전히 무시한 채 지수를 따라 투자한 사람은 16.4%의 연간 수익률을 올렸을 것으로 추정되었다. 최고의 시장 타이밍 예측 기관들도 '게으른 투자자'보다 못한 셈이다! H. 네캇 세이분 교수는 30년 동안 시장에서 창출된 대형 수익의 95%는 연구 대상인 거래일 7500일 중 겨우 거래일 90일 동안에 발생했다는 사실을 발견했다. 만약 전체 거래일의 1% 남짓한 이 기간에 시장을 지켜보고 있지 않았다면(어쩌면 시장 타이밍을 잘못 판단한 탓에) 전체 기간의 수익은 정말로 보잘것없었을 것이다.[44]

　블로그 538(미국의 여론 조사 분석 웹사이트 : 옮긴이)의 탁월한 보고서에서도 입증하듯이, 상당히 합리적인 규칙을 따르더라도 효과가 없는 것으로 드러났다.[45] 보고서에서는 1980년부터 2015년까지의 수익률을 소개하면서 "두 사람이 1980년 초에 S&P 500에 각각 1,000달러씩 투자한다고 가정하자. 첫 번째 투자자는 한 번 사서 전혀 팔지 않는다. 두 번째 투자자는 약간 조심스럽다. 그는 일주일에 시장 손실이 5%에 이를 때마다 매도하고, 바닥이 어디든 3% 반등하면 다시 매수한다. 그해 마지막 주가 끝날 무렵 첫 투자자의 보유 주식 가치는 1만 8,635달러로 추정된다. 반면에 두 번째 투자자는 1만 613달러에 불과하다"라고 덧붙였다. 문제는 시장이 어느 정도 일정한 주기로 급락하더라도(하루에 3% 이상 급락한 경우는 거의 100번, 하루 5% 이상의 급락은 24회 정도였다) 그와 동일한 주기로 다시 반등한다는 점이다. 다시 블로그의 내용을 보자. "……하락이 있으면 반드시 반등이 뒤따랐다. 더러는 곧바로 반등하고, 또 더러는 몇 주나 몇 개월이 걸리기도 한다. 그러나 올 때는 빠르게 온다. 반등이 가시권에 분명히 들어올 때까지 기다리다가는 이미 거대한 이익을 놓친 것과 같다."

오래된 투자 격언 중에 "시장의 타이밍을 좇는 것보다 시장의 시간이 더 중요하다(단기 수익을 위해 기회를 노리기보다는 펀더멘털에 충실한 장기 투자가 이롭다는 의미 : 옮긴이)"는 말이 있는데, 이 사례에서는 평범한 지혜가 더 옳은 듯하다. 버턴 말킬은 시장이 하락한 규모보다 세 배 넘게 상승했다고 말한다. "바꿔 말하면 주식보다 현금을 보유할 때의 성공 가능성은 거의 1/3로 불리하다는 뜻이다."[46] 뮤추얼 펀드계의 유명 인사인 피터 린치는 1965년부터 1995년까지 30년 동안 시행한 조사에서 타이밍이 장기 투자자들에게는 별다른 영향을 주지 못했다고 주장했다. 그는 매년 주가가 가장 낮은 타이밍에 투자한 사람의 경우 연간 수익률이 11.7%로 추정되는 반면에, 연중 가장 비싼 날에 투자한 사람의 연간 수익률도 11% 수준이라는 사실을 발견했다. 사실 이런 극적인 상황을 전제하기는 어렵다. 실제 투자자가 매년 시장에서 최악의 (또는 최고의) 날만을 골라 체계적으로 투자할 가능성이 얼마나 되겠는가?

그러나 이처럼 전술적 투자의 험난함을 보여주는 수많은 증거에도 이 시장 심리학 학도는 여전히 갈팡질팡하고 있다. 린치는 시장 타이밍이 효과적이지 않다는 것을 알지만, 한편으로는 브로드마켓 차원에서 분명히 그리고 전반적으로 펀더멘털 가치를 평가하는 어떤 척도와도 연결되지 않는 역사적 시기가 존재한다는 사실 역시 잘 알고 있다. '광란의 20년대(미국의 1920년대 : 옮긴이)'에서 니프티 피프티Nifty Fifty (1970년을 전후하여 미국인들이 가장 선호한 50개 우량주 : 옮긴이)를 거쳐 기술주 버블Tech Bubble과 주택 파동Housing Crisis에 이르기까지, 광란의 시기는 비교적 빈번했고 전형적 가치 평가(밸류에이션) 매트릭스로 쉽게 포착할 수 있었으며 급격한 자산 파괴 결과도 낳았다.

그러므로 "시장의 타이밍을 좇지 말라"는 규칙이라면, 이 규칙에 예외도 존재할 수 있을까? 나는 그럴 수도 있다고 생각한다. 그리고 지금껏 용기를 강조해온 것처럼, 그 예외들은 규칙적이지 않고 실행하기에 고통이 따르며 우리가 느끼는 것과 정반대로 향할 것이다. 위험이란 거의 느껴지지 않을 때 가장 자주 출몰하며 심술을 부린다.

## 재앙급 손실 피하기

지난 100여 년 동안 부를 창조하고 확대하는 글로벌 경제의 역량은 사람들을 매우 놀라게 했을 뿐 아니라 회의주의자들을 당황하게 했다. 그러나 지구촌이 이만큼 번영의 꽃을 피우기까지는 초토화에 가까운 중대한 변동성도 겪어야 했다. 실제로 멥 페이버는, "G7 국가 모두 주식 가치가 75%나 폭락한 경우가 한 번 이상 있었다. 75%나 하락한 상황에서 원래대로 회복하려면 수학적으로 300%의 이익을 실현해야 한다"라고 지적했다.[47] 계속해서 그의 말을 들어보자.

"1920년대 말과 1930년대 초반의 미국 주식, 1910년대와 1940년대의 독일 자산군, 1927년의 러시아 주식, 1949년의 중국 주식, 1950년대 중반의 미국 부동산, 1980년대의 일본 주식, 1990년대의 이머징마켓과 상품들 그리고 2008년의 거의 모든 것에 투자한 경험이 있는 개인 투자자라면 이런 유형의 자산을 보유하는 것이 결코 현명한 행동이 아니라는 사실을 깨달았을 것이다. 개인 대다수는 위험 자산군의 막대한 손실에서 회복할 만큼의 시간이 충분치 않다."

매수하여 보유하는 방식은 언제 누구에게나 타당한 듯하지만 시기나 상황에 따라서는, 특히 당신에게는 올바른 조언이 아닐 수도 있다. 〔그림 8〕에서 보듯이, 15년 주기의 주식 시장은 실질 성장률이 마이너스에는 이르지 않는 일관된 모습을 보인다. 이렇게 15년 단위로 당신이 주식을 사서 보유하려 했다면 그리 훌륭한 전략은 아니었을 듯하다.

매수하여 보유하기 관습에 젖은 투자자라면, 자주는 아니더라도 투자자로서 안전을 추구하고 조금 더 보수적으로 접근해야 할 때가 있다는 내 말이 지루하게 들릴 수도 있다. 어떤 형태이든 시장 타이밍에 끊임없이 반대하는 사람의 예를 들라면 아마도 많은 사람이 워런 버핏을 꼽을 것이다. 그는 가장 선호하는 보유 기간이 '영원히'라고 입버릇처럼 말하는 사람이다.

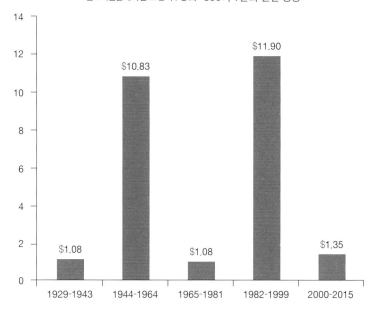

그림 8 (인플레이션 조정 후) S&P 500의 1달러 실질 성장

그러나 버핏의 말은 "난 그렇게 못하더라도 넌 그렇게 해"라는 식의 전형적인 사례다. 2019년 말, 버크셔는 1,200억 달러 이상의 어마어마한 현금 더미를 깔고 앉아 있었다.[48] 버핏은 '언제나 주식에' 쏟는 투자자라기보다 시장의 타이밍을 좇는 신중한 배분자에 가까웠다. 데이비드 롤프는 버핏을 두고 "그는 돈을 쓰기 위해 쓰는 사람이 아니다. (그야말로) 내가 본 최고의 시장 타이밍 예측가market timer다"라고 평했다.[49]

조금 길지만 더 적절한 인용으로는 워런 버핏의 1992년 버크셔 해서웨이 주주 서한의 내용을 들 수 있다. "투자자는 할인 현금 흐름 계산으로 가장 저렴한 투자처를 사들여야 합니다. ……나아가 가치를

2부 행동주의 투자

균등화하면 보통 주식이 채권보다 저렴하지만 항상 그렇지는 않습니다. 채권이 더 매력적인 투자처로 산정될 때는 채권을 사들여야 합니다."

재앙급 수준의 자산 파괴를 암시하는 버블을 경계하고 시장 타이밍 요소를 활용하여 재앙을 피하는 것은 당연히 옳은 일이지만, 그렇다면 우리가 찾는 것이 정확히 무엇인가? 자산 버블을 진단할 때 나는 여섯 가지 변수를 살펴본다. 이때 유의할 점은 이 변수들이 동시다발적으로 발생하는 경우는 극히 드물다는 사실이다(그렇기 때문에 투자자들이 방어적 자세를 취해야 하는데도 실제로 그런 경우는 극히 드물다).

- 과도하게 과장된 밸류에이션 : 미국 역사에서 주요 대폭락 이전의 주가는 평균 수준보다 현저히 높았다.
- 과도한 레버리지 : 소비자와 기업 모두 자본 조달이 쉬운 시기에 비정상적으로 많은 부채를 떠안는다.
- 느슨한 대출 기준 : 버블 시장은 위험에 대한 인식을 경시하며 대출 기준이 점차 완화되는 경향이 있다.
- 널리 확산된 강세장 정서 : 긍정적 심리는 번영의 원인이자 결과이며 이 심리는 자기 영속적으로 확장한다.
- 낮은 변동성 : 적은 노력과 높은 수익에 익숙해진 투자자들의 자기만족을 대변한다.
- 위험 자산에 높은 참여 : 주가가 상승하면 당연히 주식 보유 비율이 늘어나지만 투자자들은 완전히 잘못된 시점에서 주식 비중을 과도하게 확대하는 경향이 있다.

이 여섯 가지 변수가 버블의 이른 전조라면, 여기서 더 악화된 상황은 버블이 곧 터질 수 있다는 신호다. 그렇게 되면 심리와 모멘텀momentum, 평가액 모두 이전의 천문학적 수준에서 무너져 내리기 시작하므로, 조금 더 방어적인 자세를 고려하는 편이 현명하다.

## 조금만 죄짓기

피터 린치는 "조정 자체에서 날아간 돈보다는, 조정을 준비하거나 기대하는 투자자들 때문에 더 많은 돈이 날아갔다"라고 하며 급소를 정확히 짚었다.[50] 그러나 제시 펠더가 〈펠더 리포트Felder Report〉에서 지적한 것처럼 피터 린치의 성과와 조언을 평가하려면 그가 처했던 환경을 고려해야 한다. 피터 린치가 활동했던 1977년에서 1990년에는 주식이 (GDP 대비 시가 총액으로 계산한) 평균 평가액보다 아래로 표준 편차 1 근처에 있던 시절도 있었다. 이와 비교해 최근의 동일한 척도로 살펴봤을 때 평균 평가액보다 위로 표준 편차 2 이상에 해당한다.

사실 피터 린치가 가장 잘나갔던 달(1987년 9월)은 지난 15년 동안 최악의 달(2009년 3월)과 직접적으로 비교할 수 있다. 린치가 살았던 시대처럼 저평가된 시기에는 미래의 수익성을 긍정적으로 바라보게 되고 매수 및 보유 전술도 매력적으로 다가온다. 그러나 평균 수심이 1m 남짓한 강에서 키가 2m인 남자가 익사할 수도 있듯이, 투자자들도 오랫동안 연평균 10% 수익률을 올리는 주식 시장에 빠져 헤어 나오지 못할 수도 있다.

규칙 기반 행동 투자에서는 투자자 입장에서 일어날 수 있는 가능성을 최우선으로 고려한다. 즉, 시장 참여자들은 침착함을 유지하고 인내하며 활동을 멈출 줄도 알아야 한다는 뜻이다. 마찬가지로 시장 참여를 줄이려는(잦은 투자를 억제하려는) 목적으로 만들어진 모든 규칙은 빈번하게 행동하지 않도록 유도하고, 투자한 상태로 유지해야 하는 근거를 찾아야 한다.

'The Philosophical Economics' 블로그에서는 시장 타이밍에 대한 특이한 관점을 소개한다. 구체적으로 말하자면, 우리가 자산 배분을 고려하는 방식과 동일하게 시장 타이밍을 바라본다는 점이다.[51] 오랫동안 주식과 현금에 40/60의 비중으로 배분해온 투자자는 안전성에 무게를 둔 탓에 인상적인 수익을 기대하기는 어려울 것이다. 그러나 신중한 투자자가 원금을 보존하고 정신 건강을 유지하기 위해 저위험 자산에 투자한 일부 자산을 유지할 수 있듯이, 행동 투자자도 시장이 최악의 국면으로 접어들 기미가 보일 때는 가끔 테이블에서 위험을 제거하는 체계적인 프로세스를 따를 수 있다.

무차별적이고 직감적이며 잦은 투자 활동이 죄악이라는 데는 의문의 여지가 없지만, 작고한 경제학자 폴 새뮤얼슨이 1990년대 말에 했다고 전해지는 이 말을 꼭 기억하기를 바란다.

"시장 타이밍은 투자의 죄악이지만 이번만큼은 당신이 조금만 죄를 짓도록 권한다."[52]

## 지금부터 실천하자!

#생각하라 "'가끔'은 최선이지만 '전혀'는 항상 최선은 아니다."

#질문하라 "나의 두려움(탐욕)은 대중의 그것과 일치하는가, 아니면 정반대인가?"

#실행하라 주식이 장기 평가로부터 표준 편차 2~3 정도 멀어지면 점차 방어적으로 대응하라.

## 확신

"폭넓은 다변화(분산 투자)는 자신이 무엇을 하고 있는지

이해하지 못하는 투자자에게나 필요하다."

워런 버핏

RBI 포트폴리오의 네 번째이자 마지막 규칙은 확신을 가지라는 것이다. 금융계에서 'convict(유죄를 선고하다, 죄수)'라는 단어를 말하면 버니 매도프 같은 사기꾼 이미지가 떠오르기도 하지만, 여기서 내가 말하려는 의미는 당신의 포트폴리오를 '확신하라'는 것이다. 구체적으로 말하면, 그 확신은 한두 가지 주식에 자만하는 것과 모든 주식을 보유하려는 소극적 태도 사이의 어딘가에 존재해야 한다. 톰 하워드 박사의 설명을 들어보자.

"한 극단에는, 시장의 모든 종목을 매수하여 시가 총액에 따라 가

중치를 매기려는 결정 방식이 있다. 이 방식은 인덱스 포트폴리오라고 불리며 그 실적은 개별 주식의 실적이 아니라 증시 전반의 실적으로만 결정된다. 그리고 또 다른 극단에는, 한 종목에 전부를 투자하여 오로지 그 기업의 단일 실적에 베팅하는 방식이 있다. 당신은 이 두 극단 사이에서 적절한 균형을 찾아야 한다."[53]

한 종목의 주식만 보유하는 것은 주식과 관련된 모든 진실을 완벽하게 알 수 있을 때 비로소 가능한 방식이다. 최고 중의 최고를 객관적으로 선택할 수 있는데 왜 다변화(분산 투자)를 하겠는가? 반대로, 모든 종목(인덱스 펀드 등)을 보유하는 것은 주식에 대한 진실을 전혀 알 수 없을 때 취할 방법이다.

펀더멘털 리서치를 시행하고, 주가를 검토하고, 사업 방식을 살펴보는 등 다양한 노력을 하는데도 그 주식이 다른 것보다 낫다고 판단할 근거를 찾지 못한다면, 그때는 전부를 사들여 경제가 크게 성장하기만을 바라야 한다.

하지만 최선은 중간 어딘가에 있다. 투자의 질에 대해 우리가 할 수 있는 판단도 있지만, 그전에 시장 참여자들이 비합리적으로 행동하는 경향과 그들의 불완전함까지 고려하여 섣부른 판단을 삼가야 한다. 그리하여 25가지에서 50가지 사이의 종목으로 확신에 찬 바구니를 꾸릴 수 있으면, 지수와 차별화할 수 있을 뿐만 아니라 실적 잠재력도 동시에 확보할 수 있다.


## 골디락스 다변화

자산군 내에서 그리고 자산군 사이에서는 항상 다변화(분산 투자)가 이루어져야 한다는 사실을 기억하자. 여기서 소개할 내용은 당신의 전체 투자 파이 중에서도 국내 주식 부분과 관련이 있다. 25개 종목으로 구성된 포트폴리오에 모든 자산을 집중해서는 안 되며 해외 주식과 국내 주식, 부동산 투자 신탁 등으로 분산해야 한다. 그러나 국내 주식에 대한 분산 배분은 25종목 정도면 적당하다.

상대적으로 주식 종류가 적어야 커다란 다변화 효과가 있다는 말이 생소한 투자자들에게는 확신에 찬 포트폴리오를 소유한다는 발상 자체가 무섭게 느껴질 수도 있다. 그러나 여론 조사 기관들이 불과 몇 백 명의 응답으로 수천만 명의 대표성을 확보하는 것처럼, 몇 가지의 주식만으로도 미국 주식 시장에서 분산 투자한 효과를 얻을 수 있다.

이런 현실에 대한 초창기 연구의 하나로는 워싱턴대학교의 존 에번스와 스티븐 아처가 시행한 사례가 꼽힌다. 두 사람은 포트폴리오 종목이 20개 이상으로 늘어나면서 다변화 효과가 급감한다는 사실을 발견했다.[54] 또 억만장자 투자자인 조엘 그린블라트는 《주식 시장의 영원한 고수익 테마들》(돈키호테. 2006)에서, 비시장적(다변화할 수 있는) 위험은 2종목만 보유하더라도 46%, 4종목이면 72%, 16개 종목이면 93%까지 감소한다고 했다.[55] 그린블라트의 연구는 다변화의 효과를 얼마나 빨리 누릴 수 있는지, 그리고 20개 종목을 확보한 이후로 얼마나 빨리 침식될 수 있는지를 잘 보여준다. 벤 그레이엄은 이 과정을 "다변화는 과도하지는 않더라도 적절해야 한다. 즉, 최소 10가지에서 최대 30가지 정도가 적당하다는 의미다"라고 하여 부드럽게 표현했다.[56]

〔그림 9〕는 다변화에 대한 여러 가지 발상을 보여준다. 규칙 기반

2부 행동주의 투자

그림 9  25개 종목 수준에서 적절한 다변화

| 1종목 | 25종목 | 모든 종목 |
|---|---|---|
| 초과 수익 가능성 | 초과 수익 가능성 | 초과 수익 가능성 없음 |
| 비즈니스 위험 극대화 | 비즈니스 위험 최소화 | 비즈니스 위험 최소화 |

행동 투자는 과신과 주가는 항상 옳다는 잘못된 생각 사이에서 적절한 또는 골디락스Goldilocks(높은 경제 성장률과 물가 안정이 동시에 존재하는 이상적 경제 상황 : 옮긴이) 다변화 포지션을 옹호한다.

## 소극적 껍데기 속의 적극성

적절한 다변화에 실패한 투자자는 자존심을 제어하지 못하는 투기꾼이다. 반면에 과도하게 다변화하는 투자자는 아주 작은 위험을 없애기 위해 막대한 수익 잠재력을 포기하는 것과 같다. 행동 투자자는 위험 감소와 수익 증대 모두에서 최선을 기대하며, 확신으로 다변화한 포트폴리오 형태로 이를 추구한다.

앞에서 언급한 내용을 다시금 강조하자면, 소극적 투자는 합리적인 주가에 적절한 실적을 추구하는 투자자들을 위한 바람직한 경로이다. 그러나 큰 폭의 실적을 바라는 투자자라면, "대다수와 무언가 다르지 않고서는 탁월한 실적을 창출할 수 없다"는 존 템플턴의 말처럼 높은 수준의 확신만이 유일한 길이라는 사실을 알아야 한다.

불행히도 오늘날 적극적 투자 관리의 대부분은 전혀 적극적이지 않다. '적극적 껍데기 속의 소극성'으로도 불리는 클로짓 인덱싱closet indexing(시장 평균 수익률을 추종하여 다양한 종목들로 포트폴리오를 구성하는

투자 방식 : 옮긴이)은 투자자들을 별다른 차별화도 없이 수수료만 높은 최악의 상황에 빠트리고 있으며, 더 큰 문제는 이런 상황이 대다수의 예상보다 훨씬 광범위하다는 점이다. 아테나인베스트의 톰 하워드는 클로짓 인덱싱을 연구하면서, "이런 전형적 펀드의 경우 저확신 포지션이 고확신 포지션보다 3 대 1 수준으로 높았다"는 사실을 발견했다.[57] 또 알파아키텍트의 웨슬리 그레이 박사는 ETF(상장 지수 펀드)의 8%와 뮤추얼 펀드의 23%만이 각각의 벤치마크와 비교하여 유의미한 차이가 있다는 것을 확인했다. 그뿐만 아니라 그레이 박사는 펀드가 적극적(액티브)일수록 더 비싼 경향이 있으며, 실제로 적극적으로 운용되는 펀드들의 수수료는 평균 128 베이시스 포인트에서 시작한다는 점도 발견했다.[58] 조사 결과는 분명하다. 적극적 운용 펀드들과 각각의 벤치마크 사이에는 별다른 차이가 없는데도 이런 이유 때문에 투자자들은 비싼 대가를 치르게 된다.

액티브 매니저들의 표면적 임무가 벤치마크를 뛰어넘는 실적이라면, 왜 그들이 취급하는 상당수 펀드가 그저 값비싼 인덱스 펀드처럼 보이는 걸까? 그 해답은 추적 오차라는 엉성한 개념에서 비롯된다. 추적 오차란 포트폴리오가 비교 대상인 벤치마크에서 벗어난 정도를 나타내는 개념으로, 투자 위험 유형의 하나로 간주되며, 내가 보기에는 그 이유가 명확하지 않은 것도 하나의 이유일 듯하다. 그렇다. 액티브 펀드 매니저는 벤치마크와 별다른 차별화가 없는데도 그보다 더 나은 수익을 올릴 것이라는 기대를 받는다.

이런 어리석음에 대해 제임스 몬티어는 "액티브 매니저에게 추적 오차 같은 척도를 적용하는 것은 링에 오르는 권투선수에게 상대방과 멋진 승부가 아니라 1, 2점 차이를 계속 유지하도록 지시하는 것과 같다"라고 비유했다.[59] 추적 오차는 위험의 종류에 따라 더 광범위하게 설정되지만 진정한 위험은 펀드 매니저의 경력에 달려 있다. 크리스토퍼 H. 브라운은 2000년 컬럼비아 경영대학원 연설에서 이에 대해 이렇게 설명했다.

"투자 실적은 보통 벤치마크와 비교하여 측정하는데, 전형적인 기관 투자자들도 장기 투자자를 자처하면서도 벤치마크와 비교하여 월별 또는 분기별로 실적을 추적합니다. 그리하여 벤치마크의 수준에서 벗어나는 실적은 의심을 받게 되고 해당 자산 관리인과 결별하는 것으로 이어지기도 합니다. 종목 선정보다 자산 배분이 더 중요하다는 견해가 지배하는 세상에서는 절대적 실적보다 벤치마크 대비 수익의 일관성이 더 중요합니다. 자산 관리인들은 자신이 어떤 평가를 받았는지 알고 나면, 벤치마크에 맞춰 포트폴리오를 조정하여 상대적 실적 부진과 고객 상실이라는 위험을 줄일 수 있다는 사실을 깨닫게 됩니다. 이 과정에서 불행히도 벤치마크를 크게 앞서는 실적을 달성할 가능성도 같이 줄어듭니다."[60]

벤치마크와 같은 수준의 수익을 추구하는 투자자들은 대형 펀드패밀리를 통해 고작 3 베이시스 포인트를 확보하여 그 바람을 인정받을 수도 있다. 그러나 벤치마크를 뛰어넘는 수익을 추구하는 우리는 추적 오차 개념을 일종의 위험으로 인식해야 한다. 내가 《퍼스널 벤치마크》에서 기술한 대로, "벤치마크가 마치 금 본위제(금을 본위 화폐로 하여 화폐의 일정액과 금의 일정량을 결부시키는 화폐 제도 : 옮긴이) 같은 지위를 유지하는 한, 영리한 자산 관리인들은 아무리 큰 기회를 감지하더라도 비규범적인 베팅이나 정상에서 벗어나는 일을 자제하게 된다."[61] 존 메이너드 케인스는 "비관행적인 성공보다는 관행적인 실패가 오히려 좋은 평판을 얻는다"라고 했다. 이루기 어려울 정도로 모순된 임무를 지닌 펀드 매니저들이 받아들여야만 하는 엄연한 현실이다. 그러나 규칙 기반 행동 투자자는 높은 확신과 차별화된 투자만이 돈을 지불할 유일한 가치이며 지수 수익률은 지수 가격 수준에서 결정된다는 사실을 잘 알고 있다.

## 적극적 운용이 답이다

높은 확신high-conviction이 초과 실적의 지름길이라는 증거가 있다. 메러디스 존스는 대안 투자 분야의 세계적 명성을 지닌 연구원이자, 최고의 여성 자산 관리인들의 특징을 심층 분석한《월스트리트의 여성들 Women of the Street》의 저자이다. 존스는 최고 중의 최고들을 분석하면서 발견한 바를 이렇게 정리했다. "이 책에서 인터뷰한 여성들은 이 분야에서 '고확신'의 포트폴리오라고 일컫는 방식으로 투자를 운용하고 있었다. 즉, 포트폴리오를 여러 가지 포지션으로 다변화할 수는 있지만, 두 번째 세 번째 네 번째 아이디어들을 계속 절충하여 포트폴리오의 수익성을 훼손하는 투자 방식을 취하지 않는다는 뜻이다."[62]

존스의 연구는 여성 펀드 매니저들이 주된 대상이지만 그 결과는 분야 전체와도 연관된다. 랜돌프 코헨과 크리스토퍼 포크, 베른하르트 실리는 펀드의 포지션 규모가 최적화되면 연 6%의 초과 실적을 창출한다는 사실을 발견했다. 게다가 더 중요한 것은, 포지션 규모가 줄어들면서 실적도 서서히 감소한다는 점이다.[63] 액티브 매니저들의

2부 행동주의 투자

과거 실적 부진 사례에 대한 논의의 상당수는 종목 선정 기술이 취약했다는 잘못된 결론으로 이어졌다. 그러나 액티브 매니저들을 괴롭히는 것은 주식을 선정하는 능력이 아니라, 성공적인 초과 실적으로 이끌기에 충분한 종목들을 집중적으로 선정할 용기가 없어서이다.

자산군 내에서 그리고 여러 자산군 사이에서 다변화가 필요하다는 것이 행동 투자의 핵심이지만, 그렇다고 미리 평범한 수익을 기대할 필요는 없다. 이 논의에서 약간의 기술적 요소와 미묘한 차이를 감안하면 다변화와 확신이 얼마든지 공존할 수 있다는 사실을 깨닫게 된다. 워런 버핏의 말을 들어보자.

"모든 투자자의 목표는 지금으로부터 10년 남짓한 후에 최선의 투명한 수익을 가져다줄 수 있는 포트폴리오를 창조하는 데 있어야 한다."

지나친 다변화는 실적을 저해하고 너무 부족하면 위험이 확장된다. 다변화가 '채식' 투자라면 고확신 다변화는 거기에 약간의 양념을 더한다.

---

## 지금부터 실천하자!

#생각하라 "신중한 만큼 다변화하고 중요한 만큼 확신하라."

#질문하라 "나는 소극적 관리에 적극적 관리 비용을 지불하고 있지는 않은가?"

#실행하라 단일 영역의 대표성이 과도해지지 않도록 25~30개 종목 포트폴리오 안에서 다변화하라.

# 깔때기

RBI 모델의 창안 과정은 점점 더 특별하게 작동하는 세 가지 단계로 구성된 깔때기로 개념화할 수 있다. 행동주의 자산 관리 프로그램을 설계하는 첫 단계는 행동 위험의 세계를 열거하고 체계적으로 정리하는 것이었다. 그런 다음, 우리는 행동 위험의 다섯 가지 양상의 존재를 최소화하기 위한 프로세스 창안에 돌입했다. 이 프로세스는 4C (일관성, 명확성, 용기, 확신)로 쉽게 기억할 수 있다.

일관성은 우리가 행동 위험의 다섯 가지 양상을 교육이나 의지의 도움 없이 체계적으로 피하게 해준다. 명확성은 재량적 접근법에서 주로 이점이 있는 '두드러지지만 가능성 낮은' 데이터보다는 '단순하지만 가능성 높은' 변수들에 우리의 노력을 집중시켜서 정보의 위험과 주의의 위험을 처리한다. 감정과 보존의 위험은 데이터에 기초한 용기에서 비롯되는 RBI 모델보다 두려움과 감정으로 우리를 이끌어 시장의 타이밍에 제대로 대응하지 못하게 한다. 마지막으로 (적극적 투자자가 되려는 유일한 이유인) 초과 실적을 실현하기 위해서는 고확신 투자 방침을 준수하여 너무 부족한 다변화의 자만(자존심의 위험)과 시장의 주식 모두를 보유하겠다는 비합리적이고 공포에 기반한 욕구 (감정의 위험)를 피해야 한다.

이제 우리는 맞서야 할 행동 위험의 유형과 포트폴리오를 구성하는 프로세스에 대해 이해했다. 이제 우리에게 중요한 질문 하나가 던져진다. 이 포트폴리오를 구성할 요소들을 결정하려면 어떤 방법을 사용해야 할까?

# 4

# 투자의 5P

"모든 모형이 잘못됐지만 일부 모형은 유용하다."

조지 E. P. 박스

이제 행동주의의 단점과 이를 극복하는 방법에 대한 지식으로 무장한 당신에게 작지만 더 필요한 것은 개별 종목들로 구성된 그룹을 선택할 때 무엇을 추구할지부터 알아야 한다는 점이다. 이어지는 내용은 "월스트리트에서 통하는 것"을 규칙 기반 행동 체계에 접목하기 위해 내가 연구 사례에 기초하여 새롭게 시도한 것들이다. 즉, 주식에 투자할 때 반드시 고려해야 할 5P를 말한다.

나는 여기에서 소개하는 다섯 가지 요소가 매우 효과적이고 영속적이라고 믿지만, 이것이 주식을 선택하는 유일하게 옳은 방법이라고는 생각지 않는다. 증권을 선택하는 효과적인 방법에는 여러 가지가 있으며, 몇 가지로 이루어진 특정 체계에 의존하기보다는 일관되고 확신과 용기가 있는 명확한 방식을 따르는 편이 훨씬 중요하다. 당신이 선택한 특정 재료보다는 합리적인 조리법을 따르는 편이 훨씬 중요하다는 뜻이다.

RBI 포트폴리오를 구성하는 과정에서 고려해야 할 다섯 가지 요소의 토대를 형성하려면 먼저 다음의 두 가지 중요한 진실부터 이해해야 한다.

- 5P의 목적은 주식을 선택할 때 가능성을 당신에게 유리하도록 조정하는 데 있다.
- 항상 효과적이지는 않을 것이다.

앞에서도 도박에 비유하여 이야기한 바 있듯이 이번에도 그렇게 논의를 이어가고자 한다. 성공한 행동 투자자가 되는 것은 '술 취한 관광객'보다는 '도박장'이 되는 것과 더 흡사하기 때문이다. 일반적인 생각과 달리, 도박장이 매번 이기는 것은 아니며 심지어 매번 잃는 경우도 있다. 게임에서 도박장이 이익을 보는 횟수는 절반을 조금 넘는 수준이다. 그러나 도박장 측은 일관되게 주기적으로 반복되는 체계적 프로세스가 낳는 위력적인 결과를 누구보다 잘 안다. 다음에 당신이 라스베이거스의 '어리석음의 전당' 중 한 곳을 찾아 그 화려함과 장엄함에 경탄할 일이 있을 때, '평균을 살짝 웃도는 승산'이 얼마나 위력적인지 직접 경험해보라.

이와 비슷하게 규칙 기반 투자도 투자 포트폴리오를 단순하고 체계적으로 조정하여 1~2%라도 더 높은 수치를 획득하여 위험 관리와 장기적인 자산 증대에 획기적인 긍정 효과를 낳는 과정을 뜻한다. 네이트 실버는 이를 "성공한 도박꾼들(어떤 식으로든 성공한 예측가들)은 절대 잃지 않는 베팅, 의심의 여지 없는 이론, 무한히 정밀한 측정 등의 관점에서 미래를 생각하는 게 아니다. 이런 것들은 어수룩한 사람들이 꿈꾸는 환상이며 과신에 대한 경고다. 성공한 도박꾼은 새로운 정보가 쏟아질 때마다 출렁이는 주식 시세 그래프처럼, 미래도 아래 위로 흔들리며 깜박이는 '가능성의 휘점들'처럼 생각한다"라고 설명했다.[64]

솔직히 RBI 모델은 완벽하지 못하며 이 원칙을 따르는 몇 년 동안은 소극적인 시가 총액 가중 지수보다도 낮은 수익률에 머무를 수도 있다. 그러나 이 모델은 시장에서 경쟁자들의 심리적 결함을 끊임없이 이용하여 당신에게 유리하도록 가능성을 조정하는 중요한 역할을 수행한다. 많은 시간이 흐르면서 금융 시장에서는 수많은 변칙 상황이 (또는 어떤 기이한 상황에서 비롯된 수익 왜곡 현상) 벌어졌다. 이렇게 끈질기게 지속되는 몇몇 변칙 상황을 그들의 무의미한 동족들과 구분하는 방법은, 인간의 행동을 통해 그 변칙 상황을 아예 주변에 두는 것이다. 5P는 시대를 초월하고 상식적이며, 무엇보다 그 지속성을 담보하는 오래된 심리 경향을 바탕으로 지속적이고 행위적 변칙 상황을 우리에게 유리하도록 이용한다.

RBI 모델이 합리적 중간 지대를 제시한다는 사실 자체는 투자자들에게 그리 매력적으로 다가가지 못할 것이다. 소극적 투자의 전도사들과 효율성을 추구하는 시장 옹호자들은 시장을 앞지르는 어떠한 시도도 비극으로 귀결되며 결국은 시장에서 퇴출당할 거라고 생각한다. 반면에 그 반대편에 있는 이들은 (수많은 반대 증거에도) 해마다 변함없이 최고의 주식 몇 가지를 손에 넣을 수 있을 거라고 주장한다. 즉, "당신에게 유리하도록 가능성을 조정한다"는 고리타분한 소리 따위에는 관심이 없다.

우리 입장에서는 몇 가지 중요한 것들을 잘 처리하여 수익성을 높이는 길이라면 매력은 덜하더라도 그 방법을 선택할 것이다. 통계학자 네이트 실버는 (적어도 카드에 대해서는) 이 말에 동의하면서 이렇게 말했다.

"기본적인 몇 가지를 올바르게 처리하면 좋은 결과를 낳을 수 있다. 포커를 예로 들면, 최악의 패일 때는 덮고 좋은 패는 베팅하며 상대방의 패를 읽으려 노력하는 등 기본에만 충실해도 손실을 크게 줄일 수 있다. 당신도 이대로 따를 생각이 있다면, 아마 포커 치는 시간의 80%는 최고의 포커 선수와 같은 결정을 내리게 될 것이다. ……당신이 이제 막 포커를 배우기 시작한 신출내기라도 말이다."

인간의 행동 양식을 이해하고 초과 실적으로 잘 알려진 종목의 주식을 꾸준히 매수한다면, 좋은 수익률과 여유로운 삶을 영위할 뿐 아니라 주식을 분석해야 하는 지루한 상황에서도 자유로워질 수 있다.

이 모델을 본격적으로 설명하기에 앞서 RBI에 대해 제기할 수 있는 근본적인 항의, 즉 너무 뻔한 내용이 아니냐는 의견부터 정리하려 한다. 빅 데이터의 바다에서 고작 다섯 개의 단순한 변수를 바라본다는 사실에, 더군다나 그렇게 주장하는 사람이 앨라배마 출신이라는 사실에 일부에서 불신의 눈초리를 보낼지도 모른다. 하지만 몇 가지의 단순한 규칙과 변수가 지닌 위력을 추구하는 사람은 나 혼자만이 아니다. 자산 관리인인 마틴 휘트먼은 "현재의 투자자로서 그리고 과거를 목격한 전문가로서 내 경험에 비추어보면, 중요한 변수는 서너 가지를 넘지 않는다. 나머지는 모두 소음일 뿐이다"라고 했다.[65]

워런 버핏도 대학원에서 배운 몇 안 되는 단순 규칙들을 좇아 세상이 놀라워하는 기록들을 일구었다. 그는 "견고한 원칙이 있으면 어떤 것도 극복할 수 있다. 내가 그레이엄과 도드에게서 실제로 배운 기본 원칙들, 내가 그 원칙들을 어찌하려 할 필요는 없다. 좋은 시절에도 좋지 않은 시절에도 그 원칙들이 나를 이끌어주기 때문이다. 결국 나는 아무것도 걱정하지 않는다. 원칙은 항상 통하는 법이기 때문이다"라고 했다.[66]

마지막으로 당신은 여러 가지 공통점을 지닌 유능한 요리사와 유능한 투자자의 입장에서 생각해보기 바란다. 그들은 널리 적용할 수 있는 몇 가지 기술을 터득하여 완벽에 가깝도록 단련한다.

각설하고 이제 종목 선정의 5P에 대해 자세히 살펴보자.

## 당신 바보야?

✦

"당신이 잘못 생각했어요."

"당신은 틀렸어요."

"내가 당신보다 더 잘 알아요."

제로섬 게임. 주식을 사고팔 때마다 그들이 당신에게 입버릇처럼 하는 말이다. 더 무서운 사실은, 매수 또는 매각 결정에 대해 당신의 지적 능력을 비난하는 이들의 70%는 기술과 정보 측면에서 당신보다 훨씬 앞서 있는 전문 투자자들이란 사실이다(포마드와 줄무늬 정장처럼 투자와 별 관련 없는 전문성도 뛰어나다).

이런 강적들에 맞서 당신에게 유일한 희망이 있다면 바로 인간 심리에 기초한 경쟁력일 것이다. 속도, 접근성, 시장 지식 등에서는 상대가 되지 않는 만큼 규율이나 정신력 측면에서 경쟁할 수밖에 없다. 워런 버핏이 좋아하는 스승인 벤 그레이엄은 이런 규율에 대해 이렇게 설명했다.

"가장 먼저 필요한 것은, 주식을 실제 가치보다 싼값에 매수한다는, 일종의 선험Priori 역할을 하는 분명한 매수 규칙이다. 둘째, 이 기법의 효과를 높이려면 많은 수의 주식을 운용해야 한다. 마지막으로 매도할 때도 매우 확고한 기준이 있어야 한다."[67]

RBI 모델은 벤 그레이엄의 기준을 모두 충족하므로 당신이 들어야 할 것은 오직 규율뿐이다. 앞으로 다섯 가지 요소들을 설명하면서 그 효과에 대한 경험적 및 철학적 근거도 짚어보겠다. 결국 우리가 바라는 것은 다양한 변수들의 임의적 정렬이 아니라 상식을 기초로 하는 영속적 요소들이다. 많이 배우고 경쟁력도 뛰어난 증권쟁이들은 당신이 주식을 팔 때마다 바보라고 비아냥거린다. 그들이 틀렸다는 사실을 증명하는 길은 바로 여기에서부터 시작할 수 있다.

### 종목 선정의 5P

- 가격Price
- 자산properties
- 함정Pitfalls
- 사람People
- 추세Push

## 절대 비싸게 사지 마라(가격)

◆

찬바람이 매섭게 몰아치던 솔트레이크시티의 어느 겨울날, 그날 나는 '가격이 품질 인식에도 영향을 미친다'는 내 직업 인생에서 어쩌면 가장 소중할지도 모를 교훈을 얻었다. 행동 금융을 자신들의 투자 방식에 적용하는 데 관심이 있는 한 무리의 자산 관리인을 대상으로 지역 호텔에서 막 세미나를 마친 무렵이었다. 강연은 만족스러웠고 참석자들의 반응도 호의적이어서 흐뭇한 마음으로 회의실 밖에서 축하의 음료수를 마시고 있을 때 내게 강연을 부탁했던 사람이 다가왔다.

멋진 강연이었다는 축하를 기대했는데 생각지도 못한 퉁명스러운 인사가 불쑥 치고 들어왔다.

"사람들은 당신이 형편없다고 생각해요."

"뭐라고요?"

나는 평소에 하던 성공적인 강연보다 오늘이 조금 더 나았다고 말했다. 하지만 그의 냉랭한 목소리는 여전했다.

"나는 당신을 현장에서 더 활용하고 싶지만 본사 사람들은 당신이 형편없다고 생각해요. 강연료를 너무 낮게 말하니까요. 당신을 만나본 적이 없는 그 사람들은 당신이 청구하는 비용을 보고 말도 안 된다고 생각해요. 그래서 사람들은 당신이 형편없다고 생각해요."

호텔 라운지를 함께 걷던 그는 내 강연 내용을 하나도 바꾸지 말고 강연료만 서너 배 올리라고 충고했다. 더 많은 비용을 청구하여 나의 능력에 대한 믿음을 재확인한다면 다른 사람들도 그렇게 나를 믿을 거라고 했다. 나는 두려웠지만 그 후로 강연료를 세 배로 올렸고 그 덕분에 내 수입은 무려 다섯 배나 늘었다. 그동안 내 강연 스타일도 바뀌고 내용도 개선되었기를 바라지만 여전히 나는 너무 적은 비용을 청구할 그때처럼 어수룩한 사람이다. 그러나 인간에 대한 중요한 진실, 즉 가격이 가치 인식을 결정한다는 사실을 깨달은 덕분에 이후로는 더 멋진 경력을 쌓아올 수 있었다. 다만, 나를 형편없다고 생각하는 사람들도 더 줄었으면 좋겠다.

가격이 인식을 좌우한다는 나의 사례는 스탠퍼드대학교의 교수 바바 쉬브의 "수평 와인 시음회(비슷한 빈티지 와인의 비교 시음회 : 옮긴이)" 연구를 통해 예술적으로 다시 입증되었다.[68] 쉬브 교수는 참여자들을 fMRI 장치에 눕게 하고 가격표가 붙어 있는 적정량의 와인을 조심스레 건넸다. 그리고 참여자들이 와인을 홀짝거릴 때마다 뇌의 활동을 측정하며 가격과 대뇌 처리 과정 사이의 관계를 파악하려 했다. 특히 그는 쾌락의 영역으로 알려진 뇌 부분인 복부 전전두엽 피질의 변화를 알고 싶어 했다.

당연히 실험 참여자들은 10달러보다 90달러짜리 와인을 마신다고 생각했을 때 쾌락 중추가 더 활성화되었다. 유일한 문제가 있다면 그 와인들은 모두 10달러짜리였다는 사실! 참여자들에게 동일한 와인을 제공했는데도 뇌 쾌락 중추에서 차이를 보인 것은 와인 자체의 품질보다 가격 차이에 기인했다는 의미다. 다른 조건이 모두 동일할 때, 우리는 가격을 품질의 일차적 결정 요인으로 생각한다.

가격과 품질이 융화하는 이런 경향 때문에 옷이나 자동차, 커피 같은 것에 과도한 지출을 할 수도 있지만, 소매 구입 측면에서 볼 때 크게 문제가 될 것은 없다. 그러나 투자에서는 재앙을 초래할 수도 있다.

여론 조사 기관 갤럽은 미국의 투자자들을 대상으로 지금이 투자의 적기라고 생각하는지를 주기적으로 조사한다. 갤럽은 이 조사에 대한 응답과 증시 수익률 사이에 강한 상관관계가 있다는 사실을 발견했지만, 그 내용은 일반적인 기대와는 완전히 반대였다.

미국인들이 매수 적기라고 생각할 때는 보통 주가가 정점으로 향할 때이다. 즉, 중기 수익성이 좋지 않을 수 있다는 뜻이다. 네이트 실버의 글을 보자.

"이 조사에서 갤럽이 기록한 최고 수치는 2000년 1월로, 미국인들의 67%가 투자의 적기라고 응답한 기록적인 결과를 보였다. 그로부터 불과 두 달 만에 나스닥을 비롯한 여러 지수가 곤두박질쳤다. 반대로 1990년 2월에는 미국인들의 26%만이 투자 적기라고 응답했는데, 이후 10년 동안 S&P 500의 가치는 거의 네 배 폭증했다."[69]

와인과 강사의 사례에서처럼 주식 시장에서도 평가 가치가 높을수록 더 좋을 거라고 생각한다. 그러나 와인과 강사의 사례와 달리 주식의 가격과 실적 사이에는 반비례 관계가 존재한다. 즉, 많이 지불할수록 적게 얻는다!

품질 인식에 부정적인 영향을 끼칠지는 몰라도, 무언가를 파는 곳이 더 생기면 더 많이 사게 되는 경향도 거의 보편적 진실에 가깝다. 당신 옷장이 내 옷장과 비슷하다면 그 속에 가득 담긴 옷들은 좋아하거나 필요해서가 아니라 그저 싸서 구입한 경우도 많다. 주식 시장은 이 규칙의 대표적인 예외이며 투자자들에게 손해를 입힐 수도 있는 진실이다.

워런 버핏은 햄버거의 예를 통해 특유의 친숙한 방식으로 이 점을 설명했다. 그는 "당신은 평생 햄버거를 먹을 생각이지만 소고기 생산자는 아니다. 그렇다면 소고기 가격이 더 높기를 바라야 하는가, 아니면 낮기를 바라야 하는가?"라고 물었다. 답은 분명하다. 햄버거 소비자는 가격이 최대한 낮기를 기대할 것이다. 계속해서 그의 말을 들어보자.

"이제 마지막 시험을 해보자. 당신이 향후 5년 동안 순이익을 내려면 그 시기에 증시가 상승해야 할까, 하락해야 할까? 많은 투자자가 이것을 잘못 알고 있다. 앞으로 몇 년 동안 주식을 순매수할 예정인 사람들은 주가가 오르면 우쭐대고 내리면 의기소침해진다. 이것은 그들이 앞으로 사게 될 '햄버거'의 가격이 올랐다고 좋아하는 것과 다를 게 없다. 말도 안 되는 반응이다. 조만간 주식을 팔 사람들만 주가가 오를 때 기뻐해야 한다. 그리고 잠재적 매수자들은 주가가 빠질 때 더 좋아해야 한다."[70]

버핏과 같은 가치 투자자인 하워드 막스도 과다 지불의 위험을 강조했다.

"투자는 인기 경연이며, 인기 절정의 무언가를 구입하는 것은 위험천만한 일이다. 이 시점에는 모든 유리한 사실과 의견들이 이미 주가에 반영되어 있고 새로운 매수자들도 나타나지 않는다. 반면에 가장 안전하고 수익성 높은 방법은 아무도 거들떠보지 않는 것을 사는 것이다. 시간이 지나면 그 인기도, 그래서 주가도, 결국 한곳으로 향할 수밖에 없다. 위로!"[71]

일반적으로 가치 투자라고 하는 적정한 가격을 지불하는 것이 적정 수익과 위험 관리를 담보하는 위대하지만 유일한 길이라고는 나도 장담할 수 없다.

## 가치 투자는 위험 관리의 한 형태이다

최근에 나는 새로운 아이디어를 모색하던 어느 대형 자산운용사로부터 RBI 모델을 설명해달라는 요청을 받았다. 내 말을 골똘하게 듣던 누군가가 좋은 질문을 던졌고, 그렇게 해서 우리는 모든 자산 관리인들이 궁극적으로 유념하고 있는 하나의 의문에 도달했다.

"위험을 관리하기 위해 우리는 무엇을 하고 있는가?"

결과적으로는 내가 알고 있던 여러 가지 위험 관리 대책들을 논의했지만 그 시작은 매우 단순한 주장이었다. 즉, 위험을 관리하기 위해 내가 실행하는 가장 중요한 일은 가격부터 체계적으로 챙기는 것이었다. 질문을 했던 남자는 나를 갸우뚱거리며 바라보더니 말했다.

"하지만 가격이 아니라 변동성 위험 아닌가요?"

그의 말은 월스트리트가 논리보다 모델에 집착한다는 하나의 상징이며, 개인 투자자가 기관 투자자보다 한 가지 경쟁력만큼은 뛰어나다는 증거이기도 하다.

다시 한번 하워드 막스의 현명함에 고개가 숙여진다.

"높은 위험은 주로 높은 가격과 함께 온다. ……이론가들은 수익과 위험이 서로 상관관계가 있으면서도 별개라고 생각하는 반면에, 가치 투자자는 높은 위험과 낮은 잠재 수익은 모두가 높은 가격에서 비롯된 동전의 양면에 불과하다고 생각한다."[72]

주가 변동으로 수익을 얻는 방법은 두 가지뿐이다. 하나는 시장 타이밍인데, 앞에서도 살펴봤듯이 매우 어려운 과제다. 다른 하나는 가격 책정에 따른 것인데, 이것은 심리적으로 견디기 어려울수록 판단하기는 수월해진다. 자산의 위험성은 지불 가격과 분리할 수 없으며,

적정 가격을 지불하는 것이 위험을 회피하는 투자자들에게 최고의 친구다.

적정 가격을 지불하여 위험을 줄인다는 말은 직관적으로도 이해가 가고, 변동성과 위험을 동일시하는 '그들의' 규칙에 비추어보더라도 충분히 경험적 지지를 얻을 수 있다. 제임스 오쇼너시는 사후 평가 테스트에서 인기주(높은 주가, 애널리스트들의 총애 등)가 가치주(낮은 주가, 애널리스트들의 외면 등)보다 표준 편차가 크게 나타난다는 사실을 발견했다. 즉, 인기주의 실적이 부진한 일차적 원인이 여기에 있다는 뜻이다.

가치 투자를 지향하는 자산운용사인 트위디브라운에서도 최악의 25개월과 88개월 기간에 저가 십분위(잉여 현금 흐름 대비 주가로 평가) 종목들의 실적을 평가하여, 가치주가 어려운 시기도 더 잘 헤쳐나간다는 결과를 얻었다. 〔표 5〕에서 보듯이, 시장의 혼란기에는 덜 비싼 주식들이 손실도 적게 보는 경향이 강하게 나타나는데, 이것은 가장 저렴한 십분위 종목들(저렴한 이유가 있었을 것이다)의 실적 부진을 통해서만 방향성이 전환된다.

마지막으로 가치주는 일반적인 손실뿐 아니라, 일반 변동성보다 훨씬 피해 우려가 큰 재앙급 손실에 노출될 가능성도 작다. 웨슬리 그레이 박사는 《계량 가치》에서 이렇게 지적했다.

"인기주는 가치주에 비해 세 배 이상의 종목들이 반토막이 났고, 또 인기주는 그 시점에서 7% 정도가 50% 이상 하락한 데 반해 가치주 중에 50% 이상 하락한 비율은 2% 남짓이었다."[74]

LSV 자산 운용의 CEO 조지프 라코니쇼크처럼, 로버트 비쉬니와

표 5 최악 및 최고의 증시 기간(개월)에 PCF(현금 흐름 대비 주가)로 배열한 종목들의 1개월 평균 투자 수익률(%)(1968. 4~1990. 4)[73]

| PCF 십분위 | 최고 PCF 비율 | | | | | | | | 최저 PCF 비율 | |
|---|---|---|---|---|---|---|---|---|---|---|
| | 1 | 2 | 3 | 4 | 5 | 6 | 7 | 8 | 9 | 10 |
| 증시 최악의 25개월 수익률(%) | -11.8 | -11.1 | -10.6 | -10.3 | -9.7 | -9.5 | -9.0 | -8.7 | -8.8 | -9.8 |
| 증시 하락 이후, 다음 최악의 88개월 수익률(%) | -3.0 | -2.8 | -2.7 | -2.4 | -2.3 | -2.1 | -2.0 | -1.9 | -1.6 | -2.0 |
| 증시 최고의 25개월 수익률(%) | 12.1 | 12.5 | 12.2 | 11.9 | 11.6 | 10.9 | 11.2 | 11.5 | 11.9 | 13.6 |
| 증시 상승 이후, 다음 최고의 122개월 수익률(%) | 3.7 | 3.9 | 4.0 | 3.8 | 3.9 | 3.8 | 3.8 | 3.8 | 3.7 | 3.8 |

안드레이 슐라이퍼도 〈역발상 투자, 외삽법 그리고 위험〉이라는 논문에서 "……가치 전략은 그 전략 자체가 근본적으로 위험해서가 아니라 전형적인 투자자의 실수를 이용하기 때문에 더 많은 수익을 창출한다"라고 밝혔다.[75]

다들 알고 있는 의대생들의 히포크라테스 선서는 '무해non-maleficence'와 '유익beneficence'의 두 개념이 주축인 윤리 규범을 준수하겠다는 약속이다. '무해' 또는 "먼저 해를 끼치지 말라"는 가르침은 여기서도 매우 중요한 준칙으로, 의사들은 의료 행위를 통해 환자에게 해를 입히거나 예상치 못한 위험을 초래할 수 있다는 사실을 고려해야 한다는 뜻이다. 유익 또는 선의의 행동을 고려하는 것이 당연하겠지만 위험을 관리하는 데는 무해 개념이 훨씬 중요하다. 마찬가지로 투자자에게 첫 번째이자 가장 중요한 임무는 위험을 관리하는 것이며, 그러려면 한 가지 최선의 방법이 바로 적정 가격의 지불이다.

그러나 가치주를 매수하는 이유는 단순히 안정적인 위험 관리 기법이어서가 아니다. 가치주가 수익률을 증대한다는 사실은 수십 년에 걸쳐 숱한 업종과 지역에 걸쳐 입증되었다. 그리고 앞으로 우리가 탐구할 주제이기도 하다.

## 돈 되는 싼 주식 찾기

주식의 가치를 가늠하는 방법에는 매출 대비 주가, 영업 이익 대비 주가, 장부 가치(순자산) 대비 주가, 잉여 현금 흐름 대비 주가 등 여러 가지가 있다. 이 모든 측정 방식에는 장단점이 있지만 근본적인 진실 하나를 지향한다는 점에서는 동일하다. 즉, 오랜 세월 동안 가치주가 인기주를 앞서왔다는 사실이다. 제임스 몬티어는 '최고 인기주star stocks'(실적 이력과 예상 성장성이 우수한 주식 등)에 비해 가치주의 실적이 연평균 6% 가까이 앞선다는 사실을 발견했다.[76] 또한 행동 경제학자 마이어 스태트먼은 규모, 스타일, 모멘텀 등 비평가들이 실적을 변명하기 위해 활용하는 변수들을 고려하더라도 이른바 '기피' 주식들이 인기주를 앞섰다는 점도 알아냈다.

라코니쇼크, 비쉬니, 슐라이퍼는 〈역발상 투자, 외삽법 그리고 위험〉에서 '장부 가치 대비 주가'가 수익에 미치는 영향을 조사했다. 그 결과 장부 가치 대비 주가가 낮은 주식들(가치주 등)이 장부 가치보다 주가가 높은 인기주들보다 1년 동안 73%, 3년 동안 90%, 5년 동안 100% 높은 수익을 올린 사실을 발견했다.[77] 이 연구 결과에 고무된

2부 행동주의 투자

세 사람은 그 원칙을 바탕으로 성공적인 투자 운용사를 설립했다.

예일대학교의 로저 이밧슨 교수는 〈뉴욕증권거래소 십분위 포트폴리오, 1967~1985 Decile Portfolios of the NYSE, 1967-1985〉라는 논문에서 1967년부터 1985년까지 주가 수익률을 기준으로 각 십분위별 실적을 측정했다. 이 기간에 가장 낮은 십분위 종목들의 실적은 가장 비싼 십분위보다 600%, '평균' 십분위보다도 200% 이상 앞질렀다.[78] 비슷한 연구 사례로, 유진 파마와 케네스 프렌치는 1963년부터 1990년까지 모든 비상장 주식들을 조사하여 순자산 대비 주가를 기준으로 십분위로 분류했다. 그들이 연구하는 동안 가장 저렴한 십분위의 수익률은 가장 비싼 십분위보다 거의 세 배나 높았다.[79]

다양한 가치 요소들을 가장 철저하게 연구한 사례 중 하나가 제임스 오쇼너시의 역작 《월스트리트에서 통하는 것 What Works on Wall Street》에 담겨 있다. 오쇼너시는 최근에는 비교적 익숙한 방식인 주식을 십분위로 분류하는 방식을 통해 1963년부터 2009년 말까지 수익률을 관찰했다. 그 결과, 가치 투자의 효과뿐 아니라 조금씩 증가하는 연평균 수익률이 일정 기간 후에는 자산을 크게 확장시킨다는 사실도 입증했다. 주가 수익 비율 PER에 주목한 그는 PER을 기준으로 가장 저렴한 주식 십분위에서 1만 달러를 연 16.25%의 복리로 총액 1,020만 2,345달러로 늘린 사실을 발견했다. 11.22%인 지수 수익률로 비교 계산하면 1만 달러는 132만 9,513달러에서 그친다. 저가의 주식을 매수하여 900만 달러를 그것도 변동성이 덜한 시기에 더 벌어들였다는 사실은, 큰돈을 벌려면 더 많은 위험을 떠안아야 한다는 '효율적 시장' 가설에 완전히 반하는 결과이다.[80]

그렇다면 그 화려한 이름들, 가장 비싼 십분위 주식들의 결과는 어땠을까? 최고 십분위 주가 수익비율로 계산하면 1만 달러가 2009년에 11만 8,820달러가 되어 지수보다도 100만 달러 이상 적고 기피하던 가치주보다는 무려 1,000만 달러나 적었다. 이 수치들은 "주식 시장에서는 기분 좋은 컨센서스(시장 전망)를 위해 매우 높은 가격을 지불한다. 불확실성은 사실상 장기적 가치를 구매하는 사람들 편이다"라는 워런 버핏의 말을 강하게 뒷받침해준다.[81]

오쇼너시의 다른 가치 변수 연구에서도 이와 비슷하게 인상적인 결과가 나왔다. EBITDA(법인세, 이자, 감가상각비 차감 이전 영업 이익) 대비 기업 가치를 기준으로 가장 저평가된 종목들이 설정 기간의 100% 전부에서 전체 주가 지수를 앞섰고 수익률도 181%나 높았다. 같은 척도를 기준으로 가장 비싼 십분위의 수익률은 단기 재정 증권(미국 재무부에서 발생하는 1년 미만의 단기 국채 : 옮긴이)보다도 못했다! 잉여 현금 흐름 대비 주가P/FCF로 측정한 저가 종목들 역시 비슷하게 인상적인 성과를 보였다. P/FCF 종목들의 최하위 십분위는 1963년 말에 1만 달러에서 2009년 말에는 1,000만 달러로 불어나, 같은 기간의 지수 수익률인 130만 달러를 크게 앞질렀다. 실적도 일관적이어서 P/FCF 종목들은 10년 설정 기간의 100%, 5년 설정 기간의 91%에서 지수보다 높았다.[82] 근거야 얼마든지 더 들 수 있지만 지금쯤이면 내가 말하려는 요점이 충분히 전달되었으리라 믿는다. 이처럼 가치주는 낮은 변동성과 놀라운 일관성으로 인상적인 수익을 가져다준다. 그런데도 좋아하지 않을 이유가 있을까?

가치 투자가 이렇게 대박인데도, 일부 추정치에 따르면 가치 투자의 원칙을 준수하는 펀드의 비율이 전체의 10%도 채 되지 않는 이유는 무엇일까?[83] 기술주 열풍이 절정이던 1997년 말에 가장 비싼 '화제주' 최상위 십분위에 투자한 사람은 2000년 초에 두 배 이상의 수익을 올렸을 것이다. 이런 식의 대규모 복합 효과(작고 사소해 보이는 행동으로 커다란 결과를 낳는 전략 : 옮긴이)는 주로 성장주들에 해당한다. 말 그대로 성장주는 매력이 덜한 가치주들보다 이 효과에 더 많이 노출되는 경향이 있다. 그래서 가치 투자는 시간이 지나면서 당신을 부자로 만들지만 성장주는 하룻밤 사이에 당신을 갑부로 만들 수도 있다.

그러나 앞에서도 배웠듯이, 이 세상에서는 "이 또한 지나가리라!"라는 말보다 더 진실한 표현도 드물다. 2년 넘게 상상 속의 투자자들을 갑부로 만들었던 바로 그 화제주들이 빠른 속도로 다시 그들의 부를 파괴했다. 2000년 2월부터 2009년 2월 사이에 이 최상위 십분위 주식들은 82%나 폭락했다. 인기주 투자는 단기적으로 수익을 내기는 했지만, 앞에서도 언급했듯이 순식간에 부자가 되고 순식간에 거지가 되는 것은 동전의 양면과 같다.

가치 투자가 시간과 지역, 업종을 불문하고 효과가 있다는 사실은 연구에서 입증되었다.[84] 투자에서의 몇몇 변칙 상황들은 금방 사라지고 그리 중요치도 않지만, 이 가치만큼은 장기 투자자들이 미래를 예측하는 데 도움을 줄 거라고 과감히 말할 수 있다. 그 이유는 가치가 사람의 심리와 교류하는 방식에서 찾을 수 있다. 대부분 2월보다 1월에 체육관이 더 붐비는 데 베팅하며 나는 그와 같은 이유로 가치 투자에도 베팅한다. 시간이 지날수록 무언가를 고수하기란 쉽지 않다.

　가치 투자를 위해서는 좋은 품질이 비싼 가격에서 비롯된다는 근원적인 사고 경향부터 극복해야 한다. 가치 투자는 장기적으로 안정적인 수익을 위해 단기적인 벼락부자의 기회를 희생하도록 요구한다. 가치 투자자가 되려면 인기주를 둘러싼 화려한 소문은 귓등으로 흘리고, 전망이 밝지 않다며 보통 사람들이 기피하는 주식들을 코를 틀어막고서라도 찾아서 사야 한다. 이런 상황들 하나하나는 대다수에게 자연스럽게 다가오는 것들을 직접적으로 방해하므로, 가치 프리미엄은 앞으로도 계속해서 존재할 것이다.

　'마법 공식'으로 유명한 조엘 그린블라트는 가치 투자의 힘에는 마법이 없다고 강조한다. 그러면서 나쁜 소식도 별 영향을 주지 못할 정도로 낮은 기대감으로 주식을 매수하라고 제안한다. 주가를 최우선으로 고려하는 것은 성장의 환상이 아니라 현실의 바탕 위에서 투자가 이루어진다는 의미다.

　인기주 투자는 지금은 아닌 것 같아도 미래만큼은 알 수 있다고 전제한다. 반면에 가치 투자에서는 현실을 있는 그대로 바라보며 미래에 대해서도 올라가면 내려갈 수도 있다는 식 외에는 어떠한 평가도 하지 않는다. 사람은 누구나 더 좋은 서사를 지닌 더 값비싼 주식을 위해 싸구려 주식 따위는 언제든지 처분할 수 있도록 프로그래밍되어 있다. 가치 투자는 이런 타고난 성향을 거부하고 하기 싫은 무언가를 하도록 요구한다. 고통스러운 만큼 대가도 크기 때문이다.

**지금부터 실천하자!**

#생각하라 "잘 사면 싸게 팔아도 된다."

#질문하라 "이 가격에 회사를 통째로 살 수 있을까요?"

#실행하라 값비싼 주식은 체계적으로 회피하라. 언제나.

## 품질을 매수하라(자산)

1963년 2월 6일, 데이비드 쿡은 텍사스주 댈러스에 첫 블록버스터 비디오 매장을 열었다. 쿡은 방대한 데이터베이스를 관리할 수 있는 전문성을 바탕으로 블록버스터 매장마다 그 지역 사람들의 선호도를 반영하여 비디오 재고를 관리하는 시스템을 개발했다. 이처럼 대형 맞춤 서비스mass customization라는 경쟁력을 등에 업은 블록버스터는 사업 방식에서 혁신과 거의 동의어로 통했다. 1987년, 혁신의 행진을 지속하던 블록버스터는 닌텐도와 협의하여 비디오게임 대여 산업의 문을 열어젖히기도 했다.[85] 세기의 전환기까지 빠르게 달려와 이제는 거대한 기업으로 성장한 블록버스터는 신생 기업인 넷플릭스를 5,000만 달러에 인수할 기회까지 얻게 되었다. 하지만 넷플릭스 경영진과 회의를 하면서 이 햇병아리 기업의 인수 문제는 없었던 일이 되었다. 그 회의에 참석했던 넷플릭스 공동 창업자 중의 한 사람은 당시의 분위기를 "그 사람들은 거의 비웃듯이 우리를 내쫓았습니다"라고

표현했다.[86]

그해 말, 블록버스터는 방향을 수정하여 엔론 브로드밴드 서비스 EBS와 협업 계약을 체결했다. 오늘날 넷플릭스는 시가 총액이 거의 330억 달러에 육박하며 엔론은, 그냥, 엔론이다. 2000년대 초, 디지털 세상이 여전히 성장하고 블록버스터도 이 변화와 무관하리라는 기대 속에서 주가는 연일 롤러코스터였다. 그러나 2012년 2분기 초에서 4분기 말 사이에 주가는 반토막이 나며 15달러로 마감했다. 앞 장에서 논의한 '가격' 측면의 여러 지표에서 보면 이때 블록버스터의 주가는 매력적일 정도로 저렴했다. 그러나 오로지 가격만을 보고 투자한 사람들은 그 일차원적인 사고에 큰 대가를 치러야 했다. 5년 뒤에 주가는 5달러 아래로 떨어졌고 10년 뒤에는 존재마저 사라지고 말았다. 혁신을 기반으로 설립되어 성장한 거대한 미국 브랜드 하나가 혁신의 부족으로 소멸한 것이다.

블록버스터의 사례는 기업의 품질(상품의 품질이 아니라 투자 대상으로서 기업이 지닌 질적 수준 : 옮긴이)을 세밀하게 고려하지 않고 오로지 주가로만 싸고 비싸고를 판단해서는 안 된다는 교훈을 담고 있다. 시장 참여자들이 전적으로 합리적이지는 않은 것과 전적으로 비합리적이라는 것은 엄연히 다른 문제다. 주식이 싼 이유는 회사가 시원찮아서일 때가 많다. 실제로 조셉 피오트로스키의 조사에 따르면, 가치주 전체로는 시장 수익률을 앞서지만 그중 57％는 (주가 순자산 비율PBR 기준으로) 1~2년 주기로 시장보다 못한 것으로 드러났다. 가치 전략이 초과 실적으로 이어지는 이유는, 시장 참여자들이 가치가 낮다는 것(실제로도 형편없는 주식들이었다)을 알면서도 값싼 주식들에 가치 투자를 하기 때문에 눈부신 성과가 나오는 것이다.

가격뿐 아니라 기업 품질까지 고려하여 가치주를 선별하고, 적정 가격에 매수하여 모든 이점을 누리는 동시에 쭉정이 주식들까지 걸러 낼 수도 있다면 어떨까? 규칙 기반 행동 투자자는 가격이 항상 기업 품질과 연동해야 한다는 사실을 잘 알고 있으며, 저렴한 주식뿐 아니라 좋은 주식을 사기 위해 고민한다.

워런 버핏의 멘토인 벤저민 그레이엄은 버핏의 표현대로 '담배꽁초 투자cigar butt investing'의 사도였다. 그레이엄은 버려진 담배꽁초 같은 기업을 발굴하여 결국에는 파산할지언정 마지막 만족스러운 한 모금을 즐기고 싶어 했다. 그레이엄의 '실질net-net' 투자 스타일에서 주목하는 것은 오로지 순유동 자산이었다. 그는 청산 가치(현재 시점에서 기업의 영업 활동을 중단하고 청산할 경우 회수 가능한 금액의 가치 : 옮긴이) 보다 낮게 기업을 매입하여, 최악의 경우에 (담배꽁초처럼) 버리더라도 그 불행에서 여전히 수익을 낼 수 있기를 희망했다.

워런 버핏은 이런 유형의 순자산 가치를 찾는 것으로 직업 인생을 시작했지만 머잖아, 그레이엄이 투자하던 대공황 시절보다 그런 기업을 찾기가 훨씬 어려워지고 있다는 사실을 깨달았다. 얼마 후 버핏의 비즈니스 파트너가 된 찰리 멍거는, "적정 회사를 좋은 가격에 사는 것보다 좋은 회사를 적정 가격에 사는 것이 훨씬 낫다"라는 버핏의 투자 인생에서 가장 소중한 교훈을 가르쳐주었다.[87] 적정 가격에 대해서는 앞에서도 논의했다. 이제 좋은 회사를 발굴하는 것으로 우리의 관심을 돌려보자.

# 담배꽁초를 넘어⋯⋯

적정 가격과 좋은 회사의 조합은 미래의 불확실성을 내다볼 수 있게 해준다는 점에서 규칙 기반 행동 투자의 핵심 중 하나다. 우리가 선택한 주식과 주식 시장의 미래는 누구도 알 수 없으므로 가격과 품질 측면 모두에서 어느 정도의 추가 보완책이 필요하다. 투자 어법으로 표현하면, 우리는 알 수 없는 내일에 대비하여 우리 자신을 요새화할 해자를 찾고 있다. 이 개념을 루앤 로프턴만큼 명쾌하게 설명하는 사람도 없다.

"굶주린 용과 음탕한 왕자들로부터 긴 머리의 예쁜 소녀를 지켜주는, 성을 둘러싸고 있는 옛 동화 속 해자의 그림을 떠올려보자. 비즈니스 세계에서 해자는 굶주리고 탐욕스러운 기업들로부터 회사와 수익 창출 잠재력을 보호한다. 회사를 따로 떼어놓고 경쟁에서의 우위를 선사하며 결과적으로 장기적 고수익을 안겨준다."[88]

너무나 당연한 이야기지만(누가 형편없는 회사를 사려 하겠는가?), 기업 품질의 측면을 정확히 설명하는 동시에 미래의 향상된 수익성까지 예측할 수 있는 차별화된 요소를 찾아내기는 쉽지 않다. 기업의 품질을 평가하면서 투자자들이 흔히 범하는 실수 중 하나는 그 기업이 제공하는 재화나 서비스가 우리의 삶에 얼마나 중요하게 기여하는지를 판단하려 한다는 점인데, 이것은 견실한 투자를 견인하는 방법과 전혀 다른 얘기다. 좋은 투자를 아주 어렵게 만드는 것 중 하나가 "혁신적인 산업은 혁신적인 수익을 창출해야 한다"라는 것인데 이 또한 절반만 옳은 얘기다.

비행기를 생각해보자. 꽤 먼 거리를 빠르고 저렴하게 날아갈 수 있는 능력으로 우리의 삶과 비즈니스에 획기적인 영향을 끼친 비행기보다 더 큰 파급 효과를 지닌 기술은 많지 않다. 미국 항공교통관제사협회NATCA에서는 미국에서만 하루 운항 편수가 8만 7,000대 이상이라고 한다. 그런데도 이 놀랍고도 삶을 변화시키는 기술에 투자하는 것은 대부분 좋지 못한 생각이다. 항공주 마니아로서 이 산업에 투자했다가 재앙급 경험까지 한 워런 버핏은 영국 〈텔레그래프〉와 한 인터뷰에서 그 당시를 매우 다채롭게 묘사했다.

"1990년대 초의 키티 호크(노스캐롤라이나주의 소도시로 오빌 라이트가 최초의 동력 비행에 성공한 곳 : 옮긴이)에 자본가가 출현했다면 오빌 라이트를 쏴버렸어야 했어요. 그랬다면 후손들의 돈도 지켜줬겠죠. 하지만 진지하게 말하자면, 그동안 항공 산업은 정말 놀라웠어요. 지난 한 세기 동안 어느 산업과도 견줄 수 없을 정도로 많은 자본을 집어삼켰지요. 사람들이 끊임없이 되돌아와서 계속 새 돈을 넣었으니까요. 엄청난 고정 비용, 강력한 노동조합, 생필품의 가격대. 이런 것들은 성공에 좋은 조리법은 아니에요. 지금 내게는 무료 전화번호가 있으니 항공주를 사고 싶으면 언제든 전화할 수 있어요. 새벽 두 시에 전화해서 이렇게 말하지요. '난 워런이란 사람이고 항공 중독자예요'라고 말해요. 그러면 그 사람들이 날 진정시키려 애를 써요."[89]

항공 여행 산업처럼 인터넷도 우리의 삶에 혁명을 일으켰지만 투자 수익도 항상 그에 걸맞은 것은 아니다. 인터넷 이용자들은 현재 분당 2억 400만 회의 이메일을 전송하며 커뮤니케이션 방식을 영구히 바꾸고 있다. 인류를 연결한다는 목표로 등장한 페이스북의 이용자는 10억 명을 넘어섰다. 트위터 역시 분당 37만 회의 트윗을 자랑하며,

2013년에는 가짜 트윗 하나가 주식 시장에서 1,300억 달러의 가치를 지워버릴 정도로 그 위력이 강력하다.

인터넷의 거침없는 성공을 부인할 수는 없지만, 이전의 항공 산업처럼 인터넷주 역시 사회적 영향력과 기업 품질 사이에서 투자자들을 헷갈리게 만들 때가 많다.

버턴 말킬은 《랜덤워크 투자 수업》에서 인터넷 버블 동안에 수익이 어떻게 사라졌는지 설명했다.

"웬일인지 새로운 인터넷 세상에서는 매출과 총수입과 영업 이익 등이 중요치 않아 보였다. 대신에 애널리스트들은 인터넷 회사들의 가치를 평가하기 위해 웹페이지를 보는 사람들의 수 또는 웹사이트 '방문' 수를 의미하는 '아이볼eyeballs'에 주목했다. 특히 중요한 것은 웹사이트에서 최소 3분 이상 머무르는 '인게이지 쇼퍼engaged shoppers' 수였다. 메리 미커는 드럭스토어닷컴에 대해, 웹사이트를 둘러보는 아이볼의 48%가 인게이지 쇼퍼들이라며 감탄해마지 않았다. 인게이지 쇼퍼들이 돈을 내는지 아닌지를 아무도 신경 쓰지 않았다. 판매는 구닥다리로 진행되었다. 2000년의 버블 절정기에 드럭스토어닷컴의 주가는 67.50달러를 찍었다. 그리고 1년 뒤, 아이볼들이 이익을 바라보기 시작하면서 주가는 푼돈으로 전락했다."

버턴 말킬은 다음과 같이 깔끔하게 정리했다.

"투자의 열쇠는 그 산업이 사회에 얼마나 영향을 미치는지 또는 앞으로 얼마나 성장할지가 아니라 수익을 창출하고 유지하는 능력이다."[90]

## 수익이 수익성이 있는가?

혁명적일 만큼 새로운 아이디어도 우리를 부자의 길로 이끌 수 없다면, 이제 우리가 바라봐야 할 것은 이익률profit margin처럼 경쟁 우위를 확인할 수 있는 가장 기본적인 척도들이다. 높은 이익률은 해자의 실질적 증거로 볼 수 있으며, 무너져가는 신생 기업을 평가하는 데 사용되는 비재무적 지표보다 훨씬 합리적이다.

제임스 오쇼너시는 이익률을 기준으로 최상위 십분위에 투자한 결과를 진단한 후 이 결과를 단순히 모든 종목에 투자한 경우와 비교했다. 1963년 12월 31일을 기점으로 매년 이익률 최상위 10% 종목에 1만 달러를 투자했다면 2009년 말에는 91만 1,179달러로 늘어나 복리 수익률이 10.31%에 이른다. 인상적인 수익률이 분명하다. 적어도 모든 종목을 대상으로 매수하는 '특별할 것 없는' 대안을 고려하기 전까지는 그렇다. 같은 시기에 지수에 투자했다면 연 11.22%의 수익률에 최종 잔고는 132만 9,513달러에 이르는 것으로 추정된다. 이익률에서 최고의 주식들에 투자하여 40만 달러 이상의 비용이 든 셈이다! 이러한 결과는 수익성 낮은 담배꽁초 주식들의 실적이 최고 이익률 군단보다 연 2.4% 능가한다는 트위디 브라운의 결과와도 맥을 같이한다.

그러면 어쩌라고? 추세를 따르자니 이익을 무시하게 되고 이익을 고려하자니 실적이 저조한데, 도대체 기업의 품질을 어디서 확인할 수 있단 말인가? 많은 투자 사례에서 그렇듯이, 기업 품질의 근거로서 이익률이 적절하지 못한 이유는 인간의 심리에 기인한다.

투자 행동에 대한 이전의 논의를, 특히 과도함은 결코 영속적일 수 없다는 깨달음을 상기하자. 오늘의 현실을 끊임없이 미래로 투사하는 것은 인간의 본성이다. 오늘 하루가 좋지 못하면 앞으로 다시는 태양이 뜨지 않을 것 같은 느낌이 들기도 한다. 마찬가지로 기업의 행운도 영원히 계속될 것만 같다. 반대편에서 보면 오히려 그 반대가 진실인데도 말이다. 이익률이 큰 기업들은, 실적의 평균 회귀mean-revert 경향까지는 말할 것도 없고 경쟁 기업들에 그 이익이 잠식당하기 마련이다. 따라서 기업의 질적 수준을 판단하려면, 이례적인 리더들 뒤에는 그보다 평범한 많은 추종자가 따르기 마련이며 기록적인 어닝 시즌 earning season도 그보다 덜 인상적인 미래의 씨앗을 뿌리는 시기라는 사실을 반드시 기억해야 한다. 로버트 프로스트는 이렇게 노래했다.

자연의 첫 초록은 황금색이지요, 가장 간직하기 어려운 빛깔이지요.
자연의 이른 잎새는 꽃이지요, 하지만 한 시간뿐이에요.
그러면 잎은 잎으로 내려앉지요. 이렇게 에덴은 슬픔으로 가라앉고,
새벽은 이렇게 낮으로 가라앉지요. 황금색은 영원하지 않아요.

위에서 소개한 일화는 투자가 얼마나 어려운지를 보여줄 뿐 아니라 체계적인 접근의 필요성을 강조한다. 근거에 기초한 투자라 하더라도 모두가 논리적이고 합리적이지는 않기 때문이다. 제임스 오쇼너시는 "실적 수입이 많고 이익률이 높은 주식이 좋은 투자처인 것은 당연하지만 장기 데이터는 오히려 그 반대를 시사한다. 성공 투자는 성장 잠재력이 좋으면서도 최근 투자자들에게는 기대치가 낮은 주식들을 매수하는 데 달렸다"라고 했다. 이 말은 미래의 성장 잠재력이

상승하고 있지만 아직 대중이 확신하지 못하는, 미움받는 기업을 찾아야 한다는 뜻이다. 욕먹는 주식인지 아닌지는 쉽게 알 수 있다. 합리적인 가치 척도에 비례하는 주가는 투자자들이 기대하는 미래 수익의 훌륭한 지표와 같다. 그런데 주가가 낮을수록 사람들은 그 주식을 더 싫어한다. 미래에 다시 사랑받을 가능성을 평가하기는 매우 어렵지만 그렇더라도 방법이 없는 것은 아니다.

"기업의 해자를 확장해주는 요소에는 여러 가지가 있다. 강력한 브랜드 정체성(구매자가 몸에 회사 로고를 문신하고 다니는 할리 데이비드슨 등), 시장 독점 또는 유사 독점, 규모의 경제, 엄청난 양의 재화나 서비스를 저렴하게 공급하는 역량(10억 개의 면도날을 생산하는 질레트 등), 고유의 무형자산(코카콜라가 대표적이다. 향미 시럽의 비밀 제조법은 특별한 물질적 가치는 없어도 소비자들에게는 값으로 매길 수 없는 가치를 지닌다.), 대체 저항성(대다수 기업에서는 전기의 대체재가 없으므로 조만간 공익 사업체들이 대체될 가능성은 낮다) 등이 그 예다."[91]

방금 언급한 속성 중 하나를 보유하고 있으며 주가까지 낮은 기업을 찾았다면 행동 투자의 핵심인 필수 해자를 우연찮게 만났다고 볼 수 있다.


### 양과 염소의……

가치와 품질의 복합 세상에서 과소평가된 영웅인 회계학 교수 조셉 피오트로스키는, 회계 척도를 활용하여 쭉정이로부터 알맹이를 분리할 수 있는지를 판단하고 가치 투자의 판도를 바꾼 단순 공식을 창안했다. 그의 설명을 들어보자.

"그 (가치) 전략이 성공하려면 몇몇 잘나가는 기업에서는 강력한 실적이 뒷받침되어야 하고 다수의 못 나가는 기업에 대해서는 저조한 실적을 용인할 수 있어야 한다. 구체적으로 말하면, 높은 BM(주가가 높지 않은) 기업 중 포트폴리오를 구성한 후 2년 동안 긍정적인 시장 조정 수익률을 올린 경우는 44%에도 미치지 못했다. 해당 포트폴리오 내에서 실현된 다양한 결과를 감안할 때, 투자자들은 궁극적으로 강한 기업과 약한 기업을 사전에 구분하여 그 이점을 누릴 수 있다. 이 논문에서는 단순하고, 재무제표에 기초한 편향된 생각이 비인기 주식에 적용될 때 과연 잠재력 있는 기업과 그렇지 못한 기업을 구분할 수 있을지 의문을 던진다."[92]

쉬운 말로 하면, 이유가 있어서 싼 주식과 심리적 이유로 싼 알짜 기업을 어떻게 구분하느냐이다.

피오트로스키 교수는 19가지 품질 척도를 바탕으로 훗날 '피오트로스키 F-스코어'라고 부르는 측정 단위를 개발했다. F-스코어는 수익성profitability, 재무 건전성leverage, 운영 효율성operating efficiency을 기준으로 기업의 현재 재무 상태가 건전한지, 또 이보다 더 중요하게는, 그 기업이 지향하는 방향이 올바른지를 판단한다. 19가지 각각의 척도에 대해 1점부터 최대 9점까지 점수를 부여한다. 각 척도를 소개하면 다음과 같다.

- 순이익Net income : 순이익이 긍정적인가?
- 영업 현금 흐름Operating cash flow : 추적 12개월 영업 현금 흐름이 긍정적인가?

- 자산 수익률ROA : 자산 수익률이 전년 대비 개선되었는가?
- 이익의 질Quality of earnings : 작년의 영업 이익이 자산 수익률을 초과 했는가?
- 장기 부채 대비 자산Long-term debt vs. assets : 자산 대비 장기 부채가 감소하고 있는가?
- 유동 비율Current ratio : 운전 자본이 증가하고 있는가?
- 발행 주식 수Shares outstanding : 전년도에 주식이 희석되었는가?
- 매출 총이익Gross margin : 전년 대비 이익이 증가하고 있는가?
- 자산 회전율Asset turnover : 자산 가액 대비 매출이 증가하고 있는가?

피오트로스키 F−스코어를 총체적으로 활용하기 위해 반드시 각각의 척도들을 제대로 알아야 하는 것은 아니다. 피오트로스키 교수는 부채를 관리하고 주주들에게 유익하며 효율적으로 운영되는 수익성 좋은 기업들이 실제로 낮은 점수를 받은 기업들보다 높은 실적을 올리는지를 판단하기 위한 작업에 착수했다. 그는《가치 투자 : 승자와 패자를 구분하기 위한 역대 재무제표 정보 활용-Value Investing》에서 F−스코어 점수가 가장 높은 기업들(8~9점)을 매수하고 가장 낮은 주식들(0~2점 사이)의 비중을 축소하는 포트폴리오를 1976년부터 1996년까지 운영했을 때 연간 수익률은 23%에 달한다고 주장했다.[93] 이 근거를 통해 볼 때, 저가의 주식을 매수하는 것도 좋지만 고품질의 주식을 저가에 매수하는 게 훨씬 더 좋다.

조엘 그린블라트는 우량 기업을 적정가에 매수하는 버핏−멍거식의 투자법을 체계화하여 명성을 쌓은 또 한 명의 전설적 투자자다. 그린블라트는 정크 본드의 제왕 마이클 밀켄의 지원까지 받아 형성한 700만 달러의 빠듯한 자금으로 1985년에 고담 캐피털을 설립했다.[94] 그 후로 21년 동안 그린블라트는 투자자들에게 연 34%의 수익을 안겨주고 자신은 억만장자의 길로 내달리며 월스트리트에서도 보기 드문 실적을 거두었다.[95] 그런데 슈퍼리치가 되는 과정에서 재미있는 일이 발생했다. 단 두 가지 변수만 살펴봐도, 복잡한 헤지 펀드에서 거둔 실적에 못지않은 성과를 주식 시장에서도 올릴 수 있다는 사실을 발견한 것이다.

그린블라트는 가치 투자를 최대한 단순화하기 위해, 가격을 반영하는 하나의 변수와 기업의 품질을 반영하는 또 하나의 변수를 통해 "투자자들이 평균 이상의 기업을 평균 이하의 가격으로 매수할 수 있도록 설계된 장기 투자 전략"을 구축하는 데 착수했다. 가치 척도로는 이익 수익률earnings yield(주가 수익 비율과 반대 관계)을, 품질 척도로는 그가 선호하던 자본 수익률ROC을 선정했다. 그린블라트의 마법 공식은 듣기에는 단순하지만 여기서 얻는 결과는 결코 따분하지 않다. 원래의 마법 공식에는 시가 총액 5,000만 달러 이상의 기업만 포함되었고, 〔표 6〕에서 보듯이 인상적인 백테스트(과거 지표를 바탕으로 성장세를 분석하는 방식 : 옮긴이) 결괏값을 보였다.

마법 공식은 시가 총액 10억 달러 이상의 대기업들에 적용하더라도 (1988년부터 2009년까지) 19.7%의 수익률을 보였다. 이 기간에는 아주 극심한 변동성의 시기도 들어 있었다. 마법 공식이라고 부르기는 하지만 사실 그린블라트의 접근법에는 마법이 존재하지 않는다. 그는 가치와 품질을 결합한 직관적인 단계를 채택했을 뿐 결과는 스스로

만들어낸다. 피오트로스키와 마찬가지로, 그린블라트의 척도가 효과
적인 이유는 기업이 그 자원을 현명하게 활용하는지 여부를 포착해내
기 때문이다. 그것이 핵심이다. 현명한 자원 관리인이 주식을 싸게 판
다면 투자자들에게 그보다 좋은 일은 없다.

　인생에서도 그렇듯이 비즈니스에서도 언제가 어려운 시기이고 언
제가 그렇지 않은지가 중요하다. 늘 그렇듯이 워런 버핏은 이번에도

표 6 그린블라트 마법 공식 대비 S&P 500 실적 비교(1988~2004)[96]

| | 마법 공식 실적(%) | S&P 500 실적(%) |
|---|---|---|
| 1988 | 27.1 | 16.6 |
| 1989 | 44.6 | 31.7 |
| 1990 | 1.7 | -3.1 |
| 1991 | 70.6 | 30.5 |
| 1992 | 32.4 | 7.6 |
| 1993 | 17.2 | 10.1 |
| 1994 | 22 | 1.3 |
| 1995 | 34 | 37.6 |
| 1996 | 17.3 | 23 |
| 1997 | 40.4 | 33.4 |
| 1998 | 25.5 | 28.6 |
| 1999 | 53 | 21 |
| 2000 | 7.9 | -9.1 |
| 2001 | 69.6 | -11.9 |
| 2002 | -4 | -22.1 |
| 2003 | 79.9 | 28.7 |
| 2004 | 19.3 | 10.9 |

"나는 워낙 훌륭한 탓에 멍청이도 경영할 수 있는 그런 기업의 주식을 사려고 노력한다. 머잖아 어느 멍청이가 그러고 있을 테니까"라고 다채롭게 표현했다. 기업의 어려움이 멍청한 경영자 때문이든, 경기 침체나 규제의 변화 때문이든, 조언할 것은 동일하다. 바로 기업 품질의 문제다. 어려움은 반드시 찾아오지만 회복은 그렇지 않다. 따라서 언젠가 시장이 다시 당신의 주식에 다시 관심을 보이기 위한 최고의 보증서가 바로 기업의 품질이다.

적정 가격을 지불하는 것이 인가되지 않은 위험 관리 기법이라면 매수의 질을 평가하는 것 역시 이와 비슷한 기능을 한다. 브랜드 자산, 자본 수익률, 운영 효율성 등 당신이 선택한 지표가 무엇이든 미래에도 소유할 가치가 충분한 기업의 주식을 매수했다고 자신 있게 말할 수 있어야 한다. 언젠가 벤 그레이엄은, "시장은 단기적으로는 투표기지만(인기를 좇지만), 장기적으로는 저울이다(가치를 좇는다)"라고 말한 적이 있다. 주가는 주어진 시기에 시장이 당신의 주식에 표를 어떻게 던질 것인지 알려준다. 그리고 기업의 품질은 그 주식의 궁극적 가치를 어떻게 가늠할지를 알려주는 최선의 길잡이다.

---

### 지금부터 실천하자!

#생각하라 "품질은 시간이 지나면서 인정받는다."

#질문하라 "이 브랜드는 독자적인 지배력을 구축할 수 있는가?"

#실행하라 품질에 조금 더 지불할 준비를 하라.

# 위험을 감안하라(함정)

✦

*"도둑질이야. 주식 시장의 인간들은 죄다 부정한 것들이야."*

알 카포네

친절한 독자 여러분, 아직 우리가 만날 기회는 없었지만 왠지 당신을 알 것만 같다. 당신을 너무 잘 아는 것 같아서 당신의 성격에 대해 몇 가지 추측해보려 한다. 다음의 진술을 읽고 당신에게 얼마나 들어맞는 얘기인지 생각해보자.

사람들은 당신의 성격이 원만하다고 생각하겠지만 당신의 내면에는 걱정과 불안이 있을 수 있다. 다른 사람들이 당신을 존경해주기를 바라며 특히 무언가를 결정할 때 이런 생각을 한다. 아직은 이렇다 할 큰일을 이룬 게 없지만 그날이 점점 다가오고 있는 느낌이다. 당신에게는 아직 계발되지 않은 잠재력이 많다고 여긴다. 당신은 아이디어를 받아들이기 전에 신중하게 고려하는 자주적 사고가 있다. 당신은 어느 정도의 다양성과 변화를 즐기며 제약이나 규제에 얽매이는 것을 싫어한다. 당신이 완벽하지 않다는 것을 잘 알고 있지만 그 단점을 보완하기 위해 성격적 장점을 활용할 수 있다.

자, 어떤가? 당신의 성격을 얼마나 정확하게 표현했느냐는 질문에 전혀 아니라면 1부터 매우 그렇다면 5까지 점수를 매기자. 당신이 다른 대다수의 사람과 비슷하다면 아마도 4나 5로 답했을 것이다. 얼굴한 번 본 적 없는데도 너무 정확하게 맞춰서 당황했을지도 모르겠다.

앞의 문단은 바넘 효과Barnum Effect(일반적인 성격 특성을 자신에게만 해당된다고 믿는 경향 : 옮긴이) 또는 다른 비슷한 경우로 포춘쿠키 효과라고 부르는 현상이다. 바넘 효과는 유명 엔터테이너이자 서커스 거장인 P. T. 바넘의 이름에서 비롯되었다. 바넘은 "얼간이 같은 녀석들 참 많아!"라는 유명한 말과 함께 자기만의 노하우로 사람들을 꼬드겨 돈을 내놓게 하는 탁월한 능력자였다. 바넘은 대형 천막 아래서 잔뼈가 굵은 사람이었지만 흔히 말하는 '봉(속이기 쉬운 사람)'에 대한 그의 이해 수준은 오히려 공식적인 훈련을 받은 학자들을 능가했다. 심리학자들이 말하는 확증 편향, 즉 이미 생각하고 있는 것을 더욱 강화하는 정보만 눈에 들어오는 이 경향에 대해서도 바넘은 잘 알고 있었다.

우리가 피드백을 받아들이는 과정에는 확증 편향이라는 광범위한 현상을 구성하는 두 가지 동시 역학이 존재한다. 첫째는 자기 검증self-verification으로, 기존의 신념을 강화하려는 경향을 말한다. 둘째는 자기 강화self-enhancement로, 자기 마음에 드는 정보에 관심을 두는 경향이다. 두 가지의 역할은 자명하다. 자존감과 자신감을 유지하기 위해서다. 이런 현상이 보통은 긍정적이다. 자신에 대한 좋은 느낌을 싫어할 사람이 있겠는가?

그러나 우리에게 깊이 내재한 신념이나 자존감이 도전받을 때처럼 특정 상황에서는 이 역학들이 과열될 수도 있다. 확증 편향 때문에 우리는 확신할 수 없는 정보 앞에서 현재 상태를 유지하려 하거나 우리 자신에 대한 현실적이고 부정적인 피드백을 외면하려 한다. 그때 문제가 생긴다. 이런 경우에 우리는 자신의 능력을 믿고 싶어 하기 때문에 주변의 경고를 무시하고 미래를 지나치게 장밋빛으로 보게 된다. 그게 무슨 문제냐고 말할 수도 있지만 이런 상황이 투자 활동에서 벌어진다면 어떨까? 효율적 시장 이론가들이 오랫동안 주창해온 경제적 인간(호모 이코노미쿠스)까지는 아니더라도, 확증 편향과 관련된 성향을 지닌 사람은 삶의 다른 영역에서도 그렇겠지만 금전적 결정을 할 때도 그 성향이 드러나기 마련이다. 재정적 의사 결정에 수반되는 불확실한 상황과 중대한 이해관계 때문에 이처럼 잘못된 생각으로 빠질 가능성이 훨씬 커진다.

당신도 이런저런 메커니즘을 활용하여 금융 시장의 운영 방식에 대해 나름의 견해를 형성한다. 이런 식으로 당신 나름의 자산 포트폴리오를 구축해왔으며 다른 주식들보다 특별히 아끼는 종목들도 있다 (돌아가신 아버지께서 절대 버리지 말라고 당부하신 대기업 주식이 있을 수도 있다). 보유 종목 중에서 어느 것이 더 건전하고 혹은 병들었는지를 나타내는 지표들이 수없이 많지만, 당신만의 유능한 시각을 고집하고 싶고 또 아버지께서 남긴 지혜의 말씀을 저버리고 싶지 않기 때문에 당신이 듣고 싶어 하는 이야기를 반영하는 지표만 눈에 들어오는 경향이 있다.

규칙 기반 행동 투자자는 진실을 추구하는 과학자와 같은 존재다. 즉, 자신의 원래 가설을 강화하는 정보뿐 아니라 무시하는 정보까지 두루 살펴본다. 진실을 추구하는 과학자는 "왜 이것이 좋은 투자인가?"라는 질문도 좋아하지만 훨씬 더 선호하는 질문은 "내가 틀렸을 수도 있지 않을까?"이다.

양질의 주식을 의미하는 우리의 지표가 자산Properties이라면, 우리는 함정Pitfalls에 유의하면서 그 주식이 원래 싸구려가 아니라는 확신 속에 위험을 관리할 수 있다. 워런 버핏은 "투자자는 큰 실수만 피한다면 단 몇 번만 제대로 해도 된다"라고 했다. 그러나 앞으로 나올 이야기에서 알게 되겠지만, 인간이라는 존재에게는 잠재적 위험을 깊이 고려하는 것보다 이 투자가 좋은 생각이라는 이유와 방법을 고려하는 것이 훨씬 자연스럽다.

'봐봐! 누군가 천장에 '속기 쉬운'이라고 써놨네.'

스티븐 그린스펀은 심리학자이자 《속임의 연대기The Annals of Gullibility》의 저자다. 그린스펀은 이 책에서 트로이 목마, 이라크의 대량 살상 무기 발견 실패, 상온 핵융합을 둘러싼 그릇된 과학 등 익히 잘 알려진 사례를 다루었다. 책의 대부분에서 일화를 다루지만 마지막 장에서는 '속임의 해부학'을 파헤치며 그 원인을 다음에 소개하는 요소들의 조합으로 돌린다.

- 사회적 압력Social pressures : 기만은 비슷한 종교적 배경을 가진 사람들처럼 '친화 집단'에서 일어나는 경향이 있다.
- 인지Cognition : 속았다는 것은 지식이 부족하거나 생각의 명확함이 부족해서일 수 있다(꼭 지능이 부족하다고는 말할 수 없다).
- 성격Personality : 믿음에 대한 성향, '아니오'라고 거절하지 못하는 성향의 사람은 이용당할 수 있다.
- 감정Emotion : 감정적 월급날(예를 들면 일확천금의 전율 등)에 대한 기대가 문제 있는 의사 결정을 촉진하는 경우가 있다.

스티브 그린스펀은 아직껏 제대로 연구되지 못한 분야에서 이 주제로 책을 집필했다. 그는 단순히 속임의 전문가 중 한 사람이 아니라 속임의 전문가 자체다. 그런데도 악명 높은 사기꾼 버니 매도프에게 자산의 30%를 잃었다는 사실은 우리를 어리둥절하게 한다.

그린스펀은 〈월스트리트저널〉에 기고한 글에서 매도프 사건을 솔직하게 평했다.

"내 경우에는 라이 펀드에 투자하기로 결정한 것 자체가 내가 금융에 얼마나 무지했고 또 그 무지를 개선하려는 노력에도 얼마나 게을렀는지 잘 보여준다. 부족한 금융 지식과 금융에 대한 게으른 인지 스타일을 극복하기 위해 나는 나만의 휴리스틱(또는 정신적 단순화 기법)을 고안했다. 즉, 나보다 금융 지식이 훨씬 많은 자문가를 찾아 그들의 판단과 추천을 신뢰하는 방식을 선택했다. 이 단순화 기법(휴리스틱)은 과거에도 효과가 있었고 이번에도 그럴 거라는 데 의심할 이유가 없었다.

매도프 사건에서 진짜 미스터리는 나 같은 풋내기 개인 투자자들이 그 투자를 안전하다고 믿어서가 아니라, 매도프의 배를 부양한 다양한 피더 펀드들feeder fund(다른 펀드에 투자하는 펀드 : 옮긴이)을 운영하면서 고액 연봉을 받던 운영자들을 포함하여 금융 지식이 해박한 수많은 전문가가 어떻게 위험과 경고 신호를 철저히 무시할 수 있었는가 하는 점이다. 매도프의 투자 알고리즘(그 조직의 다른 측면들과 더불어)이 철저히 기밀로 보호되어 외부에서 확인이 어려웠고, (속는 경우에서처럼) 강력한 감정적 및 자기 기만적 프로세스가 가동 중이었다는 점도 부분적인 해답이 될 수 있다. 바꾸어 말하면, 너무 좋은 일이 진행되고 있어서 모든 게 무너질 수 있다는 생각을 품을 수조차 없었다."[97]

그린스펀은 자기만의 의사 결정과 동기 부여에서 탁월한 식견을 지니고 있다. 그는 과거에 효과가 있었던 단순화 기법("다른 사람들을 나 대신 생각하게 하면 되지.")이 이번에는 통하지 않을 수 있다는 사실을 고려하지 않은 채로 의존했다는 점을 인정했다. 다른 한편에서는, 이 사례의 전문가라는 사람들조차 천재적으로 보이는 시스템을 면밀하게 검토하는 데 아무도 관심을 보이지 않았다! 프랜시스 베이컨은 "한 번 의견이 정해졌을 때 인간은 그 의견을 지지하고 동의할 수 있는 것만 받아들인다. 그리고 그와 반대편에서 발견된 다수의 중요 사례는 무시하고 멸시하거나 또는 특정 기준에 따라 제쳐두고 거부한다. 이 중대하고 치명적인 숙명 때문에 이전 결정의 권위가 훼손되지 않도록 하기 위해서다"라고 말했다.

어빈 얄롬 박사가 젊은 연인들에게 있을 수도 있는 관계의 잠재적 문제를 비판적으로 생각해보라고 권하는 것이 무척 어렵듯이, 수익을 올리고 있는 사람에게 "내가 틀렸을 수도 있지 않을까?"라고 자문하도록 하는 것도 불가능에 가깝다.

"투기는 적은 돈으로 큰돈을 만들려는 노력의 하나지만 성공하기는 어렵다. 투자는 큰돈이 푼돈으로 되는 것을 막아야 하기 때문에 꼭 성공해야 하는 노력의 하나다."[98]

프레드 쉐드의 이 말은, 무엇이 잘못될지를 고려하는 체계적인 프로세스가 투자를 투기와 구분해주는 단순하면서도 심오한 관점을 시사한다. 위험 관리가 현명한 투자의 필요조건이라면 왜 우리는 정기적인 위험 관리를 대수롭지 않게 여기는 것일까?

그 첫 번째 대답은, 위험은 원래 눈에 보이지 않으며 미래에만 존재하므로 측정 자체가 어렵다는 데 있다. 전설적인 자산 관리인 하워드 막스는 '내-위험' 포트폴리오(위험에 견디도록 구성한 포트폴리오 : 옮긴이) 관리를 '내진' 건물을 짓는 것과 비교했다. 땅이 흔들리기 전까지는 미래의 위험에 대비한 내진 설계에 들인 추가 비용과 시간을 누구도 인정하지 않는다(오히려 비난할 수도 있다). 막스는 여기에 대해 "'내가 당신을 위해 뭘 피했는지 보세요'라기보다는 '내가 당신을 위해 뭘 했는지 보세요'라고 이해시키는 편이 수월하다. 자동차 사고를 계획하는 사람은 없지만 자동차를 살 때는 대부분이 안전벨트와 에어백이 장착된 차를 선택한다. 마찬가지로 잠재적 투자에서 잘못될 가능성을 고려하는 것은 어떤 패러다임에서든 합리적인 요소다. 특히 장기 투자자에게 '사고'는 사실상 보장된 거나 다름없다"라고 말했다.[99]

위험 관리가 어려운 두 번째 이유는, 우리의 심리적 결함 때문에 실제 위험 수준이 매우 높은데도 주관적으로 낮다고 인식하기 때문이다. 이 현상을 하워드 막스는 '위험의 심술the perversity of risk'이라고 표현했다. 우리는 약세장을 위험스럽게 여기곤 하지만 진짜 위험은 잘나가는 시기에 형성되어 약세장에서 가시화된다. 좋은 시기의 투자자들은 위험 자산의 가격을 끌어올리며 상승 흐름에 올라타기 위해 아무리 높은 가격이라도 기꺼이 치르는 분별력 없는 행동을 한다. 이처럼 강세장에서는 위험이 곳곳에 도사리고 있지만 모두가 돈을 벌고 있기 때문에 심각한 문제가 확산하고 있다는 사실을 제대로 인식하지 못한다. 어느 시점에 이르면 주식이 매우 비싸지는데도 업계의 대부분은 위험과 변동성을 동일시하며 위험을 무시한다.

수익이 크게 늘어나는 시기는 자본 시장을 향한 사람들의 관심을 높이는 동시에 위험을 얕보게 하는 도취감을 유발한다. 그러는 사이에 밸류에이션은 계속 상승하며 앞으로의 수익률 하락 위험을 확장하고 주가를 유지하기 어려운 수준까지 끌어올린다. 이때 규칙이 아닌 직감에 의존하여 투자하다 보면, 자신이 시장에서 느끼는 위험이나 안전 관념이 실제와 정반대로 왜곡되어 있다는 사실을 깨닫게 된다.

위험이 눈에 보이지 않을 수 있고 그 위험에 대비하는 게 불가능하다는 사실은 전혀 다른 이야기다. 앞서 투자의 5P 중 첫 번째인 '가격'에서 살펴봤듯이, 적정 가격을 지불하는 것은 고수익과 저위험 모두를 투자자에게 유리하게 이끄는 한 가지 방법이다.

이어서 선택할 수 있는 두 번째 단계는 버크셔 해서웨이의 찰리 멍거가 입버릇처럼 말하는 "거꾸로, 항상 거꾸로 생각하라!"이다. 멍거가 권장하는 역발상은 이 장의 도입부에서 제시한 "내가 틀렸을 수도 있지 않을까?"라는 질문과 같은 맥락이다. 개인적으로 실천할 만한 훌륭한 방법이며, 우리가 가장 아끼는 생각을 정말 객관적으로 냉철하게 검토한다면 우리에게 존재하는 편향도 대부분 제거할 수 있다. 그 결과, 위험 관리를 위해서라면 아무리 '신성한 소Sacred Cow'라도 다시금 환기하고 아무리 좋아하는 가정이라도 의문을 제기하기 위해 '악마의 옹호자Devil's advocate'의 도움도 기꺼이 요청할 수 있다. 나는 실제로 이렇게 하고 있다. 반대 의견을 제시하라고 내가 돈까지 지불하는 이 악마의 옹호자가 내 논문을 갈가리 난도질하기 시작할 때,

나는 그의 주장에 맞서 논쟁하고 싶은 자연스러운 충동을 억눌러야한다. 이때 내가 나에게 허락할 수 있는 유일한 질문은 그들의 반론을 깊이 이해하는 데 필요한 내용들이다. "왜 그런 식으로 생각하는지 이야기해 주실 수 있나요?"라고 물을 수는 있다. 하지만 "당신이 틀렸어요. 왜 그런지 이유를 말해 드리죠!" 같은 말은 무조건 피해야 한다.

보통의 투자자들은 실적이 낮은 주식의 사후 분석을 통해 무엇이 잘못되었는지 의문을 제기하고 여기서 얻은 교훈을 다음 투자에 적용한다. 그러나 뛰어난 투자자들의 특징은 예상 실적에서 이탈할 수 있는 요소들을 사전에 검토하여 조정하는 사전 분석 기법을 실천한다는 점이다. 중개인이자 심리학자인 브렛 스틴바거는 이 개념에 대해 이렇게 설명했다.

"실제로 내가 승리한 거래의 상당 부분은, 나의 멈춤 전략을 상상으로 실행해보는 회의적인 '만약의 시나리오'를 연습하면서 시작되었습니다. 반대로 최악의 거래들은 잠재적 수익 추정치를 생각하면서 시작되었고요."[100]

투자 결정 이론가인 마이클 모부신은 이론 영역에 개념을 도입하여 다섯 부문의 체크 리스트를 고안했다.

- **대안을 생각하라** : 진공 상태에서 결정을 해서는 안 된다. 선택권은 당신이 활용 가능한 다른 옵션들과 관련해서만 더 좋거나 나쁘다고 할 수 있다. 질문하라. "다음 최선책은 무엇인가?"
- **반대 의견을 구하라** : 당신이 틀렸다는 사실을 입증하는 데 초점을 맞춰 다른 사람들에게 질문하라. 입을 닫고 처방을 받아들여야 한다.

질문하라. "내 생각이 어디서 잘못되었는가?"

- **이전의 결정들을 추적하라** : 그 시점에 결정해야 하는 이유를 기록하라. 나중에 이 기록을 검토하여 생각을 명확하게 정하라. 질문하라. "어떤 실수들이 과거의 노력을 수포로 만들었는가?"

- **극단적인 감정 상태에서는 결정을 피하라** : 스트레스, 두려움, 탐욕, 흥분 등 이 모두가 위험을 인식하는 데 영향을 미친다. 의사 결정에서 감정을 배제할 수는 없지만 극단적인 감정은 논리와 거꾸로 움직인다. 질문하라. "나는 이 일을 수행할 수 있는 감정 상태인가?"

- **인센티브를 이해하라** : 금전적 인센티브는 투자 결정의 명백한 동기이지만 다른 요소들도 함께 고려해야 한다. 투자자는 평판 및 경력과 직결된 위험도 실질적인 동기로 인식해야 한다. 질문하라. "내가 무엇을 얻거나 잃을 수 있으며, 그것이 나의 인식에 어떤 영향을 미치는가?"

### 나를 한 번 속이면 그건 네 잘못이고……

현명한 투자자는 기업과 시장, 행동 위험 등의 전형적인 검토 사항 외에도 복잡한 금융 거래 세상에서 슬프지만 엄연히 존재하는 부정행위의 존재도 고려해야 한다. 이처럼 윤리 의식이 결여된 사례에는 합법적이지만 오해를 유발하는 회계 마법에서부터 엔론처럼 명백한 사기 전술에 이르기까지 다양한다. 또한 이 모두가 투자자의 자본을 심각한 위험에 빠트린다.

인간 행동의 어두운 구석을 고려하고 조사하는 것은 행동 투자자의 책무다. 다행히 우리 중 조금 덜떨어지는 사람들을 위해, 완전한 파산에서 분식 회계에 이르기까지 다양한 위험을 진단할 수 있는 유용하면서도 제대로 활용되지 못하는 몇 가지 기법이 존재한다. 너무 상세한 분석은 이 책에서 다루는 범위(그리고 나의 주의력 범위)를 벗어나므로 내가 가장 선호하는 몇 가지만 강조하려 한다. 당신도 초대할 테니, 잘 익혔다가 원할 때 개인적으로 더 발전된 조사를 할 수 있기 바란다.

## 몬티어 C-스코어

C-스코어의 C는 'cooking the books(회계 부정)'을 뜻한다. 이 비율은 투자자이자 행동 사고가인 제임스 몬티어가 고평가 기업을 가려내는 데 도움을 주고자 개발했지만, 마찬가지로 저평가 기업을 진단하는 데도 활용한다. C-스코어의 6대 변수는 다음과 같다.

- 순이익과 영업 현금 흐름의 격차 확대
- 일 매출의 급격한 증가
- 일 재고 매출 증가
- 총수입 대비 기타 유동 자산 증가
- 총 유형 자산(부동산, 설비, 장비) 대비 감가상각 감소
- 수익 왜곡을 위한 연속적 인수 활동

각 항목에 1점씩을 획득하여 총점이 많아지는 주식은 회계 부정의 가능성이 커진다는 의미다. 몬티어는 1993년부터 2007년 사이에 C-스코어가 높은 종목의 실적이 미국 주식 시장보다 연 8% 저조하다는 사실을 발견했다. C-스코어와 밸류에이션 척도를 합치면 더 확실한

결과를 얻을 수 있다. 높은 C-스코어와 높은 밸류에이션(주가 매출 비율PSR 2 이상)을 지닌 종목의 실적은 시장 대비 14% 낮았으며 연간 수익률은 마이너스 4%였다. 회계 조작은 단기적으로 일부를 속이는 데 그치지만 이런 속임수가 오랫동안 지속되면 투자자들에게 큰 재앙을 가져올 수 있다.

## 알트만 Z-스코어

Z-스코어는 생애 가장 중요한 저작물을 출간할 당시 뉴욕대학교 재무학 교수로 재직하던 에드워드 알트만의 창작품이다. Z-스코어는 2년 이내에 파산할 기업을 예측하기 위해 고안된 매우 성공적인 척도다. 66개 기업을 백테스트backtest한 알트만의 파산 예측 정확도는 무려 72%였고, 긍정적 신호를 잘못 표시한 경우는 6%에 불과했다. Z-스코어는 다음의 다섯 가지 요소로 구성되며 예측력에 따라 가중치를 부여한다.

- 운전 자본/총자산 : 유동성 측정
- 이익 잉여금/총자산 : 레버리지 측정
- EBIT(이자 및 세전 이익)/총자산 : 수익성 측정
- 매출/총자산 : 효율성 측정

금융 회사들은 계정의 복잡성과 불투명성 때문에 Z-스토어로 진단할 수 없었지만, 알트만은 후속 연구를 통해 민간 기업들에 적용할 공식 버전을 만들었다. Z-스코어 덕분에 투자자의 자산을 무려 600억

달러나 파괴한 엔론에 대한 투자를 저지하는 데 도움을 주었다는 평가도 있다.

## 위험 그리고 새로운 결말

위험 관리를 미래 예측의 필수 요소로 생각하는 경우가 많다. 그렇다면 수정 구슬을 조금만 더 열심히 문지르면 손실을 예방하는 데 필요한 지식을 얻게 될지도 모를 일이다. 하지만 현실적인 위험 관리에서 더 중요한 것은 미래에 대한 확실한 지식보다 현실에 대한 깊은 이해이다. 위험은 눈에 보이지 않더라도 여전히 그림자를 드리우고 있다.

위험의 그림자는 펀더멘털보다 주식이 비싸고 정직보다 조작을 선호하는 기업에서 분명하게 드러난다. 위험의 그림자는 규칙보다 직관에 의존하고 솔직한 비판보다 자존심을 중시할 때도 분명하게 드러난다. 위험 관리는 정형화되지 않고 따분하며 수익 창출보다 매력도 없기 때문에 따로 예고를 하는 경우가 드물다. 위험 관리가 투자자들에게 훌륭한 경쟁력의 원천이 될 수 있는 이유가 바로 여기에 있다.

야구 역사상 가장 신성한 한순간을 불경스럽게 돌아보는 것으로 위험에 대한 고찰에 마침표를 찍으려 한다. 어디서나 동네 야구 영웅들은 이 장면을 똑같이 재현할 수 있다. 부상으로 다리가 불편했던 커크 깁슨, 위장 바이러스까지 감염된 채 2루를 절뚝거리고 돌며 주먹을 휘두르던 바로 그 장면이다. 깁슨의 그 한 방이 야구 역사상 가장 기억에 오래 남을 홈런이라는 데는 의심의 여지가 없으며, 덕분에 다저스는 어려워 보였던 1차전을 승리로 장식했고 여세를 몰아 월드시리즈에서도 우승을 차지했다. 그런데 우리는 그 시대의 영웅들을 기억하면서도 그때까지의 과정은 잊어버리는 경향이 있다.

집슨이 뜻밖에 타석에 등장한 순간은 오클랜드 애슬래틱스의 슈퍼스타 호세 칸세코(지금은 스테로이드 사태가 밝혀졌지만)가 첫 이닝에서 만루 홈런을 쳐 LA 다저스를 4 대 3으로 앞서고 있을 때였다. 1988년의 칸세코는 타율 0.307에 홈런 42개, 타점 124, 도루 40개 등 오늘날의 기준에서도 눈이 휘둥그레지는 놀라운 한 해를 보내고 있었다. 이런 칸세코 앞에서 만루를 허용한 것만 해도 매우 위험한 일인데, 더군다나 밋밋하게 날아든 슬라이더에 칸세코의 방망이가 힘차게 돌았고 공은 중견수 담장을 훌쩍 넘어갔다. 그런데 이보다 더 위험천만한 사건은 독감에 걸린 데다 이전 경기였던 내셔널리그 챔피언십 시리즈 NLCS에서 다리 부상을 입어 절룩거리던 집슨이 타석에 등장했다는 사실이었다. 우리가 그 상황을 특별한 위험으로 인식하지 않는 것은 심리학자들이 말하는 '반사실적 사고(과거와 반대되는 상황을 더 매력적으로 바라보는 경향 : 옮긴이)'의 한 사례라고 할 수 있다. 어쨌든 그 판단은 다저스에 유리하게 작용했고 토미 라소다 감독은 천재 전략가로 비쳤다. 그러나 거꾸로 생각해보면, 단순 통계로 생각해보더라도 그 상황에서는 아무리 훌륭한 타자가 나서더라도 안타를 얻기 어려웠다. 그랬으면 라소다 감독이 희생양이 되었을 수도 있다.

불가능할 것만 같던 업적을 일군 운동선수들을 위험과 반사실적 상황에 대한 고려 없이 기억하고 찬양하는 경향은 단일의 대형 금융 사례에서도 마찬가지다. 존 폴슨의 서브프라임 모기지 상품 공매도, 조지 소로스의 100억 달러 통화 공매도 사례 등이 대표적이다. 이 사례들은 워낙 규모가 크고 기억에도 선명하게 남아 있으며, 매우 호의적으로 진행되다 보니 예상 위험 조정 수익률에 부합하지 않더라도 탁월한 선견지명 덕분으로 원인을 돌리곤 한다.

언젠가 내 친구가 "모든 남자는 윗몸 일으키기를 10번만 하면 자기도 브래드 피트가 될 수 있다고 생각해"라며 농담을 한 적이 있다. 나도 전문가든 초보든 모든 트레이더에게서 이와 비슷한 과신 성향을 발견했고 친구의 농담에 빗대서 "모든 주식 시장 애호가들은 한 번만 더 거래하면 자신도 조지 소로스가 될 수 있다고 생각한다"라고 말하고 싶다. 역대 최고의 거래에 대해 이야기하는 것도 재미있지만, 실제 자산의 대부분은 극적인 홈런이 아니라 스트라이크 아웃을 당하지 않는 데서 축적된다. 잠재적 함정을 향한 일관되고 세밀한 관찰이 당신의 최근 투자 원칙에 포함되지 않았다면, 지금 당신은 승리의 가장 확실한 길, 즉 잃지 않는 방법을 간과하고 있는 게 분명하다.

---

### 지금부터 실천하자!

#생각하라 "장기적으로는 잃지 않음으로써 승리한다."

#질문하라 "기만 또는 조작의 근거가 있는가? 또는 사실이라기엔 결과가 너무 좋은가?"

#실행하라 C-스코어, Z-스코어, M-스코어, 회의주의를 활용하여 모든 매수 과정을 진단하라.

# 리더를 따르라(사람)

"예수 그리스도께서는, 그들이 부인함으로써가 아니라
'들의 열매로 그들을 알지니'라고 말씀하셨다."

윌리엄 S. 버로스

지금까지 당신은 행동 투자자가 되기 위한 여러 가지를 고려하는 데 꽤 많은 시간을 할애했고, 일부 행동이나 전략에 대해서는 너무 늦은 감이 있는 것도 사실이다. 한 가지 상황을 가정해보자. 당신은 심리학에 정통한 투자자가 아니라 군대의 심문 책임자라고 상상하자. 당신이 체포한 남자가 어둡고 눅눅한 심문실 의자에 묶여 있고 그 위로 전구 하나가 흔들거리며 비추고 있다.

그 남자가 미국의 어느 대도시에 폭탄을 설치했다고 하는데 그냥 허풍인지 근거 있는 위협인지 판단하기가 어렵다. 폭탄을 설치했다면 대략 어디쯤 있을지 당신도 짐작이 가지만, 지금은 미국의 크리스마스 시즌이어서 폭탄 제거팀이 출동한다면 많은 연휴 쇼핑객들이 놀랄 것이며 만약 허위 정보라면 당신의 팀에 치명적인 부담이 될 수도 있다. 당신이 선택해야 할 순간이다. 시간을 두고 용의자의 말이 거짓인지 아닌지 확인할지(절대, '선진 심문 기법(고문)'을 사용할 수는 없다), 아니면 확실하지도 않은 큰 위험을 떠안고 폭탄 제거팀을 즉시 출동시킬지 결정해야 한다. 선택은 근본적 질문 하나에 달렸다. 거짓인지 아닌지 밝혀낼 수 있는가?

〈라이 투 미Lie to Me〉 같은 TV 프로그램은 전문가가 상대방의 미세

2부 행동주의 투자

표정을 세밀하게 관찰하여 거짓 여부를 확인할 수 있다는 이유로 많은 인기를 끌었다. 다시 말해 잠재적 범인의 내면에 깔린 진짜 동기를 드러내는 짧고 비자발적인 표정으로 허위를 가릴 수 있다는 뜻이다. 그러나 이 드라마의 열혈 시청자인 내게는 실망스러울 수 있지만 또 다른 이야기를 들려주는 연구 사례도 있다. 미국교통안전청TSA에서 9/11 같은 재난을 방지하기 위해 10억 달러 이상을 들여 수천 명의 행동 탐지 요원들을 훈련시켰다. 검색을 통해 승객들의 비언어적 단서를 포착하여 잠재적 테러리스트들을 가려내는 훈련이었다. 이런 프로그램의 필요성은 충분히 이해할 수 있고 동기도 지지할 만하지만 결과는 실망스럽기 짝이 없었다. 미국회계감사원GAO의 감사에서는 효과를 입증할 만한 근거가 전혀 없으므로 프로그램 예산을 삭감하도록 권고했다.[101]

이 결정은 찰스 F. 본드 주니어와 벨라 M. 데파울로가 시행한 '신체 언어 속임수 탐지' 연구 사례 200건을 메타 분석한 결과에서도 뒷받침된다.[102] 두 사람은 방대한 문헌 조사를 통해, 사람들이 거짓말을 정확히 구분하는 경우는 고작 47%로 우연적 확률보다 낮다는 사실을 발견했다. 거짓말을 하는지 아닌지를 판단하기 위해서는 행동에 대한 심층 분석보다 동전을 던져 결정하는 편이 낫다는 뜻이다. 심리학자 마리아 하르트비히는 이 현상에 대해 "거짓말쟁이가 신체 언어로 자신을 배반한다는 상식적 관념은 문화적 허구와 다를 바 없다"라고 말했다.[103]

사울 카신, 크리스티안 마이스너, 레베카 노르위크의 2005년 논문에서는 전문가들이 신체 언어를 해독할 수 있다는 주장을 반박한다.

세 연구원은 수감된 범죄자들의 도움을 받아, 그들이 저지른 범죄를 솔직하게 자백하는 동시에 허위 자백도 하게 했다. 그런 다음 학생 집단과 훈련된 사법 전문가 집단에 두 가지 자백을 들은 후 실제와 허위를 구분해보라고 했다. 여기에 동원된 사법 전문가들은 평균 경력이 11년이고 속임수 탐지 훈련까지 받은 결코 만만찮은 사람들이었기 때문에, 싸구려 맥주를 마시며 과학수사대 드라마를 보는 게 유일한 자격인 학생 집단보다 당연히 잘 가려내리라고 누구나 예상했다.

다시 강조하지만, 전문성은 자신감을 높이는 데 기여하지만 성과에서는 꼭 그렇지 않다. 학생들은 자신들의 능력에 대한 자신감 수준이 제한적이었지만(6.18/10) 영상 진술을 보며 진짜와 가짜를 정확히

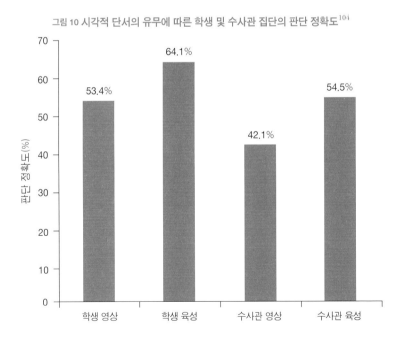

그림 10 시각적 단서의 유무에 따른 학생 및 수사관 집단의 판단 정확도[104]

구분한 비율은 53.4%였다. 반면에 전문가들은 능력에 대한 자신감이 훨씬 높았지만(7.65/10) 진실을 제대로 가려낸 비율은 더 낮았다. 그동안의 훈련과 경험에도 사법 전문가들이 진실을 정확히 구분한 비율은 또 한 번 동전 던지기보다 낮은 수준인 42%에 머물렀다. 흥미로운 것은, 신체 언어 단서를 제거하자 두 집단 모두에서 예측 능력이 크게 향상되었다는 점이다(〔그림 10〕 참조). 이 연구는 신체 언어가 더 큰 통찰의 예측 지표가 될 수 없으며 오히려 진실을 찾는 데 방해가 될 수도 있다는 점을 시사한다!

## 중대한 결함을 지닌 사람들의 7가지 습관

진실한 사람을 탐지하는 우리의 능력이 썩 훌륭하지 않다는 사실은 연구 자료를 검토할수록 더 분명해진다. 이처럼 압도적인 증거에도 펀드 매니저들은 잠재적 투자 대상의 특성과 품질 등 펀더멘털 심층 분석에 여전히 고객의 돈을 낭비하고 있다.

경영진과 얼굴을 맞대고 대화하고 점심을 먹고 그들의 성향을 파악하는 등의 활동으로 우리에게 유리한 뭔가를 얻을 수 있기를 간절히 바란다. 회사의 성공에 책임 있는 사람들을 만나서 회사의 특성과 발전 가능성까지 판단할 수 있기를 바라는 것은 충분히 이해할 수 있는 인간 성향이다. 하지만 불행히도 이것은 정신의 장난이며 엄청난 시간과 돈의 낭비일 뿐이다.

시드니 핀켈스타인의 《실패에서 배우는 성공의 법칙》(황금가지, 2009)는 기업을 나락으로 이끌 리더들을 판별해내는 체크 리스트 역할을 한다.[105] 일반적인 경영서들이 기업 리더들의 긍정적 속성을 부각한다면, 핀켈스타인은 그 반대로 재앙과 같은 리더에게서 공통적으로 드러나는 '탈선기derailer'를 규명하는 데 초점을 맞췄다. 그가 분류한 '중대한 결함을 지닌 관리자들의 7가지 습관'을 내 나름대로 요약하면 다음과 같다.

- 그들과 회사가 주변 환경을 지배한다고 생각한다.
- 그들의 정체성을 회사와 동일시하므로 개인과 회사의 이해관계 경계가 모호하다.
- 그들이 모든 해답을 가지고 있는 것처럼 보인다.
- 그들의 비전에 편승하지 않는 사람은 무자비하게 제거한다.
- 그들은 완벽한 회사 대변인이며 회사의 이미지를 유지하기 위해 많은 시간을 할애한다.
- 그들은 위협적인 장애물을 신속히 처리해야 할 일시적 방해물로 인식한다.
- 그들은 초창기에 효과적이었던 과거 전략으로 신속하게 복귀한다.

핀켈스타인은 월드컴과 타이코, AOL/타임워너 같은 극적인 사례를 인용하여 '폭군이 나쁜 상사를 만든다'는 어쩌면 우리 모두가 믿고 싶어 하는 관념을 설득력 있게 풀어나간다.

핀켈스타인의 이 책은 2004년에 출간됐지만, 그 시기를 앞당겨 애플이 설립된 1976년 4월 1일에 이 체크 리스트를 적용할 수 있었다고 가정해보자. 당신이 어느 거대 사모 펀드의 용감한 애널리스트이고, 위의 7가지 습관을 기준으로 스티브 잡스의 리더십 자질을 평가해야 한다. 전체 회사 차원의 회의에서 곧바로 사람을 발탁하고 해고하던 그 사람, 친자 확인 검사까지 했으면서도 여러 해 동안 재정 지원뿐 아니라 자녀에 대한 사랑 자체를 거부한 그 사람, 제록스의 경쟁자를 영입하기 위해 "당신 인생에서 한 모든 것이 쓰레기야. 그러니 나랑 같이 일하는 게 어때?"라고 말한 바로 그 사람, 스티브 잡스를 말이다.

당신이 잡스를 만나고 헤어질 때는 그가 매우 똑똑한 사람이라고 생각하겠지만, 핀켈스타인의 기준에 비추어보면 잡스의 리더십 자질이 그리 훌륭해 보이지는 않을 것이다. 그래서 당신은 본능적으로 알고 있는 훌륭한 리더의 자질과 7가지 기준 하나하나를 곱씹으며 아마도 애플에 대한 투자를 보류할 것이다. 덕분에 잡스와 만난 이후 2015년 7월까지 3만 1,590%의 투자 수익을 상실하게 되겠지만 말이다.

## 누구나 제 자식은 예쁘다고 여긴다

권위를 자랑하는 듀크대학교 후쿠아 경영대학원과 《CFO 매거진》은 분기마다 협업하여 최고재무책임자들CFO과 잡지 구독자들을 대상으로 설문 조사를 시행한다. 조사 내용은 "기업 낙관주의, 예상 GDP 성장률, 자본 투자 계획, 다양한 비즈니스 영역에서의 분기별 비율 변화 등에 대한 추세 데이터를 수집하기 위한 것"으로 분기마다 일정하게 진행된다.[106]

제임스 몬티어가 자신의 백서인 《펀드 운용의 7가지 죄악 : 행동주의 비평》에서도 지적했듯이, 이 조사에서 일관되게 드러나는 결과는 재무 책임자들이 일반적으로 경제 전체보다 자신의 회사를 더 높게 평가한다는 점이다. 그레이엄과 하비는 듀크 조사 데이터를 검토한 후, 기술업체 재무 책임자 거의 90%가 기술주 버블이 거의 정점에 달했는데도 자사의 주가가 저평가되었다고 생각했다는 사실을 확인했다.[107] 누구나 자기 아기(자기 회사)는 남보다 예쁘다고 생각한다. 통계학적으로 아무리 불가능하다고 강조할지라도 말이다.

투자를 하기 전에 그 기업의 운영 방식을 파악하고 싶어 하는 것은 자연스럽고도 의미 있는 바람이지만, 그 정보를 얻기 위해 당사자들을 직접 만나는 것은 매우 비효율적인 방식이다. 그 이유는 첫째로, 애널리스트나 펀드 매니저는 그 만남의 결과가 긍정적일 거라는 내재된 편견을 지니고 있다. 게다가 관찰 대상인 경영진이 실망스러운 사람들이라면 그때까지 소요된 모든 시간과 노력이 허사가 되고 만다. 사람을 만나는 데 들어가는 모든 정성과 시간과 비용을 일일이 따져본 적이 있는가?

두 번째 문제는 해당 경영진이 광범위한 비즈니스 환경에 비해 자사의 미래를 비현실적인 장밋빛으로 바라본다는 점이다. 이런 과신 경향 때문에 경영진 스스로가 현실을 잘못 이해했을 수 있는데도 펀드 매니저는 그들이 자신을 속이려 한다고 생각할 수도 있다. 마지막으로, 누군가 우리에게 정직하게 말하고 있다고 자신할 수 있는 확률은 우연보다 낮다. 상식적인 온갖 호소에도 경영진과 하는 대면 실사는 펀드 매니저들에게 잘못된 확신을 심어주는 동시에 상당한 비용을 고객에게 전가하는 값비싼 헛짓에 지나지 않는다.

그러나 우리가 수행한 방식에 문제가 있더라도 기업 내부자들의 행동 양식을 검토해야 한다는 생각은 여전히 당연하다고 받아들여진다.

2부 행동주의 투자

다행스럽게도 우리는 경영진을 만나 근사한 스테이크로 저녁을 먹고 겉만 번지르르한 활동들을 하지 않더라도 기업 경영자들과 관련하여 수집할 수 있는 정보들이 많다. 기업 내부자들에 대한 소중한 통찰을 제공하고 해당 기업의 투자 사례를 평가하는 데 유익한 정보 유형으로는 자사주 매입, 내부자 거래, 배당의 세 가지가 있다.

## 증상은 거짓말을 하지 않는다

〈하우스〉는 2004년부터 2012년까지 성공적으로 시즌 8까지 마친 미국 TV 드라마다. 이 드라마의 주인공인 하우스 박사는 사람을 무척이나 싫어하는 성격으로 배우 휴 로리가 완벽하게 연기했다. 매회 하우스 박사는 환자의 모호한 태도를 무시하고 오로지 증상에만 집중하여 진단하기 어려운 질병을 찾아냈다. 전형적인 스토리지만 흥미로운 드라마였다. 드라마에서 하우스 박사는 "환자가 거짓말을 하더라도 증상은 그렇지 않다"라고 입버릇처럼 말한다.

## 내부자 거래

경영진의 행동 양식도 이와 동일하며, 경영진이 회사를 어떻게 생각하는지를 판단하기 위해 그들의 돈을 지출하는 방식을 파악하는 것보다 효과적인 지침은 없다. 기업 내부자들은 보유 자사주의 매수와 매도를 의무적으로 공개해야 하는데, 이 내부자 거래 정보는 예리한 투자자들에게 강력한 행위 정보로 작용한다. 실제로 기업 내부자들의 거래는 매년 시장 수익률보다 6% 앞서며, (특혜 정보로 거래할 수 있는) 상원의원들의 거래는 무려 연 12%라는 터무니없는 수익률로 최고를

기록했다.[108]

　기업의 전망에 정통한 정보를 바탕으로 기꺼이 자기 돈을 투자하는 사람이 있다면 주목해야 한다. 내부자들이 주식을 매도하는 이유는 여러 가지지만(집 장만, 이혼 소송 해결, 부정한 사건의 무마 비용 등) 매수해야 하는 이유는 단 하나, 즉 더 밝은 미래에 대한 충분히 근거 있는 믿음 때문이다.

　다니엘 지아모리디스, 마노리스 리오다키스, 앤디 모니츠는 〈일부 내부자들은 정말로 똑똑한 투자자들Some Insiders are Indeed Smart Investors〉이라는 논문에서 국경을 넘나드는 내부자 거래의 긍정적 증거를 소개했다.[109] 저자들은 영국의 경우, 내부자 거래의 절댓값이 클수록 뒤따르는 수익률도 인상적이라는 사실을 발견했다. 그들이 알아낸 또 하나의 사실은, 이미 짐작한 사람도 있겠지만 오늘 내부자들이 가진 지식이 시간이 지나면 시장 전체가 다 알게 된다는 점이다. 내부자 매수 거래의 수익률은 매수 직후에는 시장보다 0.7% 앞서지만 120일이 지나면 2.9%로 규모가 커진다.

　자산운용사 트위디 브라운에서는 〈투자에 기여한 것 : 이례적 수익률과 연관된 투자 방식과 특성에 대한 연구What Has Worked in Investing: Studies of Investment Approaches and Characteristics Associated with Exceptional Returns〉라는 연구 보고서에서 규모가 큰 내부자 매수 활동의 주가 수익률을 분석했다.

　구체적으로 설명하면, 그들은 해당 연구를 진행하는 동안 한 명 이상의 내부자들이 그 기업의 주식을 매수했고 내부자 매수 횟수가 내부자 매도 횟수를 초과한 연구 사례만을 포함시켰다. 이 내부자 매수 연구의 결과를 보면, 내부자들이 매우 선호하는 주식을 매수할 경우의 수익률은 비슷한 기간에 지수 평균 수익률의 거의 두 배에서 네 배까지 높은 것으로 조사되었다. 이 연구 결과는 〔표 7〕에 정리된 바와 같다.

이 연구의 결과는 너무나 인상적이어서 '정답이 눈앞에 있는데, 내가 뭐 하러 자기네 주식에 대해 구구절절 설명하는 경영진의 말을 들어야 하지?'라는 생각까지 들게 한다. 그 사람이 어떤 생각을 하고 어디에 가치를 두는지를 판단하려면 돈을 어떻게 쓰는지를 관찰하는 것보다 더 확실한 지표는 없다.

## 자사주 매입(주식 환매)

기업 경영진은 내부자 매수 외에도 자사주를 매입하기 위해 회사 금고를 두드리는 것으로 미래를 향한 낙관적 시각을 표현할 수도 있다. 이에 대해 워런 버핏도 간단하게 다음과 같이 설명했다.

"우리가 투자하려는 기업들이 이익 잉여금으로 할 수 있는 일 중에

표 7  **내부자 매수 이후의 투자 수익률**[110]

| 연구 주체 | 연구 기간 | 연간 투자 수익률(%) | |
| | | 내부자 주식 | 시장 지수 |
|---|---|---|---|
| Rogoff | 1958 | 49.6 | 29.7 |
| Glass | 1961-1965 | 21.2 | 9.5 |
| Devere | 1960-1965 | 24.3 | 6.1 |
| Jaffe | 1962-1965 | 14.7 | 7.3 |
| Zweig | 1974-1976 | 45.8 | 15.3 |

가장 열띤 호응을 얻는 활동이 바로 자사주 매입이다. 이유는 간단하다. 좋은 기업이 내재 가치보다 훨씬 싼 가격으로 주식을 판매한다면, 이처럼 저렴한 가격으로 모든 주주의 이익을 크게 확장하는 것보다 자본을 더 확실하고 효율적으로 운용하는 방법이 또 있겠는가? 기업 인수 활동에서는 경쟁 속성상 적정 가격을 거의 보장하며, 다른 기업의 전체 지분을 인수할 때는 적정 가격보다 오히려 비싸게 매기는 경우도 더러 있다. 하지만 주식 시장의 경매 속성을 감안하면, 다른 기업과 인수 협상을 통해 확보할 수익력과 동일한 가치를 그 절반의 비용으로 자사주 지분을 매입하여 확보할 기회도 종종 있다."[111]

자사주 매입은 기업이 자산의 미래를 낙관적으로 바라보는 증거이며 이를 통해 보유 지분율이 높아지는 부가적인 행운도 뒤따른다. 긍정적 미래 예측과 즉각적 수익성의 복합 효과를 감안할 때 공격적으로 자사주를 매입하는 기업의 수익률이 높은 것은 지극히 당연하다. 캐럴 루미스가 1985년 〈포천〉에 기고한 글에는, 1974년부터 1983년까지 자사주를 공격적으로 매입한 기업들의 투자 수익률 조사 데이터가 담겼다.[112] 환매 당일에 투자가 이루어져 1984년까지 보유했을 경우, 자사주를 환매한 그 기업들의 연평균 복리 수익률은 22.6%로 S&P 500의 14.1%와 대조를 이루었다.

제임스 오쇼너시도 《월스트리트에서 통하는 것》에서 자사주 매입 실적을 조사했다. 그는 진짜 환매와 같은 시기에 주식 재매수와 동시에 신주를 발행하는 교활한 관행을 구분하기 위해 한 기간에서 다른 기간 사이의 발행 주식 수를 비교하는 '환매 수익률buyback yield(자사주 매입 수익률)' 지표를 고안했다. 그는 환매 수익률이 가장 높은 기업들

(발행 주식 수를 가장 많이 줄인 기업들)의 이듬해 수익률이 평균 13.69%인 반면, 환매 수익률 하위 십분위(발행 주식 수를 가장 많이 늘린 기업들)의 수익률은 5.94%에 불과하다는 사실을 확인했다.

자사주를 매입하겠다는 공시가 기업 측이 실제로 의도해서가 아니라 교활한 홍보의 일환으로 진행되는 바람에 비난을 받는 경우가 있다. 그러나 웨슬리 그레이 박사는 《계량 가치》에서 기술한 것처럼, "단순한 환매 공시만으로도 주가가 상승하는 경우가 많다. 환매를 공시한 주식들은 이후에 환매가 이루어지든 그렇지 않든, 공시 이후에 즉각적으로 수익성이 개선되며 장기적으로도 더 나은 성과를 낸다"라고 지적했다.[113] 이처럼 자사주 매입의 위력은 매우 커서 언급하는 것만으로도 실적에 매우 긍정적인 영향을 미친다.

## 배당

내부자 거래와 자사주 매입은 기업을 잘 아는 관계자가 자사에 대한 생각을 있는 그대로 드러내어 실적 개선에 기여한다. 경영진의 행동 양식도 중요하지만 더 중요한 것은 주주인 당신을 어떻게 대접하느냐이다. 자사주 매입이 "우리는 이 회사를 믿습니다"라는 가장 강한 의지의 표현이라면, 적정한 배당은 "우리는 주주 여러분을 사랑합니다"라는 최고의 표현이다. 주식 매수는 그 기업의 일부 지분을 소유하는 것이므로 배당을 받는 것은 이익의 일부를 돌려받는다는 의미다.

누구에게 물어보느냐에 따라 배당은 전통적 주식 수익률의 44%에서 50%를 살짝 넘는 수준까지 말하는 사람도 있겠지만,[114] 배당이 후한 주식은 '과부 또는 고아' 주식(상승 여력이 제한적이고 안전한 경기 방어주)이라는 오명을 쓰기도 한다. 넉넉한 배당만큼 유익한 무언가를 평가 절하하는 심리적 이유가 무엇인지 정확히 알 수는 없지만, 주지하듯이 간과된 진짜 가치를 찾는 방법을 배우는 것이 규칙 기반 행동 투자의 핵심이다.

배당을 선호하는 이유는, 배당이 보장되는 것은 아니지만 주식 시장과 비교하면 변동성이 덜한 경우가 많기 때문이다. 벤 칼슨이 지적했듯이, "1929년 9월부터 1932년 6월 사이의 주식 시장은 인플레이션 조정 S&P 지수로 측정했을 때 81% 하락했다. 그러나 같은 기간에 인플레이션 조정 배당은 겨우 11% 하락했다. 1973년 1월부터 1974년 12월까지 시장이 54% 하락했을 때도 실질 배당은 겨우 6% 하락했다."[115] 배당이 좋은 시절에 좋은 것은 나쁜 시절에는 필수적이다.

또 하나 생각할 것은 배당이 반드시 방어 수단만은 아니라는 점이다. 즉, 배당을 제대로 이해한다면 수익을 크게 늘릴 수도 있다. 제임스 오쇼너시는 배당 수익률에 따라 주식을 십분위로 분류한 후 흥미로운 결과를 발견했다. 배당의 위력이 단순히 클 뿐만 아니라 상상하기 어려운 결과를 낳을 수 있다는 점이 연구를 통해 밝혀졌다. 1926년부터 2009년까지 배당 수익률 기준 최상위 십분위의 수익률은 연 11.7%로 준수한 수준이었고 지수 평균인 10.46%를 견실하게 앞섰다. 그러나 최상위 십분위의 실제 실적은 두 번째, 세 번째, 네 번째 십분위(견실하지만 안정적인 배당을 보유)보다 낮았다. 가장 생산성이 높았던 세 번째 십분위에 1만 달러를 투자했다면 연구 기간이 끝날 무렵에는 1억 4,500만 달러라는 어마어마한 숫자로 불어났을 것이다.

눈이 휘둥그레질 정도의 배당을 지급하는 주식들은 돈 벌기 쉽다고 '보증'하며 배당 수익률을 노리는 투자자들을 유혹할 것이다. 그러나 화려한 수익률의 이면에는 심각한 문제가 도사리고 있을 수 있으며 그것은 대부분 실적 부진과 직결된다. 반면에 배당이 전혀 없는 주식에 투자하는 것은 오로지 주가의 상승만 바라보고 베팅하는 셈이며, 이것은 주주의 뜻대로 운영되기 어려운 도박과 같다. 따라서 오늘 적절한 배당으로 주주들에게 보상하는 주식이야말로 과도한 배당으로 미래를 저당 잡히는 일을 피할 수 있다.

지금쯤이면 당신도 눈치챘겠지만, 내가 미국의 주식 시장에서 정립한 행동 투자라는 주제가 이제는 전 세계에서 통용되고 있다. 인간의 본성은 변하지 않으며, 비합리적인 자금 운용이지만 예측 가능한 방식으로 추구하려는 경향은 모든 인류의 공통된 사항이다. 이 주제와 같은 맥락으로, 배스대학교의 마리오 리바이스 교수는 1955년부터 1988년까지 런던증권거래소에 상장된 4,413개 기업의 배당 수익률 대비 실적을 조사했다.[116]

결과는 〔표 8〕과 같다. 배당 수익률과 투자 실적 사이의 분명하고 거의 일직선에 가까운 관계를 여기서 다시 한번 확인할 수 있다. 오쇼너시의 분석과 달리 리바이스 교수는, '더 많은 배당과 더 많은 수익' 규칙의 유일한 예외는 배당을 전혀 하지 않으면서도 시장 실적보다 조금 나은 주식들뿐이란 사실도 발견했다(하지만 배당을 하는 상위 50% 주식의 실적보다는 훨씬 낮았다).

행동으로 하도 크게 떠들어서 말소리를 하나도 알아들을 수 없어!

행동 투자는 투자 프로세스의 모든 측면에서 사람이 중심이라는

표 8 배당 수익률에 따른 영국 기업들의 투자 수익률(1955~1988)[117]

| 배당 수익률 집단 | 수익률 (%) | 연간 투자 수익률(%) | 1988년 12월 가치 초기 투자 1백만 파운드(£m) | 평균 시가 총액 (£m) |
|---|---|---|---|---|
| 1 | 13.6 | 19.3 | 403.4 | 283.4 |
| 2 | 10.9 | 17.7 | 254.9 | 278.5 |
| 3 | 8.7 | 16.8 | 196.4 | 337.2 |
| 4 | 7.4 | 16.0 | 155.4 | 226.4 |
| 5 | 6.4 | 15.4 | 130.3 | 223.1 |
| 6 | 5.5 | 14.1 | 88.7 | 206.5 |
| 7 | 4.7 | 12.4 | 53.2 | 112.1 |
| 8 | 4.0 | 11.9 | 45.7 | 95.4 |
| 9 | 3.1 | 11.5 | 40.5 | 94.4 |
| 10 | 1.4 | 13.8 | 81.1 | 74.6 |
| FT All-Share Index | 5.3 | 13.0 | 63.8 | 503.5 |

생각에서 비롯되었지만, 우리 자신의 한계를 깨닫자는 의미도 포함되어 있다. 헤지 펀드와 뮤추얼 펀드 매니저들은 기업 경영진과 만나 '가벼운 대화'로 시작해서 '본격적인 대화'로 이어지기를 바라지만, 겉으로는 그럴듯하게 보일지 몰라도 실속 없이 고객들의 돈만 낭비하는 일종의 확증 편향적 야합에 지나지 않는다.

최고경영자에게 보잘것없는 질문이나 하라고 펀드 매니저에게 그 많은 수수료를 줄 것이 아니라, 경영진의 의도와 행동을 측정할 판단 기준을 세워야 한다. 어렵게 번 돈을 자사주 매입에 사용하는 이유가 회사에 대한 믿음 때문인가? 회사 자금을 활용하여 매력적인 가격의 주식들을 매입하고 있는가? 그들은 회사의 이익을 나누어줄 만큼 당신을 배려하는가? 이 모든 질문에 그렇다고 한다면, 지금 당신의 투자 아이디어는 성공적이라고 할 수 있다. 만약에 그렇지 않다면, 당신은 당신의 주머니보다 그들의 주머니를 채우는 데만 혈안이 된 경영자들과 직면할 가능성이 크다. 제임스 W. 프릭은 이렇게 말한다.

"당신의 우선순위가 무엇인지 말하지 마세요. 당신이 어디에 돈을 쓰는지 보여주시면, 우선순위가 무언지 내가 말씀드릴 수 있어요."

---

### 지금부터 실천하자!

\#생각하라 "회사 내부자들보다 잘 아는 사람이 누가 있겠는가?"
\#질문하라 "묻지 말자. 그 사람들이 회삿돈으로 뭘 하는지 잘 보고 당신도 따라 하자."
\#실행하라 당신을 사랑하는 회사의 부분적 소유주가 되자.

---

## 흐름과 함께 하라(추세)

"모든 유행은 영원히 계속된다. 끝나기 전까지는."

존 네프

고상한 기호와 뛰어난 외모를 지닌 당신이기에 나는 그런 당신이 한

번도 사랑에 목말라 본 적이 없을 거라고 확신한다. 그러나 과학 탐구를 위해 가상의 대체 현실을 상상해보자. 당신은 독신이고 외로우며 '운명의 그 사람'을 찾고 있다. 그런 당신에게 선의의 한 친구가 다가와서 보통의 친구들이 그러듯이 당신에게 지인과의 소개팅 약속을 잡아주려 한다. 그 지인을 우리는 '친구'라고 부를 것이다. 처음에는 애써 무관심한 척하지만("아냐, 난 괜찮아, 진짜야!"), 너무 오래 내버려둬서 거미줄이 쳐진 당신의 2인용 자전거를 그 '친구'와 함께 탈 수 있다는 생각에 마음이 서서히 열린다.

결국 '친구'를 만났고, 그때부터 '이상형이 없다던' 당신의 원칙은 곧바로 허물어진다. 친구는 매력적이고 친절하며 더없이 좋은 대화 상대이다. 친구는 대기 기간만 6개월씩 걸리는 유명 식당으로 당신을 초대하여 자신의 자선 활동에 대해 한참을 이야기하고, 당신이 좋아하는 '무심한 듯하면서도 냉소적이지 않은' 위트를 선보인다. 이렇게 첫 데이트가 끝나자마자 당신은 벌써 다음을 고대한다. 정말 이 '친구'가 마지막 '운명의 그 사람'일까?

두 번째 데이트는 댄스 수업이었는데 당신이 오래도록 갈망하던 그런 친밀함을 듬뿍 느꼈고, 세 번째는 센트럴파크에서 소풍 도시락으로, 네 번째는 오페라 하우스에서 행복한 시간을 보냈다. 당신은 오페라를 즐기는 척하며 최대한 촌스럽지 않게 보이려 애쓴다(그래서 오페라가 수백 년 동안 살아남을 수 있었다). 그랬다. 네 번의 데이트를 즐기며 당신은 친구에게 완전히 빠져들고 있었다. 그런데 갑자기 모든 게 어긋나기 시작한다. 다섯 번째 데이트에서 친구는 익숙한 고급 승용차 대신에 낡아빠진 소형차에 당신을 태운다. 무례하게 보일까 봐 당신은 이 급격한 '강등'에 대해 아무 소리도 하지 않는다. 친구의 고급스러운 디자이너 브랜드 의상도 겨자 얼룩(제발 겨자 얼룩이기를……제발……)이 묻은 것 같은 주름진 옷으로 바뀌었다.

무엇보다 친구의 태도가 돌변했다. 불과 며칠 전까지 사랑스럽게 보이던 위트도 차갑고 비열하게 느껴지고 가끔은 그 비수가 당신에게 향하는 느낌도 든다. 넉넉해 보이던 마음도 쩨쩨하게 변했고, 고상한 토론도 첫 만남을 주선했던 서로의 친구에 대한 험담에 자리를 내주었다. 볼링장에서의 다섯 번째 데이트가 끝날 무렵에는 머리가 어지럽다. 이제 여섯 번째 데이트를 할지 말지 결정해야 하는데, 지킬 박사와 하이드가 문 앞에서 당신을 맞이하지는 않을지 겁이 난다. 친구는 답을 달라고 한다. 이 상황에서 당신이라면 어떻게 할지 곰곰이 생각해보자.

당신이 보통 사람들과 같다면 (대답을 들을 필요도 없이) 친구에게 한 번 더 기회를 주면서 여섯 번째 데이트를 받아들일 것이다. 당신이 이처럼 너그러운 이유는 가슴이 넓어서가 아니라 정박 효과anchoring effect(선입견이 판단에 영향을 미치는 인지 편향 : 옮긴이)와 확증 편향이라는 심리학적 원리에서 찾을 수 있다. 정박 효과(앵커링)는 의견을 형성하고 결정을 할 때 처음에 제시된 정보에 의존하는 지극히 인간적인 경향을 말한다.

처음 보는 누군가를 만날 때 우리는 불과 몇 초 만에 의견을 형성한다. 이런 경향은 "첫인상을 만드는 데 두 번의 기회는 없다"라는 광고 문구에서도 잘 드러난다. 첫인상 또는 앵커anchor(기준)는 미래의 인상이 드리워진 방호복을 만든다. 그래서 교류하는 상대방에 대한 새로운 모든 정보는 그 사람의 스타일에 대한 최초의 앵커와 순간적 판단과 관련하여 처리 과정을 거친다. 반면에 확증 편향은 우리의 선입견과 최선의 이익에 부합하는 방식으로 새 정보를 해석하려는 경향을 말한다.

이 '친구'의 경우에는, 당신이 처음부터 긍정적으로 교류했기 때문에 이 친구를 똑똑하고 세련되고 재미있고 친절한 사람으로 개념화했다. 게다가 밤에 당신 홀로 있으면 심심하고 외롭기 때문에 친구의 모든 점을 바라는 개인적인 이유도 있었다. 당신은 친구를 좋은 사람으로 관찰했을 뿐 아니라, 고양이들에게 둘러싸여 혼자 죽지 않으려면 그 친구가 당신에게 좋은 사람이어야 할 '필요'도 있었다.

정박 효과와 확증 편향의 강력한 조합은 오늘의 현실을 먼 미래의 일로 투영할 뿐 아니라 새로운 정보에 대한 반응도 늦게 만든다. 그래서 인생에서는 가치 없는 사람과 데이트하느라 시간을 허비하고, 금융에서는 그 때문에 모멘텀, 즉 여기서 말하는 추세가 만들어진다. 바람직한 데이트가 앞으로도 바람직하리라고 예상하는 것처럼, 주식의 현재 전망이 미래에도 그러리라고 상상한다. 모멘텀 효과가 비합리적이라는 점은 부정할 수 없다. 확률보다 단순함에 맞춰진 두뇌의 흔적이다. 하지만 그 또한 부정할 수 없을 만큼 위력적이다.

## 모멘텀 투자의 간략사

모멘텀 개념은 물리학 세계에서 시작되었으며 지금도 다양한 의미의 용어로 쓰고 있다. 모멘텀은 '등속 운동 상태의 모든 물체는 운동 상태를 유지하려는 경향이 있다'는 뉴턴의 운동 제1법칙을 금융계에서

2부 행동주의 투자

차용한 개념이다.[118] 뉴파운드리서치의 코레이 호프스타인은 이렇게 설명했다.

"모멘텀은 최근 수익률을 바탕으로 매수하고 매도하는 투자 시스템이다. 모멘텀 투자자는 실적이 우수한 주식을 매수하고 실적이 저조한 주식은 피하거나 공매도한다. ……그들은 심각한 역풍이 불지 않는 이상 우수 종목들의 실적이 앞으로도 이어질 것으로 가정한다."[119]

조금 더 깊이 들어가면 모멘텀에는 절대 모멘텀과 상대 모멘텀 두 가지가 있다. 절대 모멘텀은 주식의 최근 실적을 과거와 비교하는 데 반해, 상대 모멘텀은 다른 주식들과 비교하여 해당 주식의 움직임을 검토한다. 하지만 둘 다 "장점이든 단점이든 짧은 기간에만 지속된다"라는 동일한 격언에 기초하고 있다.

여기서 모멘텀의 짧은 연구사를 소개해보겠다. 더 포괄적인 내용을 알고 싶은 독자들은 게리 안토나치의 《듀얼 모멘텀 투자 전략》(에프앤미디어, 2018)과 코레이 호프스타인의 백서 《모멘텀의 2세기 역사Two Centuries of Momentum》를 읽어보기 바란다. 일부 순수한 가치투자자들에게는 사이비 종교처럼 보일 수도 있지만 모멘텀은 실제로 2세기 동안의 경험적 지지를 받고 있다. 1838년 초, 제임스 그랜트는 영국의 경제학자 데이비드 리카도의 매우 성공적인 거래 전략을 조사하여 책으로 출간했다. 그랜트는 리카도의 성공을 이렇게 평가했다.

"내가 리카도 씨의 이름을 언급한 것은, 그가 자칭 세 가지 황금률에 철저히 유의하여 막대한 부를 쌓은 과정에 주목하기 때문이다. 세 가지 황금률이란 그가 사적인 친구들에게 강요하다시피 했던 규범으로, '옵션을 얻을 수 있을 때 거부하지 말라' '손실은 손절매하라' '수익이 이어지게 하라'의 세 가지를 말한다. '손실은 손절매하라'는 말은 주식을 매수했는데 주가가 떨어질 때 즉시 되팔아야 한다는 말이다. 그리고 '수익이 이어지게 하라'는 주식을 매수하여 가격이 계속 오를 때는 정점에 이르렀다가 다시 떨어지기 시작할 때 팔라는 뜻이다. 이 세 가지는 실제 황금률로서, 증권거래소와 연계된 경우보다는 그 외의 수많은 거래에서 유익하게 활용할 수 있다."[120]

여러 차례 시험적으로 시행된 경우는 있지만, 모멘텀에 대한 최초의 경험적 조사가 철저하게 시행된 사례로는 1937년 허버트 존스와 알프레드 코울스 3세의 연구를 꼽는다. 1920년부터 1935년까지 관찰한 결과를 토대로 두 사람은, "1년을 측정 단위로 정하여…… 한 해에 중간값을 초과한 주식들은 다음 해에도 비슷하게 초과하는 경향이 매우 두드러진다"라고 밝혔다.[121]

1950년대에는 투자 소식지 기고가인 조지 체스트넛이 모멘텀 전략에 대해 이렇게 설명했다.

"어떤 방법이 최선인가? 상승세를 이끌고 있는 견실한 주식을 매수할 것인가, 아니면 곧 상승세를 따라잡으리라는 희망으로 지금 잠자고 있는 주식 또는 뒤처진 주식을 매수할 것인가? 수천 건의 개별 사례들을 포괄한 통계치를 근거로 볼 때 무엇이 확률적으로 가장 좋은 선택인지는 분명하다. 대부분의 경우, 주도주를 매수하고 후발주는 내버려두는 편이 낫다. 인생에서 그렇듯이, 시장에서도 강자는 더 강해지고 약자는 더 약해진다."[122]

체스트넛과 동시대 사람인 니콜라스 다바스는 새로운 정점에 이르렀을 때(기존 박스에서 벗어났을 때) 매수하고 엄격한 손절매로 투자 위험을 최소화하는 '박스BOX 이론'을 도입했다. 그의 설명을 보자.

"나는 약세장에서는 투자를 회피하며, 시장 흐름에 반하여 기꺼이 위험을 떠안으려는 투자자들을 위해 그런 예외적인 주식들을 남겨 둔다."[123]

1960년대 후반에는 로버트 레비가 '상대 강도relative strength' 개념을 창안했지만 그의 노력에도 모멘텀 개념은 이후 30년 가까이 거의 주목을 받지 못했다.

벤저민 그레이엄(이후 워런 버핏도)의 펀더멘털 투자 기법이 확산되면서 모멘텀은 점차 엉터리에 가까운 개념으로 전락했다. 버핏 자신도 아예 입을 다물어 버리는 식으로 주가 모멘텀에 대한 혐오감을 드러내곤 한다.

"동향 분석 전문가들이 중시하는 '주가와 거래량에 따른 투자'를 주제로 그토록 많은 연구가 이루어진다는 사실이 그저 놀라울 뿐이다. 지난주와 그 전주보다 주가가 크게 올랐다는 단순한 이유로 기업 전체를 사들이는 것을 상상이나 할 수 있을까?"[124]

그런데 최근에 와서 모멘텀을 받아들이는 이론가들이 늘어났다. 어떤 인간적인 핑계들이 그 존재를 자꾸 부추기는지 모르겠지만, 모멘텀의 지속성과 만연함은 부인할 수 없는 사실이기 때문이다. 나라심한 예가디시와 셰리든 티트만의 논문 〈승자 매수와 패자 매도로의 귀환 : 주식시장의 효율성에 미치는 영향Returns to Buying Winners and Selling Losers : Implications for Stock Market Efficiency〉을 보면, (1965년부터 1989년 사이) 다음 6개월에서 12개월 동안 승자 종목이 패자 종목들보다 평균적으로 더 나은 실적을 올린 것을 알 수 있다. 그뿐만 아니라 초과 실적의 규모도 꽤 커서 다른 위험 요소들 때문에 수익률 격차를 조정한 후에도 월 1%의 준수한 수준이었다.[125]

　실제로 모멘텀 효과는 시장, 장소, 시간 때문에 제한을 받기보다는 확산하는 경향이 있다. 크리스 제지와 미하일 사모노프는 "세상에서 가장 긴 백테스트!"라는 애칭으로 불리는 연구를 통해, 미국에서는 1801년 이후로 모멘텀 효과가 지속되고 있다는 사실을 발견했다![126] 모멘텀의 징후는 빅토리아 시대[127] 이후 영국에서도 두드러졌으며, 40개 국가와 12가지 이상의 자산군에서 그 위력과 지속성을 입증했다.[128] 모멘텀을 향한 우리의 심리 경향은 매우 깊숙이 자리하고 있기 때문에 "모멘텀 프리미엄은 연구원들이 이를 과학적으로 연구하기 훨씬 이전부터 이미 그 존재가 시장의 한 부분을 형성했다." 무의식적인 심리 경향에서 유발되는 모든 재무 변수들처럼, 모멘텀도 여기 존재한다고 전제하는 것이 합리적일 듯하다.


## 모멘텀에 덧붙여……

지금쯤 당신은, 내가 처음 모멘텀의 위력을 깨닫고 갈림길에 섰을 때와 비슷한 처지의 자신을 발견할지도 모른다. 한편으로는 우리 모두 모멘텀이라는 존재의 직관적이고 경험적인 근거를 인정하면서도, 다른 한편으로는 우리 중 누가 워런 버핏의 생각에 동의하지 않을 수 있을까? 세밀하게 따져보면 "모멘텀은 위대하다"라는 측과 "모멘텀은 사이비다"라는 측 모두 유효 점수를 확보하고 있으므로, 두 세계를 최대한 활용하여 순수 모멘텀 전략의 단점을 보완하면서 추세의 위력에 더 가까이 다가갈 수 있다.

6개월 모멘텀 최상위 십분위와 전체 주식 시장의 실적을 비교한 제임스 오쇼너시는 모멘텀 전략이 브로드마켓의 실적을 14.11% 대 10.46%로 앞서는 점을 확인했다.[129] 3% 정도면 별것 아니라고 생각할 수도 있지만, (1926년 12월 31일에 1만 달러를 투자했다고 가정할 때) 모멘텀 전략의 최종 포트폴리오 가치는 5억 7,300만 달러에 육박하는데 비해 전체 보유 종목(벤치마크)의 경우는 3,900만 달러에 불과했다. 아울러 오쇼너시는 모멘텀 전략이 5년의 조사 대상 기간 중 87%에서 벤치마크의 실적을 앞서는 일관된 결과를 보였다는 사실도 발견했다.[130]

그러면 이제 다 끝났다! 우리는 매년 모멘텀 주식 최상위 10%를 사기만 하면 스크루지 영감처럼 금화 더미와 함께 은퇴를 꿈꿀 수 있다. 그렇지 않은가? 너무 성급해서는 안 된다. 모멘텀 하나만 놓고 보면 일반적으로 훌륭한 베팅이지만 잘못될 경우에는 크게 잘못될 수도 있다. 알다시피 일부 모멘텀 주식은 매우 비싸다. 게다가 추세에 따라 점점 더 비싸질 것이다. 실제로 그렇다면 순수 모멘텀 전략을 추구하는 것은 세기 전환기의 기술주 붕괴처럼 투기 버블의 정점에서 박살이 날지도 모른다. 버블이 터지기 전까지 모멘텀은 계속 진행되어 1995년 12월부터 2000년 2월까지 최상위 십분위의 수익률이 42.24%에 달했다.[131] 그러나 이후 3년 동안 완전히 반대 상황이 펼쳐졌다. 상위 모멘텀 종목들은 거의 절반의 가치를 날려버려 시장 전체보다 훨씬 나쁜 성적을 기록했다.

따라서 순수한 추세 전략을 추구하기보다는 우리가 이미 알고 있는 적정 가격 전략과 결합하면 어떨까? 클리프 애스니스는 〈가치와 모멘텀 전략의 상호 작용The Interaction of Value and Momentum Strategies〉
이라는 논문에서, 경험적으로 견고한 이 두 가지 투자 전략을 통합했
을 때의 위력에 대해 고찰했다.[132] 그가 발견한 가격과 추세 사이의 음
의 관계는 그리 놀랄 것도 없는 사실로, 저가주는 보통 모멘텀이 약하
고 모멘텀 주식은 보통 싸지 않다는 의미다. 애스니스는 높은 주가와
모멘텀을 바탕으로 주식을 5분위로 분류하여, 두 부문의 최악의 결
과(고주가, 저모멘텀)와 최상의 결과(저주가, 고모멘텀)을 비교하여 놀라
운 결과에 도달했다. 고주가, 저모멘텀 포트폴리오의 연간 수익률은
0.36%로 매우 실망스러운 수준이지만 저주가, 고모멘텀 바스켓은 연
19.44%라는 인상적인 수익률을 기록했다. 모멘텀과 펀더멘털을 결
합하는 것이 사이비라면 나도 기꺼이 사이비가 되겠다!

제임스 오쇼너시가 정확히 지적한 대로, "월스트리트의 모든 믿음
중에서도 가격 모멘텀은 효율적 시장 이론가들을 가장 목놓아 울부짖
게 한다." 이상적인 세계에서라면 주가가 긍정적으로 움직인다고 해
서 어제보다 오늘 기업에 더 많은 돈을 지불해야 할 이유가 없다. 그
러나 이 세상은 이상 세계가 아니다. 월스트리트 비자로 월드이며 그
것이 규칙이다.

벤저민 그레이엄은 담배꽁초 투자 개념을 도입하면서, 기업에 지
불하는 대가가 가장 중요하다는 단순하면서도 변하지 않는 진실을 설
파했다. 찰리 멍거는 워런 버핏이 적정 가격에 기업을 인수하도록 독
려하여 그 토대를 구축했다. 행동 투자는 이 자랑스러운 유산의 다음
버전으로서, 다른 사람들이 당신의 평가에 동의할 때 좋은 기업에 적
정 가격을 지불하는 것이 최대의 보상이라는 사실을 인정한다.

## 5P를 마무리하며……

규칙 기반 행동 투자에는 여러 가지 건전한 방식이 있으며 여기서 소개한 5P는 한 가지 예에 불과하다. 5P가 유용한 이유는 기업의 펀더멘털을 가늠하는, 연구에 기초한 단순한 척도이기 때문이다. 규칙을 바탕으로 운영되고 경영진의 신념이 확고한 고품질 저주가 기업에 투자하는 것이 훌륭한 성과의 지름길이라는 것은 상식이며 경험적으로도 당연한 얘기다.

당신은 RBI 구조 위에 당신만의 요소들을 추가하여 5P 모델을 더 개선할 수도 있다. 뜬구름 잡는 이야기가 아니다. 규칙 기반 행동 투자의 작동 원리는 단순하다. 작지만 오랫동안 많은 영향을 끼칠 수 있는 일들을 실행하여 놀라운 성과를 낳을 수 있다.

---

### 지금부터 실천하자!

#생각하라 "움직이는 주식은 계속 움직이려는 경향이 있다."

#질문하라 "지난 6개월에서 1년 동안 상대적 및 절대적 기준에서 5P가 어떻게 진행되었는가?"

#실행하라 최근 좋은 실적을 구가하면서 매력적인 주가에 고품질의 기업들 위주의 바스켓을 매수하는 프로세스를 자동화하라.

---

# 진정한 부는 바로 여기!

"단체로 포옹하려고 가치 투자자가 되는 것은 아니다."

세스 클라먼

에드윈 레페브르는 콜롬비아 출신의 저널리스트이자 저술가, 외교관으로 월스트리트 문화를 주제로 글을 써 유명해진 인물다. 그는 8권의 책을 저술했는데 그중에서도 가장 뜨거운 찬사를 받는 책은, 표면상으로만 허구일 뿐 사실상 제시 리버모어(월스트리트 전설의 투자자 : 옮긴이)의 전기로 추정되는 《제시 리버모어의 회상》(굿모닝북스, 2010)이다. 레페브르의 이 역작에서 내가 가장 좋아하는 구절은 투자의 이론과 적용 사이의 먼 거리에 대한 인상적인 해석이다.

"나는 주식 시장에서 자신이 얼마나 옳은지를 증명하기 위해 가상의 돈으로 가상의 작전을 펼치며 뿌듯해하는 사람들의 소식을 들었다. 이 유령 도박꾼들은 더러 수백만 달러를 벌기도 한다. 이런 식으로 너무 쉽게 투기꾼이 된다. 마치 오래전 서부에서, 다음날 결투를 신청하려고 하던 한 남자의 이야기를 보는 듯하다.

그의 입회자(결투의 증인 같은 존재 : 옮긴이)가 물었다.

"당신 총 잘 쏘시오?"

"글쎄요. 스무 걸음 떨어진 데서 와인잔의 얇은 손잡이를 맞춰 부러뜨릴 수는 있지요."

결투자는 이렇게 말하면서도 꽤 겸손한 표정이다.

"대단하네요. 그럼 장전된 권총이 겨눈 와인잔이 당신 심장 앞에 놓여 있어도 손잡이를 부러뜨릴 수 있겠소?"

입회자가 시큰둥하게 말했다.


지금까지 이 책에서는 독자들에게 별다른 질문을 하지 않았다. 그리고 당신은 자신과 돈을 관리하기 위해 어떤 행동이 필요한지 지금껏 많은 내용을 읽었다. 내가 이 책에 수록한 위대한 시장 분석가들의 지혜를 자기 것으로 소화한 당신은, 이제 스무 걸음 밖에서 비효율적인 행동들을 쏴 맞추는 데 필요한 이론을 충분히 습득했다. 유일한 문제가 있다면, 시장도 대응 사격을 한다는 사실이다.

나는 개인적 의사 결정에 따르는 위험을 관리하는 것에서 개별 종목을 선정하기에 이르기까지 이 모든 상황에 행동이 어떤 영향을 미치는지에 대한 지식을 전파하기 위해 노력했다. 이런 식의 '글로 하는 학습'이 꼭 필요하고 또 그것으로 충분한 경우도 있다. 하지만 투자에서는, 지식만으로는 늘 부족한 법이다.

이매뉴얼 더먼은 프리드리히 하이예크의 말을 인용했다. 프리드리히 하이예크는 오스트리아의 경제학자로 자연과학과 투자 관리처럼 조금 더 모호한 영역 사이의 격차를 주제로 연구했고 이것으로 노벨상을 수상했다. 더먼은 "물리학에서는 구체적인 경험을 통해 거시적인 면을 보고 추상을 통해 미시적인 것으로 나아간다"라고 역설한다.[133] 예컨대 초창기 이론들은 우리의 감각에 직접적으로 와 닿는 개념들(압력 등)을 다루었고, 그리하여 압력은 미세한 원자들의 작용이라는 이해로 이어졌다. 이처럼 자연과학에서는 거시적 관찰이 미시적 수준에서의 이론화와 탐구의 길을 열어주는 경향이 있었다.

(모든 사회과학이 그렇듯이, 그렇다, 투자는 사회과학이다) 뿌리 깊은 '물리학 선망physics envy' 경향 탓에, 투자 관리마저 '과학화'하려던 초창기 시도들은 큰 그림과 함께 시작되었으며 개별 시장 참여자들을 대부분 간과했다. 길을 잘못 든 이유는 정확히 여기서 비롯되었다. 더먼의 말처럼 "추상의 순서는 반대여야 한다. 우리는 개인의 구체적 경험을 통해 개별 중개인들과 투자자들을 알게 되며 거시적 '경제'는 추상이다. 구체적인 것에서 추상으로 진행하는 것이 올바른 방향이라면…… 경제 속에서 우리는 중개인에서 시작하여 경제와 시장으로 나아가야 한다. 그 반대가 아니라."[134]

모든 실용적 투자 기법을 구축할 때 중점적으로 고려해야 할 요소가 개인 심리학이다(결함도 숨김없이 포함해서). 여기서 좋은 소식은 다른 사람들의 잘못된 행동이 일관되고 체계적으로 당신에게 기회를 창출하리라는 것이다. 반면에 나쁜 소식은 엄격히 준수해야 하는 규칙이 없다면 당신도 그들과 똑같이 별난 행동으로 다른 사람들에게 기회를 만들어줄 거라는 점이다.

누구나 사고와 행동에서 체계적 실수를 범할 수 있다는 바로 그 사실이야말로, "우리가 왜 이 작업을 계속해나가야 하는가?"라는 근본적인 의문의 해답이다. 가격과 사람, 추세 같은 개념을 진지하게 고려할 때의 유익함을 다룬 연구 사례를 살펴보는 사람이 당신만은 아니다. 하지만 나는 사람들이 앞으로도 변함없이 과식하고 배우자를 속이고 햄버거보다 상어를 더 두려워하리라고 확신하는 것처럼, 그와 동일한 이유에서 이 개념들의 위력도 앞으로 변함없이 지속될 거라고 확신한다. 미국은 체육관이나 영양 정보가 부족해서 비만의 나라가 된 게 아니다. 비만이 된 이유는 브로콜리보다 도넛을 더 맛있어하기 때문이다. 헤지 펀드 매니저 세스 클라먼도 여기에 공감하며 이렇게 말했다.

"그래서 나라 전체가 증권 애널리스트가 되어 벤저민 그레이엄의 《현명한 투자자》를 통째로 외우고 워런 버핏의 연례 주주총회에 참석한다 한들, 그렇더라도 투자자 대부분은 인기 IPO와 모멘텀 전략, 투자 유행에 저항하지 못하는 자신을 발견하게 된다. 여전히 데이 트레이딩의 유혹을 이기지 못하고 여전히 주가 차트의 기술적 분석에 목을 맨다. 애널리스트들의 세상은 앞으로도 과잉 반응할 것이다. 아무리 잘 훈련된 투자자들이라도 영구히 해왔던 것처럼 동일한 실수를 반복할 것이며, 동일한 불변의 이유 때문에 그들도 어쩔 수 없을 것이다."[135]

인간이 틀릴 수밖에 없는 존재라는 사실은 더 많은 부를 축적하기 위한 가장 크고 영속적인 이점이다. 마찬가지로 당신도 그런 존재의 하나라는 사실은 그 목표를 이루는 데 가장 큰 걸림돌이기도 하다.

RBI 모델이 오랫동안 계속해서 성공적일 수밖에 없는 첫 번째 이유가 인간의 비일관성이라면 두 번째 이유는 조금 덜 직관적이다. 정확히 말하면, 단기적으로 실패에 이를 수 있다는 사실이다. 몇 개월 혹은 몇 년 동안은 다른 기법들에 비해 저조한 실적을 낳을 수도 있다. 워런 버핏도 내가 기억하는 것보다 '감을 잃은' 적이 훨씬 많았다. 중장기적으로 S&P 500을 짓밟던 조엘 그린블라트의 마법 공식도 3년 연속으로 시장 실적을 밑돌았으며, 과거를 돌아보더라도 매 12개월에 5개월씩은 시장보다 낮았다.

이처럼 어려운 시점에 봉착했을 때, 근시안적인 투자자들은 RBI 모델의 효용에 의문을 제기하며 그 단순한 지혜를 무시하고 배에서 뛰어내릴 것이다. 역사에서 얻는 교훈대로라면, 이런 어려운 시기는 대체로 좋은 시절 바로 직후에 따라온다. 벤저민 그레이엄이 주목한 것처럼, "똑똑한 전문가들이 넘쳐나는 주식 시장에서는 견실하면서도 상대적으로 인기 없는 기법들이 있을 수 있다는 것이 오히려 이상할 것이다. 사실 우리의 경력과 평판은 이처럼 있을 것 같지 않은 사건에서 비롯된다."[136]

많은 위대한 투자자들은 행동 투자가 인기 경연에 치중하는 사람들로부터 도외시되는 외로운 길이라는 데 생각을 같이한다. 행동 금융이라는 용어가 등장하기 오래전에 존 메이너드 케인스도 이와 같은 맥락을 언급했다.

"위원회나 이사회, 은행 같은 곳에서 투자 펀드를 운용한다면, 실제로 가장 많은 비판을 받을 사람들은 공공의 이익을 앞세우는 장기 투자자다. 일반적인 관점에서 볼 때, 장기 투자자의 행동은 본질적으로 괴짜 같고 파격적이고 무모하다고 간주한다. 그래서 장기 투자자가 성공하더라도 무모한 성공이라는 세간의 통념을 입증할 뿐이고,

단기적으로 좋은 결과를 얻지 못하면(그럴 확률이 높다) 가차 없이 공격당한다. 관습을 따르지 않고 성공하기보다 관습을 따랐지만 실패한 사람이 더 좋은 평판을 얻는 게 세상의 이치다."[137]

　지금까지 행동 투자의 다양한 장점을 논의했지만 오히려 가장 중요한 것, 즉 자아 성찰과 개인적 성장이라는 헤아릴 수 없을 만큼 큰 이익을 간과했다. 투자에 대해 잘 모르는 대다수 사람은 투자를, 전적으로 무익하고 인간성을 도외시하며 오로지 이윤만 추구하는 활동이라고 간주한다. 그러나 진정으로 유능한 투자자들은 투자와 관련된 인간적 요소들을 깊이 이해하며, 투자 프로세스뿐 아니라 삶 자체를 개선할 기회까지 얻는다. 제이슨 츠바이크는 투자 전문가들을 대상으로 한 열띤 연설에서 이렇게 말했다.

　"행동 금융이 세상을 바라보는 창이라고만 여긴다면, 그러면 여러분 자신과 고객들과 회사에 심각한 민폐를 끼치게 될 것입니다. 행동 금융은 여러분 자신을 비춰보기 위해 지녀야 할 거울이기도 합니다. 다만 걱정스러운 점은, 이 거울이 여러분의 결함과 불완전함을 확대하고 강조하고 더 선명하게 보이도록 한다는 것입니다.

　창 너머로 세상을 내려다보며, 비틀거리며 정처 없이 떠도는 어리석은 군중을 지켜보는 데 많은 용기가 필요하지는 않습니다. 여러분은 높고 유리한 위치에서, 가장 단순하고 안전한 경로를 분명하게 바라볼 수 있습니다.

　그러나 거울을 또렷이 응시하며 그 이미지의 의미를 완전히 깨달을 때까지 아주 오랫동안 바라보기 위해서는 정말 크나큰 용기가 필요합니다. 거울 속에서 여러분을 똑바로 바라보는 존재는 작은 수 법칙의, 사후 확증 편향의, 과잉 반응의, 편협한 범주화의, 심리적 회계의, 현상 유지 편향의, 미래에 하게 될 후회를 가늠할 수 없음의, 그리고 무엇보다 과신의 희생양입니다."[138]

고대 그리스인들은 지구가 우주의 중심이며 모든 것이 지구를 중심으로 공전한다는, 지금으로서는 받아들일 수 없는 지구 중심설을 믿었다. 고전 고대(서양 고전 문화를 꽃피운 고대 그리스와 로마를 통칭하는 말 : 옮긴이)에는 몸속에 피와 흑담즙, 황담즙, 가래의 네 체액이 있으며, 이 네 가지가 적절하게 균형을 이루면 최적의 건강 상태를 유지할 수 있다고 믿었다. 그리 멀지 않은 과거의 의사들은 거머리를 이용하여 환자들의 '피를 뽑는' 것이 활력을 되찾는 열쇠라고 생각했다.

나는 개인적으로든 직업적으로든 겸손함을 유지하기 위해 사무실에 골상학 연구용 두개골을 보관한다. 머리 모양에 따라 그 사람의 성격과 인간성을 추정하던 그 시절의 방식을 상기하며 섣부른 판단을 억제하기 위해서다. 그리고 이보다 더 두려운 것은, 오늘날 우리가 철석같이 믿고 있는 것들이 미래 세대에게는 터무니없어 보일 수도 있다는 점이다.

오늘날 우리가 그런 시대착오적 관행을 비웃듯이, 금융 모델은 어떤 식으로든 시장 참여자들의 행동 양식을 고려해야 하는데도 지금까지의 모델들이 왜 그러지 않았는지 의아해할 날도 머지않았다고 확신한다. 내게는 아이가 셋 있는데, 이 아이들이 대학에 들어갈 무렵에는 행동 금융이라는 학과목이 사라지기를 간절히 소망한다. 그때까지도 이런 과목이 존재한다면 각각의 지적 영역들이 겉으로 드러난 차이를 뛰어넘어 서로 융합하여 위대한 아이디어를 추출해내는 과정 자체가 차단된, 지금과 여전히 똑같은 지적 영역 싸움에서 허우적거리고 있다는 의미다. 나는 교수들이 어느 정도의 수학적 정밀함을 갖추고 접근하지만 금융에 생명을 불어넣는 사람의 존재를 절대 도외시하지 않는, 그런 복잡하면서도 시험적이며 약간은 번잡할 수도 있는 학문으로서 내 아이들이 금융을 배우기를 바란다. 심리학과 금융이 하나가 되면 수익과 자기 인식 모두를 향상시켜줄 기회의 문이 열릴 것이다. 진정한 부는 바로 그 속에 있다!

## 1부 행동주의 자기 관리 규칙

1  J. 그레니(J. Grenny), K. 패터슨(K. Patterson), D. 맥스필드(D. Maxfield), R. 맥밀런(R. McMillan), A. 스위츨러(A. Switzler), 《인플루언서 : 무엇이든 변화시키는 힘(The Influencer : The Power to Change Anything), (맥그로우힐 에듀케이션, 2013년)》, p. 17.

2  S. 피오릴로(S. Fiorillo), "미국의 평균 소득은 얼마인가? (더스트리트 2020년 2월 11일)."

3  다모다란 온라인(Damodaran Online), "인베스트먼트 매니지먼트," '위험과 시계 (Risk and Time Horizon).'

4  N. 실버(N. Silver), 《신호와 소음 : 불확실성 시대, 미래를 포착하는 예측의 비밀 (The Signal and the Noise : Why So Many Predictions Fail—but Some Don't), (펭귄, 2015년)》.

5  B. 칼슨(B. Carlson), 《상식의 부 : 어떤 투자 계획에서든 단순함이 복잡함을 압도하는 이유(A Wealth of Common Sense : Why Simplicity Trumps Complexity in Any Investment Plan), (존 윌리&선즈, 2015년)》, p. 12.

6  M. 스태트먼(M. Statman), 《투자자들이 진정으로 원하는 것 : 투자자의 행동을 견인하고 더 현명한 재무 결정을 유도하는 것(What Investors Really Want : Know What Drives Investor Behavior and Make Smarter Financial Decisions), (맥그로우힐 에듀케이션, 2010년)》, p. 6.

7  L. 로프턴(L. Lofton), 《워런 버핏은 왜 여자처럼 투자할까 : 당신도 그래야 하는 이유(Warren Buffett Invests Like a Girl: And Why You Should, Too), (하퍼 비즈니스, 2012년)》, p. 25.

8  J. 다이아몬드(J. Diamond), 《문명의 붕괴 : 과거의 위대했던 문명은 왜 몰락했는가(Collapse: How Societies Choose To Fail Or Succeed), (바이킹, 2005년)》.

9  G. 안토나치(G. Antonacci), 《듀얼 모멘텀 투자전략 : 뜨는 종목을 잡아내는 과학적 주식 투자 기법(Dual Momentum Investing: An Innovative Strategy for Higher Returns with Lower Risk), (맥그로우힐 에듀케이션, 2014년)》, p. 83.

10  B. 그레이엄(B. Graham)과 J. 츠바이크(J. Zweig), 《현명한 투자자 : 가치 투자의 완결판(The Intelligent Investor: The Definitive Book on Value Investing. A Book of Practical Counsel), (하퍼 비즈니스, 2006년)》, p. 215.

11  D. G. 베니호프(D. G. Bennyhoff)와 F. M. 키너리 주어니(F. M. Kinniry Jr.), "자문가의 알파('Advisor's alpha')," 뱅가드닷컴, (2013년 4월).

12  D. 블란쳇(D. Blanchett)과 P. 카플란(P. Kaplan), "알파, 베타, 그리고 이제는… 감마(Alpha, Beta, and Now… Gamma)", 모닝스타, (2013년 8월 28).

13  "재무설계의 가치(The Value Of Financial Planning)," 캐나다 재무설계표준위원회, fpsc.ca.

14  J. M. 브라운(J. M. Brown), 《월스트리트의 뒷무대 : 누구를 믿고 누구를 피해야 하며 당신의 투자 실적을 극대화하는 방법을 알려주는 내부자 안내서(Backstage Wall Street: An Insider's Guide to Knowing Who to Trust, Who to Run From, and How to Maximize Your Investments), (맥그로우힐 에듀케이션, 2012년)》, p. 9.

15  그레이엄과 츠바이크, 《현명한 투자자(Intelligent Investor)》, p. 217.

16  칼슨, 《상식의 부(A Wealth of Common Sense)》, p. 68.

17  같은 책, p. 26.

18  N. J. 골드스타인(N. J. Goldstein), S. J. 마틴(S. J. Martin), R. B. 치알디니(R. B. Cialdini), 《설득의 심리학2 : YES를 끌어내는 설득의 50가지 비밀(Yes!: 50 Scientifically Proven Ways to Be Persuasive), (프리 프레스, 2009년)》, p. 188.

19  J. K. 갈브레이스(J.K. Galbraith), 《금융 도취의 간략사(A Short History of Financial Euphoria), (펭귄, 1994년)》, p. 6.

20  D. 애리얼리(D. Ariely), 《상식 밖의 경제학 : 이제 상식에 기초한 경제학은 버려라(Predictably Irrational: The Hidden Forces that Shape Our Decisions), (하퍼콜린스, 2009년)》, p. 97.

21  같은 책.

22  B. N. 스틴바거(B. N. Steenbarger), 《거래의 심리학 : 시장에 주목하는 수단과 기법(The Psychology of Trading: Tools and Techniques for Minding the Markets), (존 윌리&선즈, 2002년)》, p. 54.

23 G. M. 코글리아티(G. M. Cogliati), S. 팔레아리(S. Paleari), S. 비스마라(S. Vismara), "IPO 시세 : 공모가에 함축된 성장률(IPO Pricing : Growth Rates Implied in Offer Prices)," (SSRN, 2008년 2월 1일).

24 M. 린드스트롬(M. Lindstrom), 《구매학 : 구매하는 이유에 대한 진실과 거짓 (Buyology : Truth and Lies About Why We Buy), (랜덤 하우스 비즈니스, 2009년)》, pp. 27-28.

25 J. 오쇼너시(J. O'Shaughnessy), 《월스트리트에서 통하는 것 : 역대 최고의 투자 전략을 제시하는 최고의 안내서(What Works on Wall Street : The Classic Guide to the Best-Performing Investment Strategies of All Time), (맥그로우힐 에듀케 이션, 4쇄, 2011년)》, p. 26.

26 J. 몬티어(J. Montier), 《가치 투자 : 현명한 투자를 위한 수단과 기법(Value Investing : Tools and Techniques for Intelligent Investment), (존 윌리&선즈, 2009년).

27 T. J. 피터스(T. J. Peters), R. H. 워터먼 주니어(R. H. Waterman, Jr.), 《초우량 기업의 조건 : 기업 경영을 지배하는 불변의 원칙 8가지(In Search of Excellence : Lessons from America's Best-Run Companies), (하퍼 비즈니스, 2006년).

28 브라운(Brown), 《월스트리트의 뒷무대(Backstage Wall Street)》, p. 6.

29 몬티어(Montier), 《가치 투자(Value Investing)》, p. 17.

30 갈브레이스(Galbraith), 《간략사(A Short History)》, p. 110.

31 린드스트롬(Lindstrom), 《구매학(Buyology)》, p. 54.

32 같은 책.

33 R. B. 치알디니(R. B. Cialdini), 《설득의 심리학(Influence : The Psychology of Persuasion), (하퍼 비즈니스, 2006년)》, p. 115.

34 같은 책, p. 118.

35 같은 책.

36 그레이엄(Graham), 츠바이크(Zweig), 《현명한 투자자(The Intelligent Investor)》, p. 219.

37 M. D. 레이어(M. D. Rayer), "목표 기반 투자는 성급한 결정으로부터 투자자들 을 구원한다(Goals-Based Investing Saves Investors from Rash Decisions)," SEI 웰 스 네트워크 (2008년).

38 C. 위저(C. Widger), D. 크로스비(D. Crosby), 《퍼스널 벤치마크 : 행동주의 금 융과 투자 관리의 통합(Personal Benchmark : Integrating Behavioral Finance and Investment Management), (존 윌리&선즈, 2014년)》, p. 158.

39 같은 책, p. 159.

40 그레니(Grenny), 패터슨(Patterson), 맥스필드(Maxfield), 맥밀런(McMillan), 스 위츨러(Switzler), 《인플루언서(The Influencer)》, p. 89.

41 D. 길버트(D. Gilbert), "행복의 놀라운 과학(The surprising science of happiness)," TED.com, (2004년 2월).

42 N. N. 탈레브(N. N. Taleb), 《안티프래질 : 불확실성과 충격을 성장으로 이끄는 힘(Antifragile : Things That Gain from Disorder)》, (랜덤 하우스, 2014년)》, p. 150.

43 몬티어(Montier), 《가치 투자(Value Investing)》, p. 11.

44 오쇼너시(O'Shaughnessy), 《월스트리트에서 통하는 것(What Works on Wall Street)》, p. 11

45 그레이엄(Graham), 츠바이크(Zweig), 《현명한 투자자(The Intelligent Investor)》, p. 374.

46 C. H. 브라운(C. H. Browne), 《가치 투자의 비밀(The Little Book of Value Investing), (존 윌리&선즈, 2006년)》.

47 B. G. 말킬(B. G. Malkiel), 《랜덤워크 투자수업 : 전문가 부럽지 않은 투자 감각을 길러주는 위대한 투자서(A Random Walk Down Wall Street : The Time-Tested Strategy for Successful Investing), (W. W. 노턴&컴퍼니, 11쇄, 2016년)》, p. 167.

48 B. 포트노이(B. Portnoy), 《투자자의 역설 : 선택권이 넘쳐나는 세상에서 단순함이 지닌 힘(The Investor's Paradox : The Power of Simplicity in a World of Overwhelming Choice), (세인트 마틴 프레스, 2014년), p. 36.

49 P. 테틀록(P. Tetlock), "편향과 편견 속 세계 정치계의 그럴듯한 과거와 있음직한 미래에 대한 이론 중심적 추론 : 직관적 판단의 심리학(Theory-Driven Reasoning about Plausible Pasts and Probable Futures in World Politics' in Heuristics and Biases : The Psychology of Intuitive Judgment)," T. 길로비치(T. Gilovich), D. 그리펜(D. Griffen), D. 카너먼(D. Kahneman) 공저 및 공편, (케임브리지 대학 출판부, 2003년).

50 브라운(Brown), 《월스트리트의 뒷무대(Backstage Wall Street)》, p. 148.

51 J. 몬티어(J. Montier), 《워런 버핏처럼 투자심리 읽는 법 : 주식시장의 공포와 탐욕을 이기는 심리전의 모든 것(Little Book of Behavioral Investing: How not to be your own worst enemy)》, (존 윌리&선즈, 2010년), p. 78.

52 J. 그린블라트(J. Greenblatt), 《주식시장을 이기는 작은 책(The Little Book That Still Beats the Market)》, (존 윌리&선즈, 2010년), p. 30.

53 같은 책, p. 102.

54 칼슨(Carlson), 《상식의 부(A Wealth of Common Sense)》, p. 52.

55 그레이엄(Graham), 츠바이크(Zweig), 《현명한 투자자(The Intelligent Investor)》, p. 260.

56 A. 링컨(A. Lincoln), "위스콘신 주 농업협회 연설(Address before the Wisconsin

State Agricultural Society)," abrahamlincolnonline.org (1859년 9월 30일).

57  B. 칼치크(B. Kalchik), "SI 커버 징크스 10대 사례," rantsports.com (2014년 10월 7일).

58  P. 번스타인(P. Bernstein), 《리스크 : 위험. 기회, 미래가 공존하는(Against The Gods : The Remarkable Story of Risk), (존 윌리&선즈, 2008년)》, p. 271.

59  오쇼너시(O'Shaughnessy), 《월스트리트에서 통하는 것(What Works on Wall Street)》, p. 21.

60  몬티어(Montier), 《가치 투자(Value Investing)》, p. 95.

61  같은 책, p. 205.

62  칼슨(Carlson), 《상식의 부(A Wealth of Common Sense)》, p. 22.

63  오쇼너시(O'Shaughnessy), 《월스트리트에서 통하는 것(What Works on Wall Street)》, p. 28.

64  같은 책, p. 30

65  그레이엄(Graham), 츠바이크(Zweig), 《현명한 투자자(The Intelligent Investor)》, p. 16.

66  H. 막스(H. Marks), 《투자에 대한 생각 : 월스트리트가 가장 신뢰한 하워드 막스의 20가지 투자 철학(The Most Important Thing : Uncommon Sense for the Thoughtful Investor), (콜롬비아 대학 출판부, 2011년)》, p. 100.

67  칼슨(Carlson), 《상식의 부(A Wealth of Common Sense)》, p. 126.

68  같은 책, p. 72.

69  같은 책, p. 133.

70  안토나치(Antonacci), 《듀얼 모멘텀 투자전략(Dual Momentum Investing)》, p. 51.

71  같은 책, p. 56.

72  같은 책, p. 56.

73  막스(Marks), 《투자에 대한 생각(The Most Important Thing)》, p. 36.

74  그레이엄(Graham), 츠바이크(Zweig), 《현명한 투자자(The Intelligent Investor)》, p. 122.

75  M. 하우절(M. Housel), "투자자로서 기억해야 할 25가지 중요한 것들(25 Important Things to Remember As an Investor)", fool.com (2013년 4월 28일).

76  "미국 주식/채권 배분에 따른 역대 수익률 및 당신의 배분 선택(Historical Returns for US Stock/Bond Allocations, And Choosing Your Allocation)," QVM Group (2013년 7월 30일).

77  G. B. 데이비스(G. B. Davies), A 데 서바인(A. de Servigny), 《행동주의 투자관리 : 현대 포트폴리오 이론의 효율적 대안(Behavioral Investment Management : An Efficient Alternative to Modern Portfolio Theory), (맥그로우힐 에듀케이션,

2012년)》, p. 53.

78  C. T. 하워드(C. T. Howard), 《행동주의 포트폴리오 관리 : 성공적 투자자들
　　 이 감정을 제어하며 탁월한 포트폴리오를 구축하는 방법(Behavioral Portfolio
　　 Management : How successful investors master their emotions and build superior
　　 portfolios), (해리스먼 하우스, 2014년)》, p. 20.

79  막스(Marks), 《투자에 대한 생각(The Most Important Thing)》, p. 66.

80  번스타인(Bernstein), 《리스크(Against The Gods)》, p. 197.

81  탈레브(Taleb), 《안티프래질(Antifragile)》, p. 107.

## 2부 행동주의 투자

1  P. 디포데스타(P. DePodesta), "드래프트 리뷰 : 프로세스에 관하여(Draft
　　 Review—About Process)," itmightbedangerous. blogspot.com (2008년 6월 10일).

2  W. R. 그레이(W. R. Gray), J. R. 보겔(J. R. Vogel), D. P. 폴크(D. P. Foulke),
　　 《재정 자문을 DIY하라 : 당신의 자산을 형성하고 보호하는 간단한 해법(DIY
　　 Financial Advisor : A Simple Solution to Build and Protect Your Wealth), (존 윌
　　 리& Sons, 2015년)》, p. 31.

3  오쇼너시(O'Shaughnessy), 《월스트리트에서 통하는 것(What Works on Wall
　　 Street)》, p. 42.

4  포트노이(Portnoy), 《투자자의 역설(The Investor's Paradox), p. 43.

5  www.investopedia.com/terms/p/passivemanagement.asp

6  W. R. 그레이(W. R. Gray), T. 칼라일(T. Carlisle), 《계량 가치 : 지능적 투자
　　 를 자동화하고 행동 오류를 제거하기 위한 실무자 안내서(Quantitative Value :
　　 A Practitioner's Guide to Automating Intelligent Investment and Eliminating
　　 Behavioral Errors), (존 윌리&선즈, 2012년), p. 9.

7  A. M. 소이(A. M. Soe), "SPIVA U.S. 스코어카드," S&P 다우존스 지수 (2014년).

8  포트노이(Portnoy), 《투자자의 역설(The Investor's Paradox), pp. 54-55.

9  R. D. 아노트(R. D. Arnott), J. C. 허(J. C. Hsu), J. M. 웨스트(J. M. West),
　　 《펀더멘털 인덱스 : 더 나은 투자 방법(The Fundamental Index : A Better Way to
　　 Invest), (존 윌리&선즈, 2008년)》, p. 72.

10  J. 기텔슨(J. Gittelsohn), "시대의 종말 : 액티브 펀드를 압도하는 패시브 주식형
　　 펀드(End of Era : Passive Equity Funds Surpass Active in Epic Shift)," 블룸버그
　　 (2019년 9월 11일).

11  A. 태스크(A. Task), "추락 직전의 자부심 : 지수화 편(Pride cometh before the
　　 fall : Indexing edition)," aarontask. tumblr.com (2014년 8월 29일).

12  J. 펠더(J. Felder), "소극적 투자자들은 자신들이 인식하는 것보다 훨씬 많은 위험을 떠안는가?(Are Passive Investors Taking On Far More Risk Than They Realize?)", thefelderreport.com (2016년 2월 3일).

13  탈레브(Taleb), 《안티프래질(Antifragile)》, p. 5.

14  아노트(Arnott), 허(Hsu), 웨스트(West), 《펀더멘털 인덱스(The Fundamental Index)》, p. 72.

15  R. D. 아노트(R. D. Arnott), A. L. 버킨(A. L. Berkin), J. 예(J. Ye), "1980년대와 90년대의 과세 대상 투자자들은 얼마나 훌륭한 대접을 받았는가?(How Well Have Taxable Investors Been Served in the 1980's and 1990's?)", 퍼스트 쿼드런트 (2000년).

16  B. G. 말킬(B. G. Malkiel), C. 엘리스(C. Ellis), 《지혜롭게 투자한다는 것 : 절대 잃지 않고 가장 오래 쌓는 투자의 대원칙(The Elements of Investing: Easy Lessons for Every Investor), (존 윌리&선즈, 2013)》, p. 33.

17  포트노이(Portnoy), 《투자자의 역설(The Investor's Paradox)》, p. 33.

18  J. 츠바이크(J. Zweig), "행동 금융 : 아무튼, 그게 무슨 소용인가?(Behavioral Finance: What Good Is It, Anyway?)", jasonzweig.com (2015년 6월 20일).

19  린드스트롬(Lindstrom), 《구매학(Buyology)》, p. 158.

20  몬티어(J. Montier), '숫자대로 칠하기 : 양에 대한 송시(Painting by numbers: an ode to quant)', DrKW 매크로 리서치 (2006년 8월 2일), p. 3.

21  그레이(Gray), 칼라일(Carlisle), 《계량 가치(Quantitative Value)》, p. 27.

22  같은 책.

23  실버(Silver), 《신호와 소음(The Signal and the Noise)》.

24  M. J. 모부신(M. J. Mauboussin), 《판단의 버릇 : 선택과 판단, 예측과 분석을 할 때 저지르는 8가지 인지적 실수(Think Twice: Harnessing the Power of Counterintuition)》, (하버드 비즈니스 리뷰 출판부, 2012년), p. 44.

25  칼슨(Carlson), 《상식의 부(A Wealth of Common Sense)》, p. 93.

26  그레이(Gray), 보겔(Vogel), 폴크(Foulke), 《재정 자문을 DIY하라(DIY Financial Advisor)》, p. 23.

27  모부신(Mauboussin), 《판단의 버릇(Think Twice)》, p. 45.

28  N. N. 탈레브(N. N. Taleb), 《행운에 속지 마라 : 불확실한 시대에 살아남는 투자 생존법(Fooled By Randomness: The Hidden Role of Chance in Life and in the Markets), (랜덤 하우스, 2005년)》, p. xlvii.

29  T. 딘켈먼(T. Dinkelman), J. A. 레빈손(J. A. Levinsohn), R. 마젤란틀(R. Majelantle), "지식이 충분하지 않을 때 : 보츠와나에서의 HIV/AIDS 정보 및 위험 행동(When Knowledge Is Not Enough: HIV/AIDS Information and Risk Behavior in Botswana)", NBER 워킹 페이퍼 (2006년).

30 B. 슈위츠(B. Schwartz), 《선택의 심리학 : 선택하면 반드시 후회하는 이들의 심리탐구(The Paradox of Choice: Why More Is Less)》, (하퍼 퍼레니얼, 2005년), p. 113.

31 더먼(Derman), 《제대로 작동하지 않는 모델(Models Behaving Badly)》, p. 140.

32 탈레브(Taleb), 《안티프래질(Antifragile)》, p. 190.

33 슈위츠(Schwartz), 《선택의 심리학(The Paradox of Choice)》, p. 75.

34 안토나치(Antonacci), 《듀얼 모멘텀 투자전략(Dual Momentum Investing)》, p. 34.

35 그레이엄(Graham), 츠바이크(Zweig), 《현명한 투자자(The Intelligent Investor)》, pp. 39-40.

36 실버(Silver), 《신호와 소음(The Signal and the Noise)》, p. 185.

37 칼슨(Carlson), 《상식의 부(A Wealth of Common Sense)》, p. xii.

38 그레이엄(Graham), 츠바이크(Zweig), 《현명한 투자자(The Intelligent Investor)》, p. 31.

39 막스(Marks), 《투자에 대한 생각(The Most Important Thing)》, p. 7.

40 R. 하그리브스(R. Hargreaves), '세스 클라만 : 지금은 가치를 포기할 때가 아니다(Seth Klarman: Now's Not The Time To Give Up On Value)', valuewalk.com (2016년 1월 26일).

41 M. 크레머스(M. Cremers), A. 페타지스토(A. Petajisto), "당신의 펀드 매니저는 얼마나 적극적인가? 실적을 예측하는 새로운 척도.(How Active is Your Fund Manager? A New Measure That Predicts Performance)," (SSRN, 2009년 3월 31일).

42 D. 야노프스키(D. Yanofsky), "올해 S&P 500에서의 완벽한 거래로 천 달러를 수십 억 달러로 키우는 방법(How you could have turned $1,000 into billions of dollars by perfectly trading the S&P 500 this year)," qz.com (2013년 12월 16일).

43 칼슨(Carlson), 《상식의 부(A Wealth of Common Sense)》, p. 66.

44 말킬(Malkiel), 《랜덤워크 투자수업(Random Walk)》, p. 161.

45 B. 캐슬먼(B. Casselman), "주식시장이 걱정되는가? 무엇을 하든, 팔지는 말라(Worried About The Stock Market? Whatever You Do, Don't Sell)," FiveThirtyEight.com (2015년 8월 24일).

46 말킬(Malkiel), 《랜덤워크 투자수업(Random Walk)》, p. 186.

47 M. T. 페이버(M. T. Faber), "전술적 자산 배분을 위한 정량적 접급(A Quantitative Approach to Tactical Asset Allocation)," SSRN (2013년 2월 1일).

48 E. 로젠바움(E. Rosenbaum), "1,280억 달러 증가 및 진행형 : 워런 버핏의 버크셔 해서웨어 현금 퍼즐($128 billion and growing: Warren Buffett's Berkshire Hathaway cash puzzle)," CNBC (2019년 11월 1일).

49 J. 펠더(J. Felder), "워런 버핏처럼 타이밍을 찾아내는 방법 : 1부(How To Time The Market Like Warren Buffett: Part 1)," thefelderreport.com (2014년 8월 7일).

50 J. 펠더(J. Felder), 'BS에 기초한 '매수 및 보유' 라인을 매수하지 말라(Don't Buy The Buy-And-Hold Line Of BS)', thefelderreport.com (2014년 8월 5일).

51 '금융 시장에서의 추세 따라잡기 : 포괄적 백테스트(Trend Following In Financial Markets: A Comprehensive Backtest),' philosophicaleconomics.com (2016년 1월 2일).

52 C. S. 애스니스(C. S. Asness), A. 일마넨(A. Ilmanen), T. 말로니(T. Maloney), "투자자를 찾아 시장 타이밍이 돌아왔다(Market Timing Is Back In The Hunt For Investors)," institutionalinvestor.com (2015년 11월 11일).

53 C. T. 하워드(C. T. Howard), 《새로운 가치 투자 : 종목 가치평가 기법에 행동 금융을 적용하여 성공적 포트폴리오를 구축하는 방법(The New Value Investing: How to Apply Behavioral Finance to Stock Valuation Techniques and Build a Winning Portfolio), (해리먼 하우스, 2015년)》, p. 9.

54 J. L. 에반스(J. L. Evans). S. H. 아쳐(S. H. Archer), "다변화 및 분산 축소 : 실증 분석(Diversification and the Reduction of Dispersion: An Empirical Analysis)," 저널 오브 파이낸스 23:5 (1968년 12월).

55 J. 그린블라트(J. Greenblatt), 《주식시장의 영원한 고수익 테마들 : 케이스 스터디를 통해 배우는 주식시장의 숨은 보물 찾기(You Can Be a Stock Market Genius: Uncover the Secret Hiding Places of Stock Market Profits), (터치스톤, 1999년)》, p. 9.

56 그레이엄(Graham), 츠바이크(Zweig), 《현명한 투자자(The Intelligent Investor)》, p. 114.

57 하워드(Howard), 《새로운 가치 투자(The New Value Investing)》, p. 95.

58 그레이(Gray), 칼라일(Carlisle), 《계량 가치(Quantitative Value)》.

59 몬티어(Montier), 《가치 투자(Value Investing)》, p. 37.

60 C. H. 브라운(C. H. Browne), "가치 투자와 행동 금융(Value Investing and Behavioral Finance)," 콜롬비아 비즈니스 스쿨에 제출(2000년 11월 15일).

61 위저(Widger), 크로스비(Crosby), 《퍼스널 벤치마크(Personal Benchmark)》, p. 232.

62 M. A. 존스(M. A. Jones), 《월스트리트의 여자들: 여성 매니저들이 더 많은 수익을 올리는 이유(그리고 당신도 따라할 수 있는 지침)(Women of The Street: Why Female Money Managers Generate Higher Returns (and How You Can Too)), (폴그레이브 맥밀런, 2015년)》, p. 278.

63 R. B. 코헨(R. B. Cohen). C. 포크(C. Polk), B. 실리(B. Silli), "최고의 아이디어들(Best Ideas)," SSRN.com (2010년 3월 5일).

64 실버(Silver), 《신호와 소음(The Signal and the Noise)》, p. 237.

65 T. 그리핀(T. Griffin), "마틴 휘트먼에게서 배운 10여 가지/3번가의 투자 방식 (A Dozen Things I've Learned from Marty Whitman/ Third Avenue about Investing)," 25iq.com (2013년 12월 15일).

66 로프턴(Lofton), 《워런 버핏은 왜 여자처럼 투자할까(Warren Buffett Invests Like a Girl)》, p. 86.

67 그레이(Gray), 칼라일(Carlisle), 《계량 가치(Quantitative Value)》, p. 16.

68 B. 쉬브(B. Shiv), "가격 인지―수평 와인 시음회(Thinking Money―Horizontal Wine Tasting)," YouTube.com (October 14, 2014).

69 실버(Silver), 《신호와 소음(The Signal and the Noise)》, p. 365.

70 R. J. 코너스(R. J. Connors), 《워런 버핏 바이블 : 버핏이 직접 말해주는 투자와 경영의 지혜(Warren Buffett on Business : Principles from the Sage of Omaha)》, (윌리, 2009년), p. 159.

71 막스(Marks), 《투자에 대한 생각(The Most Important Thing)》, p. 33.

72 같은 책., pp. 46-47.

73 C. H. 브라운(C. H. Browne), W. H. 브라운(W. H. Browne), J. D. 스피어스 (J. D. Spears), T. H. 슈레이거(T. H. Shrager), R. Q. 와이코프 주니어(R. Q. Wyckoff, Jr.), 《투자에 효과적인 것 : 이례적 수익률과 관련된 투자 기법과 특성 연구(What Has Worked In Investing : Studies of Investment Approaches and Characteristics Associated with Exceptional Returns)》, (트위디, 브라운 컴퍼니, 개정판, 2009년).

74 그레이(Gray), 칼라일(Carlisle), 《계량 가치(Quantitative Value)》, p. 220.

75 J. 라코니쇼크(J. Lakonishok), R. 비쉬니(R. Vishny)와 A. 슐라이퍼(A. Shleifer), "역발상 투자, 외삽법, 그리고 위험(Contrarian Investment, Extrapolation and Risk)," (워킹 페이퍼, 1993년).

76 몬티어(Montier), 《가치 투자(Value Investing)》, p. 75.

77 라코니쇼크(Lakonishok), 비쉬니(Vishny), 슐라이퍼(Shleifer), "역발상 투자 (Contrarian Investment)."

78 R. 이밧슨(R. Ibbotson), "뉴욕증권거래소 십분위 포트폴리오(Decile Portfolios of the NYSE, 1967-1984," 예일 경영대학원 조사 보고서(1986년).

79 E. F. 파마(E. F. Fama), K. R. 프렌치(K. R. French), "예상 주가수익률의 단면 (The Cross-Section of Expected Stock Returns)," 저널 오브 파이낸스47 : 2 (1992년).

80 오쇼너시(O'Shaughnessy), 《월스트리트에서 통하는 것(What Works on Wall Street)》, p. 85.

81 로프턴(Lofton), 《워런 버핏은 왜 여자처럼 투자할까(Warren Buffett Invests Like a Girl)》, p. 71.

82  오쇼너시(O'Shaughnessy), 《월스트리트에서 통하는 것(What Works on Wall Street)》, p. 127.

83  몬티어(Montier), 《워런 버핏처럼 투자심리 읽는 법(Little Book of Behavioral Investing)》.

84  브라운(Browne), 《투자에 효과적인 것(What Has Worked In Investing)》, (개정판, 2009년).

85  en.wikipedia.org/wiki/Blockbuster_LLC

86  M. 그레이서(M. Graser), "대실수 : 블록버스터는 어떻게 넷플릭스를 소유했는가 (Epic Fail : How Blockbuster Could Have Owned Netflix)," 버라이어티 (2013년 11월 12일).

87  그레이(Gray), 칼라일(Carlisle), 《계량 가치(Quantitative Value)》, p. 36.

88  로프턴(Lofton), 《워런 버핏은 왜 여자처럼 투자할까(Warren Buffett Invests Like a Girl)》, p. 56.

89  T. 리드(T. Reed), "버핏, 역대 최악의 상황에서도 항공주 투자를 접다(Buffett Decries Airline Investing Even Though at Worst He Broke Even)," 포브스 (2013년 5월 13일).

90  말킬(Malkiel), 《랜덤워크 투자수업(Random Walk)》, p. 97.

91  그레이엄(Graham), 츠바이크(Zweig), 《현명한 투자자(The Intelligent Investor)》, p. 304.

92  J. D. 피오트로스키(J. D. Piotroski), 《가치 투자 : 승자와 패자를 구분하기 위한 역대 재무제표 정보 활용(Value Investing : The Use of Historical Financial Statement Information to Separate Winners from Losers)》, 시카고 대학교 경영대학원 출판부 (2002년).

93  같은 책.

94  en.wikipedia.org/wiki/Joel_Greenblatt

95  S. 맥스(S. Max), "더 큰 책 쓰기(Writing a Bigger Book)," 배런스 (2014년 8월 23일).

96  "마법 공식 투자―3단계에서(Magic Formula Investing―In 3 Steps)," theintelligentinvestor.com (2010년 6월 11일).

97  S. 그린스펀(S. Greenspan), "금융사기에 계속해서 속는 이유(Why We Keep Falling for Financial Scams)," 월스트리트 저널 (2009년 1월 3일).

98  칼슨(Carlson), 《상식의 부(A Wealth of Common Sense)》, p. xiii.

99  막스(Marks), 《투자에 대한 생각(The Most Important Thing)》.

100  스틴바거(Steenbarger), 《거래의 심리학(Psychology of Trading)》, p. 61.

101  J. 티어니(J. Tierney), "공항에서, 바디랭귀지에 대한 잘못된 믿음(At Airports, a Misplaced Faith in Body Language)," 뉴욕 타임스 (2014년 3월 23일).

102 C. F. 본드 주니어(C. F. Bond, Jr.), B. M. 데파울로(B. M. DePaulo), "속임수 판단의 정확도(Accuracy of Deception Judgments)," 퍼스널리티 & 소셜 사이컬러지 리뷰 10:3 (2006년).

103 티어니(Tierney), "공항에서, 바디랭귀지에 대한 잘못된 믿음."

104 J. 몬티어(J. Montier), "펀드 운용의 7대 원죄 : 행동주의 비평(Seven Sins of Fund Management : A behavioural critique)," DrKW 매크로 리서치 (2005년 11월).

105 S. 핀켈스타인(S. Finkelstein), 《실패에서 배우는 성공의 법칙 : 똑똑한 경영자들이 실패하는 이유(Why Smart Executives Fail : And What You Can Learn from Their Mistakes)》, (포트폴리오, 2004년).

106 www.cfosurvey.org/about.html

107 그레이엄(Graham), 하비(Harvey), 《기대, 낙관, 그리고 과신(Expectations, optimism and overconfidence)》(2005년).

108 스태트먼(Statman), 《투자자들이 진정으로 원하는 것》, p. 8.

109 D. 지아모리디스(D. Giamouridis), M. 리오다키스(M. Liodakis), A. 모니츠(A. Moniz), "일부 내부자들은 정말로 똑똑한 투자자들(Some Insiders are Indeed Smart Investors)," (SSRN, 2008년 7월 29일).

110 브라운(Browne), 《투자에 효과적인 것(What Has Worked In Investing)》, (개정판, 2009년).

111 "워런 버핏, 주식 재매입(Warren Buffett on Share Repurchases)," 밸류 인베스팅 월드 (2012년 9월 13일).

112 C. J. 루미스(C. J. Loomis), "주식 재매입으로 시장에서 승리하기(Beating the market by buying back stock)," 포천 (2012년 11월 21일).

113 그레이(Gray), 칼라일(Carlisle), 《계량 가치(Quantitative Value)》, p. 168.

114 오쇼너시(O'Shaughnessy), 《월스트리트에서 통하는 것(What Works on Wall Street)》, p. 189.

115 칼슨(Carlson), 《상식의 부(A Wealth of Common Sense)》, p. 84.

116 C. H. 브라운(C. H. Browne), W. H. 브라운(W. H. Browne), J. D. 스피어스(J. D. Spears), T. H. 슈레이거(T. H. Shrager), R. Q. 와이코프 주니어(R. Q. Wyckoff, Jr.), 《투자에 효과적인 것 : 이례적 수익률과 관련된 투자 기법과 특성 연구(What Has Worked In Investing : Studies of Investment Approaches and Characteristics Associated with Exceptional Returns)》, (트위디, 브라운 컴퍼니, 1992년).

117 같은 책.

118 안토나치(Antonacci), 《듀얼 모멘텀 투자전략(Dual Momentum Investing)》, p. 13.

119 뉴파운드 리서치(Newfound Research), "모멘텀의 2세기 역사(Two Centuries of

Momentum)," (www.thinknewfound.com/foundational-series/two-centuries-of-momentum).

120 같은 책.

121 안토나치(Antonacci),《듀얼 모멘텀 투자전략(Dual Momentum Investing)》, p. 15.

122 같은 책, p. 16.

123 뉴파운드 리서치(Newfound Research), "모멘텀의 2세기 역사(Two Centuries of Momentum),"

124 W. E. 버핏(W. E. Buffett), "그레이엄-도드빌의 위대한 투자자들(The Superinvestors of Graham-And-Doddsville)," (1984년).

125 N. 예가디시(N. Jegadeesh), S. 팃먼(S. Titman), "승자 매수와 패자 매도로의 귀환: 주식시장의 효율성에 미치는 영향(Returns to Buying Winners and Selling Losers: Implications for Stock Market Efficiency)," 저널 오브 파이낸스 48:1 (1993년).

126 C. 제지(C. Geczy), M. 사모노프(M. Samonov), "2세기 동안의 주가 회복 모멘텀(Two Centuries of Price Return Momentum)," SSRN (2016년).

127 B. 샤보(B. Chabot), E. 기젤스(E. Ghysels), R. 자가나단(R. Jagannathan), "모멘텀 주기 및 차익거래 제한—영국 빅토리아 시대 및 미국 주식시장 붕괴 이후의 증거(Momentum Cycles and Limits to Arbitrage—Evidence from Victorian England and Post-Depression US Stock Markets)," NBER 조사 보고서 (2009년).

128 C. S. 애스니스(C. S. Asness), A. Frazzini, R. 이스라엘(R. Israel), T. J. 모스코비츠(T. J. Moskowitz), "사실, 허구, 그리고 모멘텀 투자(Fact, Fiction and Momentum Investing)," SSRN (2014년).

129 오쇼너시(O'Shaughnessy),《월스트리트에서 통하는 것(What Works on Wall Street)》, p. 408.

130 같은 책, p. 410.

131 같은 책, p. 419.

132 C. S. Asness, "가치와 모멘텀 전략의 상호작용(The Interaction of Value and Momentum Strategies)," 파이낸셜 애널리스트 저널 53:2 (1997년).

133 E. 더먼(E. Derman),《제대로 작동하지 않는 모델: 환상과 현실을 혼동할 때 월스트리트와 인생 모두에 재앙을 낳는 이유(Models. Behaving Badly: Why Confusing Illusion with Reality Can Lead to Disaster, on Wall Street and in Life), (프리 프레스, 2012년)》, p. 48.

134 같은 책.

135 그레이(Gray), 칼라일(Carlisle),《계량 가치(Quantitative Value)》, p. 29.

136 그레이엄(Graham), 츠바이크(Zweig),《현명한 투자자(The Intelligent

Investor)》, p. 380.

137 J. M. 케인스(J. M. Keynes), 《(The General Theory Of Employment, Interest, And Money), (크리에이트스페이스, 2011년)》, p. 93.

138 J. 츠바이크(J. Zweig), "행동 금융 : 아무튼, 그게 무슨 소용인가?(Behavioral Finance : What Good Is It, Anyway?)."

# 결국 부자가 되는 사람들의 원칙

1판 1쇄 인쇄 2022년 8월 2일
1판 1쇄 발행 2022년 8월 10일

—

지은이 대니얼 크로스비
옮긴이 김광수

—

펴낸이 김강세
펴낸곳 반니
주소 서울시 서초구 서초대로77길 54
전화 02-6004-6881 팩스 02-6004-6951
전자우편 banni@interpark.com
출판등록 2006년 12월 18일(제2014-000251호)

—

ISBN 979-11-6796-043-6 03320

—

책값은 뒤표지에 있습니다.
잘못된 책은 구입하신 곳에서 교환해드립니다.

* 이 책은 《시장을 이기는 부의 심리학》의 개정판입니다.